에어비앤비,
브랜드 경험을
디자인하다

살아보는 여행의 시작

에어비앤비,
브랜드 경험을
디자인하다

조셉 미첼리 지음

Vi amerò per sempre, e anche di più

나는 너를 영원히 사랑할 것이다.

차례

10년 전 에어비앤비의 첫해, 21,000명의 게스트가 에어비앤비 목록에 있는 우리의 숙소*Homes*에 도착했다. 2019년의 우리는 체크인한 게스트가 5억 명이 된 것을 축하하고 있다. 에어비앤비 호스트가 전 세계 191개국의 81,000개가 넘는 도시에서 온 5억 명의 게스트를 맞이한 것이다.

우리는 사람들이 자신의 집에서 여행자들을 맞이하고, 유대감을 구축하고, 심지어 우정을 이어나가는 것을 도우며 지난 10년을 보냈다. 내가 이 책을 쓰는 지금도 세계 어느 곳에서는 매분 350명이 넘는 사람들이 에어비앤비 숙소에 체크인하고 있을 것이다.

이 길을 따라 재미있는 일이 발생했다. 우리는 우리 호스트들 덕분에 더 나은 여행에 대해 다시 생각해보게 됐다. 아주 많은 다른 브랜드들이 관광을 상품화할 때 에어비앤비는 현지에서 살아 보는 진실하고 독특한 경험을 강화하고 있었다. 우리는 이를 마법 같은 여행이라고 부른다.

에어비앤비의 모든 숙소는 다 다르기 때문에, 게스트들은 모든 여행에서 완전히 특별한 경험을 보장받는다. 우리가 제공하는 모든 경험은 자신의 열정과 취미를 나누고자 하는 현지 주민들이 공들여 만든 것이다. 호스트들은 여러분을 종종 관광객들이 잘 방문하지 않는 이웃과 장소로 초대해 현지의 진정한 삶을 경험할 수 있게 해주고, 여러분은 방문한 공동체 안에서 더 많은 관광 혜택을 누릴 수 있다.

많은 기업은 고객에게 초점을 맞춘다. 나는 운이 좋게도 아마존에서 거의 19년을 일했다. 아마존은 집착에 가까울 정도로 고객에게 초점을 두는 것으로 유명한 회사다. 아마존이 고객들에게 초점을 맞추는 것처럼 에어비앤비는 커뮤니티에 초점을 맞춘다. 에어비앤비는 원래 커뮤니티 주도 기업으로 우리의 잣대로는 세계 최초 중 하나다. 우리는 그냥 게스트를 받들어 모시지 않는다. 우리는 호스트들이 돈만 버는 게 아니라 게스트를 특별하게 환대하면서 그들과 의미 있게 연결될 수 있도록 한다. 그것이 에어비앤비의 핵심이다.

조셉*Joseph*은 전 세계 호스트들과 대화를 나누면서 커뮤니티와 유대감에 대한 그들의 감명 깊은 이야기를 발굴하는 특별한 일을 한다. 많은 호스트가 게스트에게 문을 열어줌으로써 상당한 추가 수입을 올리고 다른 문화와 가치관, 세계관을 더 많이 배우게 되었다. 소중한 배움을 얻게 된 것이다.

이런 방식으로 수입을 올리는 사람들에게 P2P 경제가 주는 혜택에 비하면 에어비앤비의 경제적 역량 강화는 강력하고 논쟁의 여지 없이 분명한 것이다. 우리 호스트들은 가격을 직접 정한다. 그리고 수익의 상당량이 그들과 그들의 지역 공동체에 남는다. 에어비앤비를 통한 여행은 우리가 봉사하는 공동체를 직접적으로 부흥시키며, 호스팅은 지리적으로 다양하고 포용적이며 지속 가능한 방식으로 행해진다.

요즘 에어비앤비는 우리가 지향하는 독특하고 기억에 남는 환대를 제공하고 싶어 하는 모든 유형의 호스트를 지원하고, 끊임없이 이어지는 *end-to-end* 여행 플랫폼을 구축하는 데 전념하고 있다. 상품화된 관광 대신 개인화된 환대를 즐기려는 게스트들이 점점 늘어나고 있는 상황에서 에어비앤비는 그런 게스트 커뮤니티와 호스트를 연결하는 데에도 몰두하고 있다. 또, 우리는 호스트가 모두 성공할 수 있도록 돕고, 그들이 우리와 가능한 한 쉽게 일할 수 있도록 하며, 그들의 신뢰를 얻고 그들의 성장을 지원하는 도구를 제공하는 데 초점을 맞추고 있다.

에어비앤비는 우리의 견고한 커뮤니티를 기반으로 새로운 유형의 기업, 즉 호스트와 게스트, 우리가 운영하는 지역을 포함한 모든 이해관계자들의 성향을 균형 있게 충족시키는 21세기 기업이 되기를 간절히 바란다.

그렉 그릴리*Greg Greeley*
에어비앤비 홈스 전 사장

실제로 살아 보는
마법 같은 여행

몇 년 전, 인터넷에서 사진 하나가 화제가 된 적이 있다. 그것은 블로거이자 연설자이며 디마시모 골드스타인*DiMassimo Goldstein*(미국의 마케팅, 광고 및 디자인 대행사)의 최고위 성장 전략가이기도 한 알베르토 브레아 *Alberto Brea*가 어떤 회사의 사무실 화이트보드에 아무렇게나 써놓은 글을 찍은 사진이었다. 그 내용은 이러하다.

- 소매업은 아마존*Amazon* 때문에 침체 되지 않았다.
  형편없는 고객 서비스로 그렇게 된 거다.
- 넷플릭스*Netflix* 때문에 블록버스터*Blockbuster*가 몰락한 게 아니다.
  턱없이 높은 연체료 때문에 그렇게 된 거다.
- 우버*Uber* 때문에 택시업계가 침체한 게 아니다.

택시의 숫자와 요금제를 제한했기 때문에 그렇게 된 거다.

- 애플 때문에 음반 산업이 죽은 게 아니다.

사람들에게 음악을 음반 단위로 사게 했기 때문에 그렇게 된 거다.

- 에어비앤비 때문에 호텔 산업이 침체한 게 아니다.

아무 때나 이용할 수도 없고 선택할 수 있는 가격대가 많지 않기 때문에 그렇게 된 거다.

- 실제로 기술 그 자체는 훼방꾼이 아니다.

모든 사업에서 가장 큰 위협 요소는 고객을 중심에 두지 않는 태도다.

이 책에서 우리가 주의 깊게 살펴볼 것은 바로 위에서 브레아가 언급한 훼방꾼 중 하나인 에어비앤비다. 이 회사는 지난 10년간 노력 절감 기술에 대한 투자를 통해 감동적인 상호 작용을 실현하는 고객 중심 운동을 전 세계적으로 시작하였고 그에 걸맞은 명성과 성공을 거두었다.

어떤 사람은 에어비앤비 호스트로 성공하는 법을 배우려고 이 책을 읽을 것이다. 하지만 이 책은 직장이나 기업 활동, 개인적인 삶 등 어떠한 상황에서든 수익이 나면서도 의미 있고 사람 냄새 나는 경험을 창조하고 싶은 모든 사람을 위한 것이다.

이 책은 여러분이 다음 중 하나에 속할 (또는 그럴 계획이 있는) 경우에 도움이 될 것이다.

- 뛰어난 기술의 도움으로 기업체*Business to Business, B2B*(기업 간 거래)나 소비자*Business to Consumer, B2C*(기업과 개인 간 거래)에게 인간적인 유대

감을 느낄 수 있는 경험을 제공하는 기업

- 안정된 기존 산업에 새로운 변화를 일으키는 목표를 설정한 회사
- 시장 지배력을 더 강화하고자 하는 조직
- 필자가 기업 간 거래*B2B*든 개인 간 거래*Peer to Peer, P2P*든 크게 온라인을 통해 거래되는 모든 판매 행위로 정의하고 있는 공유 경제 참여자
- 더 나은 판매 또는 서비스 경험을 추구하는 사람

우수한 브랜드 경험은 정해진 종착지 없이 이곳저곳을 들르는 긴 여행이다. 그러므로 여행을 만들어내는 데 전념하는 회사보다 브랜드 경험을 탐구하기에 더 좋은 곳은 없을 것이다. 실제로 에어비앤비의 경영진은 자기 회사에 대해 간략하게 다음과 같이 말한다.

에어비앤비는 사람들이 머물 곳과 할 일, 만날 사람들을 포함해 실제로 살아 보는 마법 같은 여행을 제공하는 전 세계적 여행 공동체라고 할 수 있죠. 우리는 고유의 기술을 활용하여 전 세계 수백만 명의 사람들이 자신의 공간과 열정, 재능을 활용해 돈을 버는 관광 기업가가 될 수 있도록 돕고 있습니다.

자, 이제 먼저 우리가 다루게 될 내용과 그러지 않을 내용을 정의하는 것으로 에어비앤비와 이 회사의 호스트 커뮤니티라는 세계로의 '실제로 살아 보는 마법 같은 여행'을 시작해 보자.

이 모험에서 우리가 할 일은 다음과 같다.

- 의미 있고 지속적인 관계를 만들어 내는 포괄적인 형태의 숙박업을 알아보기
- 신뢰와 공동체를 구축하는 데 필요한 수단을 배우기
- 기술의 지원 및 인간적인 서비스 경험의 가치를 이해하기
- 사업적으로도 성공하고, 서비스를 받는 사람들에게도 '도움이 되는' 방법을 배우기

이 책에서 다루지 않을 내용이란 이미 여기저기서 많이 가 본 길이다. 예를 들면, 에어비앤비의 초라했던 시작에 관한 시시콜콜한 이야기로 여행을 시작하지도 않을 것이고, 이 회사가 시장의 훼방꾼으로서 겪었던 수많은 논란에 괜히 뛰어들지도 않을 것이다. 그러한 주제는 이미 다른 곳에 잘 정리되어 있다. 특히 레이 갤러거*Leigh Gallagher*의 《에어비앤비 스토리*Airbnb Story*》를 읽어 보면 잘 알 수 있다.

대신 우리는 에어비앤비의 경영진에 대해 알아보고 이 사람들이 어떻게 호스트들이 세계적으로 환영받는 서비스를 제공할 수 있게 만들었는지 자세히 들여다볼 것이다. 그런데 에어비앤비의 경영진과 조직의 영향력이라는 세계로 뛰어들기 전에 한 가지 알아두어야 할 사실이 있다. 바로 에어비앤비가 급성장 중이라는 것이다! 이 책에 나오는 모든 숫자는 책을 쓰는 시점의 것으로 여러분이 책을 읽는 시점에는 더 높아졌을 가능성이 크다. 이 책을 통해 여러분은 전 세계 사무실에서 일하는 3천여 명의 에어비앤비 직원들이 어떻게 호스트들과 협력을 맺어 6백만 개 이상의 에어비앤비 숙소를 확보하게 되었는지 알게 될 것이

다. 에어비앤비 숙소는 거의 200여 개 나라의 10만이 넘는 도시 곳곳에 펼쳐져 있다. 그리고 에어비앤비의 직원들이 호스트 커뮤니티와 연계해서 맞이한 투숙객은 이제까지 총 5억 명이 넘는다.

에어비앤비 호스트들은 이 주제의 전문가이므로 책을 읽는 동안 대부분 그들의 안내를 받게 될 것이다. 어쩌면 여러분은 이 호스트 커뮤니티의 일원이거나 그들의 친척이나 이웃, 동료일 수도 있다. 전 세계에 펼쳐져 있는 이 다양한 사업가 공동체에는 항상 사람의 마음을 끄는 숙소를 제공하고자 모인 에어비앤비 플랫폼의 모든 이들이 포함되니까 말이다.

본격적으로 책을 읽기 전 이 장에서 제공하는 내용은 다음과 같다.

- 에어비앤비가 기존의 시장 질서를 파괴함으로써 거둔 성공을 주의 깊게 살펴보기
- 기술이 서비스에 대한 기대와 행동을 어떻게 변화시켰는지 폭넓게 살펴보기
- 에어비앤비의 기술과 사람 냄새 나는 서비스 전달을 상거래와 여행이라는 맥락에서 검토해 보기
- 이 책의 주제에 대해 미리 살펴보기

10년이라는 세월 동안 무엇을 할 수 있을까?

에어비앤비가 10년 동안 얼마나 많은 것을 이뤘는지는 가늠하기도 힘들 정도다.

에어비앤비는 룸메이트 두 명(브라이언 체스키와 조 게비아Joe Gebbia)이 아파트 월세를 낼 방법을 찾고 있던 2007년 샌프란시스코에서 시작되었다. 로드아일랜드 디자인 스쿨Rhode Island School of Design에서 만난 두 사람은 샌프란시스코에서 열릴 예정이던 대규모 디자인 콘퍼런스를 이용해 돈을 벌 기회를 발견했다. 콘퍼런스가 시작되기 전, 체스키와 게비아는 에어 매트리스 3개를 사고 콘퍼런스 참석자들이 아쉬운 대로 숙소를 예약할 수 있도록 간단한 웹사이트를 만들었다. 이렇게 해서 콘퍼런스 기간 중 남자 2명과 여자 1명이 하룻밤에 80달러를 내고 체스키와 게비아의 에어 매트리스에서 지내게 되었다.

이후 곧, 체스키와 게비아는 우리가 오늘날 에어비앤비로 알고 있는 온라인 시장을 개발하기 위해 전 룸메이트이자 컴퓨터 공학자인 네이선 블레차르지크Nathan Blecharczyk와 동업을 시작한다. 그리고 약 10여 년 동안 에어비앤비는 다음과 같이 성장했다.

- 전 세계에 5백만 개의 숙소가 확보되어 있다(그중 2백만 개의 숙소는 즉시 예약할 수 있다).
- 지금까지 4억 명의 게스트를 맞이했다.
- 호스트들에게 상당한 부를 안겨 주었다(2018년, 에어비앤비는 전체 공동체의 55퍼센트를 차지하는 여성 호스트들이 작년에 100억 달러의 매출을 달성했다고 발표했다).

에어비앤비의 성장을 제대로 이해하려면 2018년 대비 2008년 에어비앤비의 게스트 예약 상황을 살펴봐야 한다. 인터넷 온라인 프로퍼티 *Internet Online Property*에 따르면 2008년 한 해 동안 에어비앤비의 게스트 예약은 모두 합쳐 400건에 불과했다. 그런데 2018년에는 2분마다 400건의 예약이 접수되었다. 에어비앤비 목록에 있는 숙소에서 머문 게스트가 매일 2백만 명에 달한 것이다.

초기 에어비앤비 사업의 중심은 미국이었다. 2009년에는 예약의 59퍼센트가 미국에서 발생했다. 하지만 2017년 이후로 에어비앤비가 국가를 초월하는 브랜드로 성장하면서 미국에서 발생하는 숙소 예약은 전체의 29퍼센트로 줄어들었다.

숙소가 전 세계 곳곳에 생겼을 뿐 아니라 에어비앤비에서 선택할 수 있는 옵션들도 다양하게 늘어났다. 숙소를 놓고 보면, 10달러로 하룻밤을 묵을 수 있는 인도네시아의 올드 타운 자카르타의 백패커스 호스텔 *Backpackers Hostel*에서부터 하룻밤에 10,075달러나 하는 텍사스 오스틴의 단독 빌라까지 다양한 선택을 할 수 있다. 물론 10,075달러면 여러분은 친한 친구 15명과 함께 숙소 두 군데와 게스트하우스에 머무는 호사를 부릴 수도 있다.

2018년 8월부터는 에어비앤비 숙소 목록에 전통적인 숙소가 많아진 것은 물론, 다음과 같은 형태의 숙소까지 추가되었다.

- 레저용 자동차*RV* 10,449대
- 유르트*Yurt*(몽골, 시베리아 유목민의 전통 텐트) 2,194개

- 섬 1,403개

- 소형 주택 8,951채

- 배 9,000척

- 트리 하우스*Tree House* 2,194채

- 이글루 183채

- 티피*tepee*(원뿔형 천막) 918채

- 풍차 155개

- 동굴 758군데

시간이 흐르면서 게스트의 인구 통계학적 분포에도 변화가 생겼다. 에어비앤비의 초창기 고객들은 레저를 즐기는 여행자들이 압도적으로 많았다. 그들 대부분은 예산에 신경 쓰고 경험을 중시하는 밀레니얼 세대였다(초기 사용자들의 60퍼센트가 밀레니얼 세대였던 것으로 추정됨).

2017년 이후로 에어비앤비 게스트의 나이 분포가 더 넓어진 것으로 나타난다. 에어비앤비에서 이에 대한 데이터를 제출하고 있지 않고 제3의 기관에서 내놓은 자료도 아주 정확하지는 않지만, 스태티스타*Statista*(시장에서 수집한 데이터와 경제 부문 및 공식 통계에서 파생된 데이터를 제공하는 독일의 온라인 통계 포털)는 미국과 유럽의 에어비앤비 사용자들의 36퍼센트가 25세에서 34세이며, 23퍼센트는 35세에서 44세라고 주장한다. 45세에서 55세 사이인 게스트의 백분율(14퍼센트)은 18세에서 24세인 게스트(15퍼센트)와 거의 비슷하다. 또한, 스태티스타는 12퍼센트의 게스트가 55세 이상이라고 주장했다.

사용자의 나이 분포가 넓어지고 서비스 지역이 전 세계로 확대되었지만 밀레니얼 세대 게스트의 숫자는 계속 가파르게 증가하고 있다 (2016년에서 2017년 사이에 120퍼센트로 대폭 증가). 에어비앤비는 같은 기간 동안 가장 빠르게 성장하는 호스트는 장년층이었으며 '여성 노인이 에어비앤비에서 꾸준히 가장 높은 평점을 받은 호스트'라고 보고했다.

숙소와 호스트, 게스트의 변화가 이루어지면서 에어비앤비는 비즈니스 여행자들이 증가하고 있다는 사실을 파악하게 되었다. 2014년에 이 회사는 비즈니스 여행자들이 자신만의 특별한 니즈를 위한 계획을 세울 수 있는 비즈니스용 에어비앤비(현재 에어비앤비 포 워크*Airbnb for Work*, 한국에서는 에어비앤비 비즈니스 프로그램) 플랫폼을 시작했다.

에어비앤비 포 워크는 직장인들의 약 25퍼센트가 일 때문에 여행을 다니고, 더 많은 기업가와 중소기업 경영자들이 여기저기 옮겨 다니며 돈을 벌고 있다는 사실에 주목하고 비즈니스 여행자들에게 최적화된 숙소를 목록에 올리기 시작했다. 그리고 다른 한편으로는 가족 단위의 장기 숙박에 대한 니즈에 초점을 맞추기도 했다. 에어비앤비 포 워크를 이용하려면 게스트가 직접 개인 비즈니스 여행자로 등록하거나 그들이 일하는 회사의 인사팀이나 출장 담당자가 무료 비즈니스 계정을 만들도록 하면 된다.

혁신적인 출장 서비스 덕분에 2015년에서 2016년 에어비앤비 포 워크를 통한 예약은 3배가 늘었으며 2016년에서 2017년에 다시 3배가 되었다. 세일즈 포스*Sales Force*(고객 관계 관리 솔루션을 중심으로 한 클라우드 컴퓨팅 서비스를 제공하는 기업)의 출장 담당 책임자인 라이언 피어스*Ryan*

*Pierce*는 "에어비앤비 포 워크는 비즈니스 여행자들의 상황에 맞춰 여러 종류의 숙소를 찾아주고 출장 동안 그들에게 개인적인 경험의 기회를 제공합니다. 그리고 출장 담당자들이 비즈니스 여행자의 안전을 확신할 수 있도록 정확한 정보를 제공하고 회사가 예산을 최대한 활용할 수 있도록 도와주기도 합니다."라고 말했다.

2018년 9월까지 7십만 개 회사의 직원들이 에어비앤비 포 워크에서 출장을 예약했다. 이들 예약 중 40퍼센트는 대기업(직원 수 5,000명 이상)이 차지했고, 다른 40퍼센트는 소기업(직원 수 250명 미만)이, 나머지 20퍼센트는 중기업(직원 수 250명에서 500명)이 차지했다.

2018년 2월 에어비앤비는 휴가용 주택, 특색 있는 숙소, B&B*Bed and Breakfast*(아침 식사를 제공하는 숙박 서비스, 민박), 부티크 호텔, 이렇게 네 종류의 새로운 숙소 유형을 플랫폼에 추가했다. 그리고 이를 발표하면서 사람들이 매우 간편하게 다양한 숙소(부티크 호텔에서부터 이글루처럼 특이한 공간에 이르는)를 찾을 수 있도록 플랫폼을 개선했다. 이것은 '게스트에게 숙소 선택권을 제공하고, 이용할 수 있는 숙소의 특징을 유형별로 훨씬 알아보기 쉽게 만들고, 호스트가 그들 숙소만의 독특한 장점을 쉽게 보여줄 수 있도록 해 게스트들이 자신이 선호하는 숙소를 더 잘 선택할 수 있게 마련된 것'이다.

또한, 경영진은 전략적으로 단기 거주 이외의 숙박 시장으로도 영역을 확대했다. 2016년 11월 CEO 브라이언 체스키는 에어비앤비가 실제로 살아 보는 여행 경험을 제공하기 위해 전 세계 여행 공동체에 얼마나 많은 투자를 하고 있는지에 대해 발표했다. 그는 다음과 같이 말한다.

"그동안 에어비앤비에게는 숙소가 가장 중요했습니다. 하지만 이제 저희는 사람들이 머물 곳과 할 일, 만날 사람들, 이 모든 것을 한곳에 모은 '트립스*Trips*'를 시작할 예정입니다. 저희는 사람을 다시 여행의 중심에 놓음으로써 여행을 다시 마법같이 멋진 경험으로 만들고 싶습니다."

트립스에는 숙소(그들의 현재 비즈니스)와 체험*Experiences*이 포함되어 있으며 아마 앞으로는 여기에 항공편과 서비스도 포함될 것 같다. 에어비앤비의 체험 상품은 예약을 통해 이용할 수 있는 호스트 주도 활동이다. 더 많은 도심에서 그들의 열정과 관심을 공유할 수 있도록 이러한 체험 상품들은 신중하게 선택된다. 예를 들어 여러분은 파리에서 향수를 직접 만들어 볼 수도 있고 바르셀로나에서 파에야 요리법을 배우거나 부에노스아이레스에서 1일 가우초*gaucho*(남미 초원 지대의 카우보이)로 살아볼 수도 있다.

에어비앤비 트립스가 서비스를 확장하고 진화하면서 에어비앤비 포 워크도 2018년에 체험을 추가했다. 에어비앤비 포 워크의 체험 섹션에는 지역 전문가가 이끄는 팀 빌딩 활동이 있다. 이러한 체험은 사회 공헌 여행을 포함한 팀 활동의 기회를 제공한다. 예를 들어 사회 공헌 체험*Social Impact Experience*에서는 남아프리카 공화국 케이프타운에서 펭귄과 함께 패들링*paddling*(카누에서 노 저어 나가는 일)을 할 수 있다. 그리고 여기서 생기는 수익금은 전부 아프리오션스 보존 협회*AfriOceans Conservation Alliance*에 기부된다.

2017년 에어비앤비는 미국 여행자들의 66퍼센트가 '집을 떠나있는 동안 식당 예약을 한다'는 점에 착안해 음식점 예약 기술 회사인 레지*Resy*와 협력해 에어비앤비 앱과 웹사이트에 음식점*Restaurant* 전용 탭을 만들었다. 그 결과 여행자들은 가까운 곳에 있는 식당을 찾아 다양한 음식을 경험해 보거나 식사 시간(아침, 점심, 저녁)에 맞는 메뉴를 찾을 수 있게 되었다. 예를 들면, 뉴욕에서는 1인당 15달러짜리 유카탄 타코를 먹는 것에서부터 8명의 손님만 받는 일본식 테이스팅 바에서 1인당 200달러짜리 식사를 하는 것까지 다양한 선택이 가능하다.

에어비앤비 트립스 서비스는 빠르게 성장하며 성공을 거두었다. 예를 들어 2016년에 12개 도시(디트로이트, 런던, 파리, 나이로비, 하바나, 샌프란시스코, 케이프타운, 피렌체, 마이애미, 서울, 동경, 로스앤젤레스)에서 처음 제공된 체험 부문은 2018년까지 1,000여 개 도시에서 1백만 건이 넘는 예약을 원활하게 처리했다.

에어비앤비의 서비스 범위는 끊임없이 진화하고 있다. 에어비앤비 홈스의 전 사장 그렉 그릴리는 이 회사가 숙소 측면에서 실시한 서비스 혁신의 증거로 에어비앤비 플러스*Airbnb Plus*를 들었다. 이는 특히 세부적인 데 중점을 두는 호스트가 제공하는 높은 평점의 숙소들로 선별된 그룹이다. 에어비앤비 플러스의 목록은 다운로드 속도가 최소 5Mbps인 와이파이와 '프라이팬이나 소금, 후추, 식용유 같은 필수품목'을 갖춘 부엌이 포함된 100점 만점짜리 명단을 통해 이용자가 직접 품질과 스타일, 청결도를 평가하는 과정을 거친다. 그렉은 내게 이렇게 말했다. "저희는 모든 일에서 커뮤니티의 의견에 귀를 기울이고 서비스를 계속 확장해 실제로 여행을 하면서 현지 생활을 느낄 수 있도록 풍성한 경험을 더하고 있습니다. 플랫폼은 사람 냄새 나는 숙소와 체험을 개발하기 위해 꾸준히 진화할 겁니다."

　에어비앤비의 경영진이 여행자를 위해 여정의 처음부터 끝까지 모든 부분에서 여행 경험을 바꾸고자 한다는 점을 고려한다면, 다가올 수십 년에 걸쳐 끊임없는 혁신의 흐름과 서비스 확대가 이루어질 것이라고 기대해도 될 것이다.

　에어비앤비의 성장은 그야말로 화려하고 이례적이다. 하지만 성장한다고 해서 반드시 수익이 나는 것은 아니다. 2018년 5월 〈포브스 *Forbes*〉의 한 기사에서 기고가 그룹인 그레이트 스펙큘레이션스*Great Speculations*는 다음과 같이 말했다. "에어비앤비를 수십억짜리 스타트업(유니콘)과 차별화시키는 중요한 요소는 이 회사의 현금 흐름이 현재 긍정적이라는 점이다… 콜택시업의 선구자로서 세계적으로 크게 성장하고 있는 우버는 아직도 적자 상태지만 에어비앤비는… 게다가 상당한 금액의 현금을 보유하고 있기도 하다. 따라서 다른 유니콘들이 부러워할 만한 재정적인 위치에 있다고 할 수 있다…" 에어 매트리스 세 장으로 시작해 보기 드문 현금 흐름을 보유한 수십억 달러짜리 기업이 되기까지 에어비앤비 경영진이 어떻게 기술과 사람을 활용하여 이전에 충족되지 않은 고객 및 여행 서비스 제공업체의 요구를 해결하고, 회사의 성공에 기여한 고객 중심의 솔루션을 만들었는지 방법을 살펴보자.

기술은 행동과 서비스 기대를 어떻게 바꾸고 있을까?

우리는 모두 인터넷과 모바일 기술이 우리의 행동과 서비스에 대한 기대를 근본적으로 바꾸어 놓았다는 사실을 알고 있다. 디지털 기술은 우리 삶 곳곳에 존재하며 많은 사람이 실제로 느끼고 있는 것보다 훨씬 더 높은 수준으로 영향을 끼치고 있다.

온라인 메시징 및 마케팅 회사인 라이브퍼슨*LivePerson*이 실시한 연구에 따르면 인간적인 상호 작용과 사회적 행동, 심지어 잠버릇까지 모바일 기기로 인해 바뀌고 있다. 라이브퍼슨이 말하는 밀레니얼 세대와 Z세대 소비자는 다음과 같다.

- 65퍼센트가 이미 매일 대면 소통보다 디지털 의사소통을 더 많이 하고 있다.
- 42퍼센트가 가족과 식사하면서 문자 메시지를 보내는 것은 문제라고 생각하지 않는다.
- 40퍼센트가 극장에서 문자 메시지를 보내는 것이 적절한 행동이라고 믿는다.
- 29퍼센트가 샤워할 때 휴대 전화를 가지고 간다.
- 70퍼센트가 손이 닿는 곳에 휴대 전화를 두고 잠에 든다.
- 52퍼센트가 한밤중에 잠깐 깼을 때 휴대 전화를 확인한다.

몇 년 전까지만 해도 사람들은 어떤 활동에 참여하고 난 후 나중에 만나거나 전화로 그 이야기를 나눴다. 요즘 우리는 참석과 동시에 경험한 내용을 공유한다. 이것은 특히 콘서트장 어디에서나 휴대 전화를 사용한다든지 소셜 미디어에서 엄청나게 많은 음식 사진이 공유되는 것을 보면 알 수 있다.

기술이 가장 큰 영향을 끼친 부분 중 하나는 쇼핑과 구매 방식이다. 특히 서비스 속도나 편리성, 풍부한 정보, 즉각적인 의사소통에 대해 기대가 커진 것이 그러하다. 다음과 같은 것들로 인해 우리는 이제 손끝이나 음성 명령을 통해 한층 발전한 제품과 서비스의 세계를 탐험하며 꿈꿀 수 있게 되었다.

- 웹사이트

- 디지털 광고

- 온라인 커뮤니케이션

- 앱 및 애플리케이션 프로그래밍 인터페이스*API*

- 사회 관계망

- 소셜 미디어

- 웨어러블 기기

- 증강 현실*AR* 프로그램 및 응용 프로그램

- 가상 현실*VR* 프로그램 및 응용 프로그램

- 로봇

에어비앤비 경영진은 2000년대 후반에 회사를 시작할 때 새로 떠오르고 있는 디지털 소비자들을 제대로 알아봤다. 그들은 기술은 더 넓은 고객 경험의 전략에 도움을 주는 도구가 되어야 하지 전략 그 자체가 될 수는 없다고 믿었다. 에어비앤비 경영진은 일관성 있게 혁신적인 기술을 사용해 호스트 커뮤니티가 게스트에게 따뜻하고 인간적인 경험을 제공할 수 있도록 하는 데 중점을 둔 것이다.

사람 그리고 기술

차차 보게 되겠지만 에어비앤비 경영진은 기술의 장점을 활용해 여행자 개개인에게 맞는 인간적 보살핌을 제공하는 회사를 설립했다. 기술이 사용되기 시작하면서(그리고 아마도 그것 때문에) 많은 사람은 개인화된 인간적인 상호 작용을 더 많이 하고 싶어 한다. 예를 들어 프라이스워터하우스쿠퍼스*PricewaterhouseCoopers*(세계 4대 회계법인 중 하나, PwC)는 베이비 붐 세대(1946년 이후에 태어난)부터 Z세대(2012년 이전에 태어난)까지 폭넓은 나이대의 소비자들을 대상으로 설문 조사를 실시했다.

그리고 12개국(아르헨티나, 호주, 브라질, 캐나다, 중국, 콜롬비아, 독일, 일본, 멕시코, 싱가포르, 영국, 미국)에서 수행한 고객 경험의 미래*The Future of Customer Experience*라는 2018년 PwC의 연구를 통해 다음과 같은 사실이 드러났다.

1. 훌륭한 고객 경험은 고객 충성심을 낳고 최고급 가격 책정을 가능하게 한다.
2. 나쁜 고객 경험은 고객 이탈이라는 결과를 낳는다.

3. 편의성, 도움을 주는 사람들 그리고 속도가 고객들에게 가장 중요한 요소다.

4. 직원과 고객 간의 의미 있는 의사소통은 필수적이다.

5. 좋은 서비스의 주요 요소에는 전 세대에 걸쳐 합의점이 상당히 많다. 세대 간에 존재하는 차이점은 특정 세대가 그러한 요소가 어떻게 전달되기를 바라는가와 관계가 있다.

6. 우수한 고객 경험은 중요한 기회이며 전략적으로 필요하다.

PwC가 발견한 많은 것들은 인간적인 서비스를 가능하게 하는 기술의 효율적 사용을 중요하게 생각한 에어비앤비 경영진의 지혜를 증명하는 요소이다.

- 미국 소비자의 평균 48퍼센트는 따뜻한 서비스가 비즈니스를 차별화하고 성공을 낳는다고 믿는다. 32퍼센트만이 첨단 서비스라고 믿는다.

- 사람들은 기술을 사용하면서 기술적인 문제가 생기면 그 즉시 다른 사람들과 상호 작용하고 싶어 한다. 미국 소비자의 단 3퍼센트만이 '자신의 경험이 최대한 자동화되기'를 바랐다.

- 미국 소비자의 64퍼센트와 모든 소비자의 59퍼센트가 '회사들이 고객 경험의 인간적 요소를 놓치고 있다'고 느낀다. 미국인의 71퍼센트는 '챗봇이나 다른 자동화 프로세스보다는 인간과 상호 작용하는 것을 선호'한다.

사람과 기술을 융합하는 고객 중심의 서비스 솔루션을 만드는 것(에어비앤비가 개발한 것들과 같은)은 세일즈포스의 방대한 연구인 연결된 고객의 상태 State of the Connected Customer 제2호를 비롯한 다양한 다른 자료들에 의해 그 중요성이 입증된다. 이 연구에서 84퍼센트의 고객들은 '숫자가 아닌 한 사람으로서 대접받는 것이 비즈니스에서 승리하는 데 매우 중요하다'라고 답했다. 이 연구에서 드러난 사실은 에어비앤비의 비즈니스 모델을 뒷받침하는 것 이상이다. 이는 기술적인 편의성과 인간적인 유대감을 통해 고객의 충성심을 구축하는 것이 중요하다고 강조한 것이다.

에어비앤비의 경영진처럼 통찰력을 가진 사람들과 시장의 리더들은 우수한 고객 경험에 총체적으로 접근하는 데 투자해야만 하고 계속 그렇게 할 것이다. 그들은 자동화 솔루션을 발전시켜 일상적인 업무를 처리하게 하고, 인적 자원은 다른 사람의 이야기를 듣고, 이해하고, 공감하고, 그들을 도와주며 감사를 전하고 서비스를 받는 사람들을 기쁘게 할 수 있는 자리에 배치했다.

다음에 나오는 수치가 보여주는 것처럼 PwC의 연구에서 알아낸 사실들은 전 세계의 응답자들이 기술이 발전함에 따라 다른 무엇보다도 끈끈한 인간적인 접촉을 점점 더 요구할 것이라고 주장했다.

인간적 상호 작용 대 자동화된 상호 작용:

'나는 기술이 발전함에 따라 사람과 상호 작용을 더 많이 하고 싶을 것이다.'라고
답한 사람들의 백분율

독일	미국	호주		아르헨티나	캐나다	영국
84%	82%	81%	모든 국가 75%	80%	80%	78%
76%	74%	74%		68%	66%	53%
싱가포르	콜롬비아	멕시코		브라질	중국	일본

세계 경제 포럼*World Economic Forum, WEF*도 인간적인 서비스 기술의 중
요성에 대해 비슷한 견해를 갖고 있다. 미래 고용이라는 관점에서 WEF
는 디지털 시대의 직업들은 인간적인 문제 해결의 기술과 의사소통의
효율성과 적응성, 일관성, 열정, 전반적인 사회적 지능을 더욱 요구할
것이라는 점을 지적했다. 본질적으로 '인간적'이고 '개인화'된 보살핌을
전달할 수 있는 능력이 기술 발전에 맞춰 균형을 잡아 주는 중요한 요소
가 될 것이다.

나중에 이 장에서 여러분은 에어비앤비가 어떻게 인간적인 보살핌
에 접근하는 데 사람 및 기술을 효과적으로 사용했는지 알게 될 것이다.
그리고 에어비앤비의 사명이 사회적 지능과 '호스팅'능력을 어떻게 뒷
받침했는지도 탐구하게 될 것이다.

여행의 신세계

이제까지 나는 기술과 서비스 기대에 커다란 변화가 일어났다는 점을 강조했다. 그리고 에어비앤비 경영진이 기술을 통해 이 회사가 안락함과 편안함을 해결하는 동시에 호스트들이 따뜻하고 개인적인 상호작용을 키울 수 있도록 자리 잡게 했다고 주장했다. 8조2천7백억 달러 규모로 추정되는 전 세계 여행 산업에서 기대 수준이 어떻게 변하고 있는지 알아보고 에어비앤비가 이 분야의 기대치를 넘어서기 위해 기술과 사람에 어떻게 투자했는지에 대해 잠시 이야기해 보자.

최근 한 여행 포럼에서 여행 계획의 '암흑기'에 대해 여러 가지 의견이 오고 간 적이 있었다. 먼저 어떤 젊은이가 1970년대의 한 시트콤을 보고 나서 질문을 올렸다. "그 당시 사람들은 인터넷으로 고급 호텔을 예약하지 않았기 때문에 숙소에 대한 리뷰를 읽는 사람은 더 적었다는 사실을 알게 되었습니다. 그렇다면 여행을 계획하는 사람들이 방문하려는 도시에 특정한 호텔이 진짜 존재한다는 사실을 어떻게 알 수 있었는지 궁금하네요. 가이드북에서? 아니면 도착해서 '되는 대로' 갔던 걸까요?" 그 게시글에 대한 응답자들('그 당시에' 살았던 나 같은 사람들)은 여행사, 그 당시의 기술(유선 전화)을 이용해 호텔 체인에 거는 전화, 미국 자동차 협회*American Automobile Association, AAA*가 만든 맞춤 여행 가이드와 같은 자료라는 답을 달았다. 그렇게 활발하게 오고 간 의견들은 한 세대에서 다음 세대로 넘어가면서 여행을 계획하는 방법이 얼마나 많이 변했는지를 압축해 보여주었다.

비즈니스 리더십 분야의 교수 마리 얀센 반 렌스버그*Mari Jansen van Rensburg*는 디지털 시대의 여행 계획 세우기에 대해 다음과 같이 설명한다. "인터넷과 소셜 미디어 기술은 이 산업에 확고히 자리 잡으면서 자신들이 고객들에게 서비스를 제공하는 완벽한 수단임을 입증했습니다. 인터넷은 여행자들이 정보를 검색하는 통로일 뿐 아니라 동영상과 그래픽 이미지들로 여행 상품과 서비스를 시각화할 수 있도록 해줍니다."

반 렌스버그 교수가 알아낸 바와 같이 내게도 여행 서비스와 숙박 쪽에서 소비자들이 중요하게 생각하는 것에 큰 변화가 일고 있는 것이 보였다. 2008년 맥그로힐은 나의 책《리츠 칼튼 꿈의 서비스*New Gold Standard*》를 출판했다. 당시에는 리츠칼튼과 같은 호텔들이 여행자들이 가장 머물고 싶어 하는 최우선 선택지였다. 고객을 만족시키고 유지하기 위해 호텔 소유주와 체인 운영자들은 다음을 달성하는 데 최적화된 바람직한 게스트 경험을 전달할 방법을 모색했다.

1. 뜻밖의 불쾌한 경험 없이 숙박할 수 있도록 하기.
2. 예측할 수 있는 브랜드화된 환경을 보장하기(예를 들면, 비슷한 객실 배치와 공통된 '외관' 및 '분위기').

엠제이 프랭클린*MJ Franklin*은 〈매셔블*Mashable*〉에 쓴 글에서 호텔 산업이 '예측성'을 추구하는 것은 새롭게 등장하고 있는 고객의 요구에 맞지 않는다고 주장했다. 엠제이는 이렇게 말했다. "여러분은 가끔 여행하거나 휴가를 준비할 때 호텔에 머무르고 싶지 않을 때가 있을 것이다.

그렇다. 호텔이 편리하기는 하다. 하지만 호텔은 엄청 지루할 수도 있다(호텔들은 모두 다 똑같다. 그러한 반복성과 천편일률적인 몰개성은 어떻게 모든 것이 그렇게 다르면서도 똑같을 수 있는지에 대한 의문을 갖게 한다)."

엠제이의 글처럼 요즘 많은 여행자가 '예측할 수 있는' 경험을 넘어선 다양한 종류의 욕구와 흥미를 표출하고 있다. 그들은 점점 더 '개인적'이고 '인상적'이며, '영혼이 담긴' '투명한' 경험을 추구한다. 많은 게스트가 리조트 호텔이라는 한정된 범위에서 벗어나 '현지를 여행'하는 모험을 하고 싶어 하며 '여행지의 실제 분위기'를 느끼고 싶어 한다. 이렇게 여행에 대해 새로운 요구가 일고 있는 상황 속에서 에어비앤비의 이야기를 살펴보자.

에어비앤비의 기술이 만드는 사람 냄새 나는 경험

에어비앤비 경영진은 회사가 진화를 시작하던 시기에 마음속으로 새로운 여행 방법을 그리고 있었다. 그들은 이러한 본질적인 질문을 던졌다. "사람들이 온라인으로 접속해서 클릭 세 번 만에 원하는 숙소를 찾을 수 있다면 어떨까?", "사람들이 차들이 많이 오가는 곳에 있는 평균 30제곱미터(9평)짜리 호텔 방을 대신할 매력적인 대안을 찾을 수 있다면 어떨까?", "여행자들이 더 사람 냄새 나는 숙소를 찾아 가격이나 위치, 개인적 취향에 딱 들어맞는 곳들을 손쉽게 선택할 수 있다면?", "여행이 따뜻하고 폭넓고 개인적이라면?"

이 모든 질문의 해답은 바로 에어비앤비다!

디자인 싱킹 및 소프트웨어 엔지니어로 일했던 에어비앤비의 창업자(브라이언 체스키와 조 게비아, 네이선 블레차르지크)들은 여행을 찾고, 선택하고, 예약하기 더 쉽게 만들어주는 웹 기반의 사용자 인터페이스를 개발하기 위해 기술에 투자했다. 그리고 그러한 과정에서 집주인들이 별장을 임대하거나 남는 방을 목록에 올려 쉽게 추가 수입을 올릴 수 있도록 했다. 이러한 기술적 혜택에도 불구하고 에어비앤비는 기존에 확고히 자리를 잡은 베케이션 렌탈 바이 오너*Vrbo, Vacation Rental By Owner*(현재 익스피디아*Expedia* 홈어웨이*HomeAway*의 일부)나 베드앤브렉퍼스트닷컴*BedandBreakfast.com*같은 회사들에 맞서며 겉보기에는 불리한 상태로 온라인 예약 산업에 진입했다.

레이 갤러거는 자신의 책에서 에어비앤비가 그러한 어려움에도 불구하고 어떻게 시장 지배력을 갖게 되었는지에 대해 본인 생각을 말한다. "에어비앤비가 특별히 한 것은 장벽을 제거하고 누구나 찾아와 사용할 수 있는 쉽고, 친절하고, 접근 가능한 플랫폼을 구축한 것이다. 이전 웹사이트들과는 달리 에어비앤비의 숙소 목록은 집주인들의 개성을 보여줄 수 있도록 디자인되어 있다. 에어비앤비는 공간을 멋있어 보이게 해 사람들의 마음을 끌 수 있도록 전문적인 사진 촬영에 투자했으며, 검색과 메시지 보내기, 결제 모두 방해하는 요소 없이 시원스럽고, 매끄러웠다. 그리고 에어비앤비를 그렇게 다르게 만든 가장 크지만 가장 덜 논의되는 이유 중 하나는 이 회사가 도시적이라는 점이다."

다른 플랫폼에 있는 대부분의 목록에는 휴가용 별장으로 임대하는 숙소들만 있다는 점을 보면 레이의 마지막 주장이 옳았음을 알 수 있다.

그와 반대로 에어비앤비는 다양한 여행자의 요구를 충족시켜 줄 수 있는 훨씬 더 다양한 옵션을 가진 호스트들을 끌어모았다. 게다가 에어비앤비 경영진은 기꺼이 앞선 기술과 직관적인 디자인을 개발하고 테스트하고 구현해 서비스 속도와 사용 편의성, 신뢰성을 높이고, 개인화를 실현했으며 회사의 디지털 플랫폼에 대한 신뢰를 구축했다.

에어비앤비 경험은 디지털 플랫폼에서부터 시작되므로, 에어비앤비의 기술이 제공한 몇 가지 주요 혜택을 페이지 속도부터 살펴보자. 사람들은 Airbnb.com 같은 웹 플랫폼을 방문하면 사이트가 빨리 로드될 거라 기대한다. 독특한 알고리즘을 사용해 웹 페이지 로드 시간을 단축하는 클라우드 서비스를 제공하는 회사 바켄드*Baqend*의 CEO 펠릭스 게서트*Felix Gessert*는 "사용자의 40퍼센트 이상이 3초 안에 페이지가 뜨지 않으면 사이트를 나가버리기 때문에 페이지 속도는 이 경쟁의 결정적인 요소가 되었다"라고 말했다.

〈뉴욕 타임스〉의 한 기사에 따르면 '눈 깜빡할 시간(400밀리 세컨드를 조금 넘는 시간)보다 조금 더 기다리게 될 때, 방문자들은 다른 페이지를 클릭하게 될 수 있다'고 한다. 게서트는 이렇게 설명한다. "저희는 미국에서 가장 높은 시장 점유율의 여행지와 숙소 사이트 10곳을 테스트해 봤습니다. 여행 산업에 있는 기술 회사들은 이 문제를 심각하게 생각하는 것으로 보입니다. 시장 점유율이 가장 높은 사이트 트립 어드바이저*Trip Advisor*의 페이지는 0.7초 만에 로드되었습니다. 에어비앤비의 페이지만 더 빨리 로드되었는데 약 0.5초, 그러니까 거의 그 유명한 '눈 깜박하는 시간'이 걸린 거죠." '눈 깜박하는 속도'가 에어비앤비가 비즈니스에서 승리하는 기회를 준 것이다. 그러나 고객의 여행 전체 과정에서 기술을 효과적으로 관리하려면 사려 깊은 서비스 디자인이 필요하다.

빠른 로드 시간과 더불어 에어비앤비 웹사이트와 앱 플랫폼은 매끄러운 고객 몰입을 가능하게 한다. 예를 들어 신규 앱 사용자들은 몇 가지 질문만으로 앱 사용을 시작할 수 있다. 여기서 질문은 대화체로 이해하기 쉽게 주어진다. 디지털 플랫폼들은 즉시 눈에 띄는 검색 상자를 제공함으로써 사용자가 필요로 할 가능성이 큰 것(여행 옵션을 알아보고자 하는 욕구)이 무엇인지 예측한다. 이러한 검색 기능을 통해 장래의 여행자들은 여행 당사자와 장소, 시기를 입력하고 커다란 검색 버튼을 누른다. 앱의 검색 탭은 여러분의 이름을 입력하여 모든 상호 작용을 개인화한다. 예를 들어서 내 경우는 이런 질문을 받는다. "조셉, 무엇을 도와드릴까요?" 내 대답에 따라 검색이 내 필요에 맞게 맞춤 설정됐다.

플랫폼에서 이루어지는 모든 예약에 머신 러닝 또는 인공 지능AI이 효율적으로 사용되어 개인화와 보안을 보장한다. 이러한 기술은 게스트가 숙박 목록을 검색할 때, 사용자별로 그들에게 최적의 옵션을 맨 먼저 보여줄 수 있도록 해준다. AI는 또 사기를 방지하고 호스트가 가격을 최적화하는 데도 도움이 된다.

사진 인식 기술은 머신 러닝을 사용해 에어비앤비 사이트의 이미지를 스캔, 태그, 분류, 필터링할 수 있다. 이 기술의 혜택을 이해하려면 어떤 숙소의 이미지에는 벙크 침대가 있는데 숙소의 텍스트 설명에는 벙크 침대 정보가 포함되지 않은 경우를 가정해보면 된다. 또 여러분이 벙크 침대가 있는 숙소를 선택한 이력이 있는 경우를 가정하자. 사진 인식 기술은 플랫폼에 남아있는 여러분의 과거 행적을 보고 여러분이 고려할 옵션으로 그 특정 숙소를 선택할 수도 있다.

자연어 처리*Natural language Processing, NLP*는 문자 기반 콘텐츠(게스트의 리뷰 같은)를 스캔하고 필터링할 수 있다. 여러분이 숙소 목록에 달린 이런저런 다른 주제들에 대한 피드백(숙소나 호스트가 아닌 도시에 대한 의견 같은)이 아닌 숙소에 대한 피드백을 찾고 있는 경우에 NLP는 검색되는 리뷰가 편향성 없이 잘 선별되도록 관련 없는 정보를 걸러낸다.

에어비앤비의 기술 도구는 다른 사람들(게스트와 호스트 양쪽)의 역량을 강화하기 위해 솔루션을 개발하는 사람들의 결과물이다. 모든 기술 솔루션과 그 기술이 지원하는 게스트와 호스트의 모든 상호 작용은 회사의 인간적이고 인도적인 사명이 이끈 것이다. 그렇게 진화해 온 사명은 공동 창업자 브라이언 체스키가 2014년에 쓴 블로그 게시물에 가장 잘 설명되어 있다.

월세를 낼 방법으로 몇몇 친구들이 시작했던 것이 이렇게 우리가 상상했던 것보다 더 크고 더 의미있는 대단한 것이 되었습니다. 그리고 우리는 에어비앤비 커뮤니티가 원래의 에어비앤비 브랜드를 넘어서 성장했다는 것을 깨달았습니다. 그래서 조와 네이트, 그리고 나는 지난 한 해 동안 자아 성찰을 했습니다. 우리는 스스로에 물었습니다. "우리의 사명은 무엇일까?", "에어비앤비를 진정으로 정의하는 것은 무엇일까?" 그리고 그 대답이 바로 우리 앞에 있었다는 사실을 알게 되었습니다. 아주 오랫동안 사람들은 에어비앤비를 숙소에 관한 것으로 생각했습니다. 하지만 사실 우리는 집에 관한 회사입니다. 숙소는 단지 공간일 뿐이고 집은 여러분이 속하는 곳입니다. 그리고 이런 전 세계 커뮤니티를 특별하게 만드는 것은 처음으로 여러분이 어디에든 속할 수 있다는 사실입니다. 소속감, 그것이 우리 회사의 핵심 아이디어입니다.

체스키는 소속감, 신뢰 그리고 공동체가 이전 시대보다 덜 보편적이라는 점을 시사했다. 또한, 그는 관계가 우리 삶에 가장 큰 의미를 준다고 믿고 있다. 체스키는 이렇게 덧붙였다.

그래서 에어비앤비가 모든 사람이 소속감을 느낄 수 있는 곳으로 우리를 돌려보내고 있는 것입니다. 우리처럼 여러분도 공과금을 내려고 방을 빌려준다는 생각을 하게 되었을 수 있습니다. 아니면 계획에 없이 그저 하룻밤 잠깐 잠이나 잘 곳을 예약했을지도 모릅니다. 하지만 우리는 가장 먼저 이 공동체에 발을 들여놓았고, 우리 모두 그러한 참여가 그냥 단순한 거래가 아니란 것을 압니다. 그것은 앞으로 계속 이어질 유대감입니다. 그 이유는 여러분이 에어비앤비로부터 받는 보상이 단지 금전적인 것만은 아니기 때문입니다. 그것은 호스트에게나 게스트에게 모두 똑같이 개인적입니다. 새로운 기술이 멀리 있는 사람들도 쉽게 서로 관계를 유지할 수 있게 해주는 이때, 여러분은 그러한 기술을 사용해 사람들을 한군데로 모으고 있습니다. 그리고 여러분은 어디서든 따뜻하게 환영받고 존중받으며 자기 모습 그대로 인정받는 느낌을 바라는 전 세계인들과 친구가 될 것입니다. 친밀감은 에어비앤비를 정의하는 아이디어입니다.

2장과 3장에서 우리는 '어디서나 내 집처럼 편안하게Belong anywhere'라는 말의 의미와 에어비앤비가 이 사명을 어떻게 지원하고 호스트가 매일 그것을 실현하기 위해 무엇을 하는지 속속들이 알아볼 것이다. 이제 잠시 에어비앤비 호스트가 게스트의 '보편적인 욕구, 즉, 환대받고, 존중받고, 인정받는다는 느낌을 받고자 하는 욕구'를 만족시키기 위해 매일 어떠한 실천을 하고 있는지 알아보자.

에어비앤비를 이용해 어떤 여행자가 오리건주 포틀랜드의 호스트 에이프릴 브레네만 가족의 집에 침실 하나를 일주일간 예약했다. 숙박 첫날 에이프릴은 여행자가 복통으로 괴로워하는 것을 보게 되었다. 에이프릴이 도움을 주겠다며 가까운 병원에 가겠느냐고 묻자 게스트는 신장 결석 때문인 것 같다며 물을 많이 마시고 쉬겠다고 했다. 하지만 그날 저녁 8시쯤 남자에게 극심한 고통이 찾아오자 에이프릴은 그를 가까운 응급센터로 옮겼다.

에이프릴은 "병원에 환자가 너무 많아서 그는 통증으로 괴로워하면서 병원 복도의 환자 이송용 침대에 누워있었어야 했어요. 저는 병원 직원들에게 계속 그를 병실로 옮기거나 그에게 약을 달라고 요구했죠. 그리고 그의 아내에게 전화를 걸어 그의 상태에 대해 주기적으로 알려주었어요." 에이프릴의 남편도 게스트가 있는 응급실에 아내와 함께 머물렀다. 밤을 새우면서, 다음 날 남편에게 아침 일찍 회의가 있는 것을 알고 있던 에이프릴은 "나는 이 사람이 괜찮다는 걸 알기 전에는 잠을 잘 수 없으니 오늘 밤은 내가 이 손님 곁에 있을게요."라며 남편을 집으로 돌려보냈다. 다음날 새벽 4시가 되어서야 에이프릴의 게스트는 안정을 되찾았다. 그는 필요한 약을 받아 퇴원해 에이프릴의 에어비앤비 숙소로 돌아왔다.

에이프릴의 이야기는 에어비앤비 커뮤니티가 제공하는 보편적인 경험을 대표하는 사례이다. 이 이야기는 체스키가 말한 에어비앤비는 "거래가 아닙니다."라고 결론을 내린 이유를 확실히 보여준다. 그것은 생명도 지켜줄 수 있는 유대감인 것이다.

뒤돌아보고, 앞으로 나아가자

에어비앤비 경영진은 10년이라는 짧은 시간 동안, 멋지게 어우러진 다양한 사람들의 모임과 여행 산업에 혁명을 일으킨 기술 솔루션을 매력적으로 잘 조합했다. 경영진은 호스트가 '공유 경제'로 매출을 창출할 수 있도록 하고 그들이 편안하고 마법 같은 여행 경험을 전 세계 게스트들에게 전달할 수 있도록 지원해 왔다.

국제 시장에서 에어비앤비와 이 회사의 호스트 커뮤니티는 그들이 기울인 총체적 노력의 기업적, 경제적, 사회적 영향에 대해 주목받고 인정받았다. 더욱 중요한 것은 에어비앤비가 여러분에게 이 책에 대해 더 많은 것을 알고 싶다는 생각이 들도록 했다는 것이다.

그렇다면 여러분이 이 여정에서 만나게 될 주제는 무엇일까? 이 책은 뛰어난 에어비앤비 경험을 뒷받침하고 있는 5가지 중요한 개념을 공유하는 것으로 구성되어 있다.

소속감: 모든 사람이 내 집처럼 느끼는 편안한 세상 만들기
신뢰: '이방인은 위험'하다는 두려움을 없애고 사람들이 다른 사람들에 대한 기본적인 신뢰를 경험할 수 있도록 하기
환대: 사람들이 '진심 어린 돌봄'을 제공할 수 있도록 도와주기
역량 강화: 사람들이 경제적, 인간관계 목표를 달성할 수 있도록 촉진하기
공동체: 서로 긍정적으로 생각하기

위 주제들은 각각 핵심적인 고객 경험에 대한 니즈와 기회에 중심을 두고 있다. 에어비앤비의 리더십 전략의 기본적인 연구와 분석에서 나온 결과물들이 에어비앤비 호스트와 게스트와의 대화를 통해 강화되고 서로 관련성을 갖게 될 것이다. 각각의 주제가 배치된 장마다 여러분이 다른 사람들에게 서비스를 제공하고 충성심을 끌어내는 방식을 강화하는 데 도움이 될 실행 가능한 통찰과 도구를 제공할 스토리가 공유된다.
할 일은 이미 정해졌다.
계획도 끝마쳤다.
이 책을 구성하는 서비스와 환대, 고객 경험, 공동체를 향해 이제 여행을 떠나보자.

잠깐 둘러보기

에어비앤비 호스트가 게스트를 새로운 환경이나 경험으로 이끌어주는 것처럼 나도 여러분에게 이 책의 내용을 개략적으로 안내하고자 한다. 이 책의 다섯 가지 기본적인 주제(소속감, 신뢰, 환대, 역량 강화, 공동체)는 두 장에 걸쳐 하나하나 탐구될 것이다.

각 챕터의 첫 번째 장에서는 에어비앤비의 경영진과 직원의 관점에서 주제들을 살펴볼 것이다. 두 번째 장에서는 전 세계의 에어비앤비 호스트가 주제에 맞는 경험을 전달한 스토리와 거기서 나오는 통찰과 그들의 전달 수단을 공유할 것이다. 각 장의 제목은 이미 기술된 실행 가능한 비즈니스 원칙으로 쓰여 있다. 예를 들면, 이어지는 2개의 장은 제목이 '사람 중심 비즈니스에서 성공하기'와 '비즈니스 내부의 소속감을 만들어라'이다.

이 책을 읽다 보면 '브랜드 경험 디자인 가이드'라는 상자가 나온다. 그것은 여러분이 바라는 서비스 경험을 성취하는 데 필요한 행동 단계를 생각하고 계획하는 데 도움이 될 것이다. 각 장의 결론 부분에는 여러분이 중요하게 챙겨야 할 내용을 요약한 '여러분이 생각해 볼 것'이 제공된다.

CHAPTER 1

소속감

사람 중심 비즈니스에서 성공하기

유대감과 공동체에 대한 욕구는 공기나 물, 음식에 대한 욕구처럼 근본적이고 가장 기본적인 것이다.

- 딘 오니시*Dean Ornish*, 의사 겸 연구자

여러분은 어떤 비즈니스를 하고 있는가? 나는 여러분이 어떤 산업(예를 들어 헬스케어, 소매업, 금융 서비스)에 종사하고 있는지 묻는 게 아니라 여러분이 하는 비즈니스가 상품 중심 비즈니스인지 아니면 서비스 중심 비즈니스인지 묻는 것이다.

나는 운 좋게도 스타벅스의 경영진과 함께 일을 한 적이 있다. 그리고 그 회사에 관한 책 두 권(《스타벅스 사람들*The Starbucks Experience*》, 《스타벅스 웨이*Leading the Starbucks Way*》)을 집필했다. 그 책들을 쓰던 당시, 스

타벅스 CEO 하워드 슐츠*Howard Schultz*는 자기 회사에 대해 다소 의외의 관점을 가지고 있었다. "저희는 사람들에게 커피를 파는 커피 비즈니스를 하는 게 아닙니다. 저희는 커피를 제공하는 사람 비즈니스를 하는 겁니다." 하워드는 풍부한 '인간적' 경험을 스타벅스의 핵심으로 강조함으로써 "모든 비즈니스는 인간적이다*All Business is personal*"라는 성공의 변치 않는 원칙을 강화했다.

이 책을 고른 것으로 볼 때, 나는 여러분이 이미 자신이 '사람 중심 비즈니스'에 종사하고 있다고 생각하며 에어비앤비가 사람들 간의 연결에 대한 통찰을 제공할 수 있을 거라는 사실을 인식한 것으로 가정하겠다. 그리고 여러분이 지속 가능한 성공을 이루려면 동료나 팀원, 직원이라고 부르는 사람들에게 가치를 제공함으로써 고객이라고 부르는 사람들을 위한 가치를 창출해야 한다는 사실을 이해하고 있을 가능성이 크다.

다른 사람들의 동기나 원하는 것, 욕구를 알아내는 것이 중요한데도 불구하고 많은 비즈니스 리더들은 자신이 제공하는 상품과 서비스의 특징, 속성을 통해 실질적인 혜택을 제공하는 것만을 추구한다. 그 과정에서 리더들은 종종 자신이 돌보는 고객과 직원들의 무의식적, 정서적, 심리적, 사회적 욕구를 간과한다.

인사이츠 어소시에이션*Insights Association*(개인 및 기업의 연구와 데이터 분석을 수행하는 협회)의 "기업은 왜 고객들을 이해하지 못하는가"라는 제목의 기사에서 인사이트 컨설팅 그룹*Insight Consulting Group*(전문 마케팅 컨설팅 회사)의 창업자이자 관리 파트너 마크 잉버*Mark Ingwer*는 80퍼센트에서 90퍼센트에 이르는 새로운 상품이나 서비스가 사람들이 상품에 '만족함'에도 불구하고 예상 매출을 달성하지 못한다는 사실을 보여주는 연구들을 인용한다. 마크는 이렇게 덧붙인다. "소비자들이 상품을 인정한다고 하더라도 그들의 드러나지 않는 정서적 욕구를 충족시키지 못하면 충성스러운 구매자 기반을 다지려 애쓰는 기업에 그것은 사실상 아무런 의미가 없습니다. 이것이 논리적이고 전통적인 프로세스를 통해 정서적인 문제를 연구하는 기업이 겪게 되는 문제입니다. 필요한 정확한 정서적 통찰력을 쉽게 제공 할 수 없는 접근법인 거죠."

그렇다면 개인 경영자나 관리자, 고객의 '드러나지 않는 정서적 욕구'로 이끄는 '정확한 정서적 통찰'을 어떻게 얻는가? 여러분들은 어떻게 고객의 욕구를 더 넓고 더 깊이 이해할 수 있는가? 그에 대한 간단한 대답은 솔루션 혁신을 통해 충족되지 않은 이해 관계자들의 욕구를 해결하는 것으로 이름난 에어비앤비 같은 브랜드를 공부하는 것이다.

고객 경험 컨설턴트로서의 나의 경험과 에어비앤비 경영진이 택한 접근법에 대한 관찰을 토대로 보면 인간적 욕구를 판단하는 과정에는 다음 세 가지 중요한 단계가 있다.

1. 인간의 동기와 욕구에 대한 고찰
2. 이론가 및 변화 주도자들과의 협력 추구
3. 이해 관계자의 선호도, 바람, 니즈에 대한 공유 요청

에어비앤비 경영진이 어떻게 이러한 단계에 따라 팀원과 호스트, 게스트들과 깊은 정서적 연결을 추구했는지 살펴보자.

인간의 행동과 욕구를 공부하는 학생들

에어비앤비가 진화하던 초기부터 이 회사의 경영진은 하워드 슐츠의 정신에 따라 기술의 지원으로 의미 있는 인간적 유대감을 만들어내는 '사람 중심 기업'이 되기 위해 회사를 총체적으로 관리했다. 에어비앤비가 시작된 이래로, 조 게비아와 네이선 블레차르지크, 브라이언 체스키는 기술이나 '숙소' 예약을 넘어 생각을 확장할 수 있도록 도와줄 책과 사례 연구, 멘토들의 가이드를 찾았다.

조 게비아는 인간 중심 디자인과 마찰이 없는 디자인*frictionless design*(사용자의 경험을 최대한 간편하게 만드는 디자인) 등의 분야에서 그에게 영감을 준 많은 사람을(애플의 조니 아이브*Jony Ive*를 비롯해) 언급한다. 네이선 블레차르지크는 자포스*Zappos*(온라인 신발 및 의류 소매업체) 토니 셰이*Tony Hsieh*로부터 얻은 고객 서비스 통찰의 중요성을 인지하고 있고, 브라이언 체스키는 워런 버핏*Warren Buffett*과 호텔리어 칩 콘리*Chip Conley*를 비롯한 리더들에게 멘토링을 받고 있다.

향후 에어비앤비에 있어 콘리가 중요한 인물이 될 것을 고려해, 잠시 그가 에이브러햄 매슬로*Abraham Maslow*의 '욕구 이론'을 비즈니스에 어떻게 적용했는지 미리 살펴보자. 여러분도 기억할지 모르겠지만 매슬로는 1943년에 인간의 욕구들을 단계 또는 피라미드로 나열할 수 있다는 이론을 내놓았다. 피라미드의 맨 아랫부분을 차지하는 기본적 욕구는 생리적(음식, 물, 수면) 욕구와 안전 욕구를 나타내며, 이러한 욕구들의 윗부분에는 애정과 소속감, 존경에 대한 심리적 욕구가 있다. 그리고 매슬로는 자아실현 욕구를 가장 높은 수준의 욕구로 정의했다.

주아 드 비브르 호스피탈리티*Joie de Vivre Hospitality*의 창업자 겸 전 CEO 콘리는 매슬로의 욕구 단계설을 사용해 자기 회사 부티크 호텔 체인의 모든 이해 관계자들의 욕구를 개념화하고 성공적으로 충족시켰다. 그는 자신의 책 《매슬로에게 경영을 묻다*PEAK*》에서 매슬로의 욕구 단계설을 적용한 덕분에 9.11 테러의 발발과 닷컴 붕괴의 시기에 그의 비즈니스를 구해냈다고 말한다. 콘리는 모든 CEO는 '정서 부문 최고 임원*chief emotional officer*'이 되도록 노력해야 한다고 주장하면서 다른 리더들에게 서비스를 제공받는 사람들의 신체적, 심리적, 자아실현적 욕구를 더 깊이 이해할 것을 권했다. 에어비앤비의 CEO 브라이언 체스키는 콘리의 안내에 귀를 기울이고 그를 찾아갔다.

변화를 위한 협력

2013년 초 브라이언 체스키는 칩 콘리에게 에어비앤비 팀의 호스피탈리티 혁신에 대해 허물없는 대화를 하자고 요청했다. 심지어 체스키는 그를 만나기 전부터 콘리(당시 준퇴직 상태였던)를 상근 에어비앤비 경영진으로 영입할 전략을 짜고 있었다. 처음에 콘리는 에어비앤비에 자리 잡기를 망설였다.

칩 콘리는 나와 대화를 나누면서 브라이언과 대화를 나눈 후에 벌어진 일들에 대해 말해주었다. "저는 호스피탈리티*hospitality*(환대) 혁신에 대해 말했고, 브라이언이 저를 에어비앤비 고문으로 염두에 두고 있다는 것은 눈치채지 못했죠. 그는 제 생각이 자기 팀과 잘 맞는지, 제 메시지가 공감을 얻을 수 있는지 알아보고 싶었던 거죠." 칩은 이어서 말했다. "대화가 끝나자마자 브라이언이 제게 '파트타임 고문을 할 수 있는지' 물었습니다. 저는 할 수 있을지 잘 모르겠다고 하면서 그것을 한다고 해도 일주일에 약 8시간 정도 정말 파트타임으로 할 수 있을 거라고 대답했습니다. 브라이언은 참을성 있게 협상을 했고 결국 일주일에 15시간 컨설팅을 하는 것으로 결론이 났습니다. 그리고 6주 후, 저는 에어비앤비에서 근무하기 시작했습니다. 처음엔 주당 15시간짜리 업무였지만 얼마 안 가서 종일 근무를 하게 되었죠." 콘리는 2013년 에어비앤비의 글로벌 호스피탈리티 및 전략 부문 수장의 직책을 맡고 체스키의 신뢰를 받으며 고문으로서 역할을 계속했다.

체스키가 에어비앤비의 경영진 역할을 콘리에게 맡기기까지 필요했던 것이 무엇이었는지 간추려 보자. 체스키는 리더로서 성장할 방법과 에어비앤비의 발전을 이끌 방법을 적극적으로 찾았다. 그러다 콘리의 저서를 읽고 거기서 가치를 발견했다. 그리고 그에게 협업을 제안했다. 그때 체스키는 제안을 받아들이지 않으려는 콘리와 씨름해야 했다. 또 참을성을 갖고 콘리의 요구 사항을 충족시키기 위해 의견을 절충해야 하기도 했다. 비즈니스 혁신을 이루려는, 특히 다른 사람들에게 서비스를 제공하는 방면에서 혁신을 이루려는 사람들은 반드시 이와 비슷한 단계를 거쳐야 했다.

더 많이 협력하기

콘리가 일을 시작하던 당시 에어비앤비의 모든 경영진은 의미 있고 오래 지속되는 인간적인 유대감을 만드는 데 도움을 줄 더 많은 파트너와 변화 주도자들을 찾고 있었다. 예를 들어 브라이언 체스키는 광고 및 마케팅 전문가이자 《왜 그들은 할리와 애플에 열광하는가?*THE CULTING OF BRANDS*》의 저자인 더글러스 애트킨*Douglas Atkin*과도 접촉했다.

애트킨의 독특한 경력과 전문 분야는 특히 에어비앤비의 흥미를 끌었다. 그는 뉴욕의 광고 대행사에서 일하면서 자신의 직업이 위기에 처했다는 예측을 들었다. 점점 커지는 제품 간 유사성, 가속화된 모방 제품의 등장 속도, 점점 줄어들고 있는 브랜드 충성심이 광고가 몰락하는 원인으로 제시됐다.

이러한 예측이 나오고 있는 가운데, 애트킨은 젊은 층이 좋아하는 운동화 브랜드 컨버스 신발에 대해 논의하는 젊은 소비자 포커스 그룹(시장 조사나 여론 조사를 위해 각 계층을 대표하도록 뽑은 소수의 사람들로 이뤄진 그룹)에 참여했다. 컨버스에 대한 포커스 그룹의 강한 열정을 경험한 애트킨은 브랜드에 대한 충성심과 열정은 절대 죽지 않았다는 결론을 내렸다. 그리고 충성심과 열정의 세계에서 '잘' 해내려면 그야말로 그것들을 더 잘 이해하고 활용해야 한다고 믿게 되었다.

애트킨은 실제로 브랜드를 추종하는 사람들과 이전에 그랬던 사람들을 수백 번 인터뷰하는 것을 비롯해 그가 소위 '업계에서 가장 추앙받는 브랜드'라고 부르는 브랜드를 연구하기 시작했다. 그리고 그 작업은 《왜 그들은 할리와 애플에 열광하는가?》의 저술로 막을 내렸다. 이 책에서 애트킨은 사람들이 브랜드를 추종하고 그러한 브랜드에 열렬히 환호하는 이유와 그런 광신적 행위가 얼마나 역설적인지에 대해 탐구했다. 애트킨에 따르면 사람들은 다른 사람을 따르고 싶어서 브랜드 추종에 가담하거나 광신적인 브랜드와 자신을 동일시하지 않는다. 대신 그들은 자신의 개별성을 실현하기 위해 가담한다. 본질적으로 강렬한 추종적 연결은 매슬로의 2가지 상위 단계 욕구인 소속감에 대한 욕구와 자아실현에 대한 욕구를 충족시킨다.

이러한 통찰을 배경으로 애트킨은 광고의 세계를 떠나 연결과 소속감, 자아실현에 대한 지식을 사회적 기술의 세계로 가져갔다. 애트킨은 밋업Meetup(사용자들이 공통 플랫폼을 사용하여 이벤트 일정을 잡을 수 있도록 도와주는 멤버십 소프트웨어를 제공하는 웹사이트)의 파트너이자 공동체 부문 최고 책임자가 되었다. 밋업은 자신들을 '공통의 이익을 위해 모인 오프라인 최대의 지역 공동체 네트워크'라고 설명했다.

밋업 공동체가 발전하도록 도운 후, 애트킨의 관심은 '사회 운동'으로 옮겨갔다. 그는 그것을 '행동하는 공동체'라고 설명한다. 언제나 하던 대로, 애트킨은 어떻게 사회 운동이 세상을 더 좋게 만들기 위해 많은 사람들을 일하게 만드는지 연구하고 분석하기 시작했다. 그리고 그러한 연구를 바탕으로 퍼포즈Purpose라는 회사를 공동 설립했다. 퍼포스에서 그는 '누군가 자기 자신이나 사랑하는 사람 때문에 자기 가족이나 자유, 안전, 존엄을 희생하지 않아도 되는 세상을 만들도록 수천 명의 사람을 동원하는 것'을 사명으로 하는 올 아웃All Out과 같은 운동을 어떻게 조직하고 키울지에 대해 컨설팅을 했다. 그의 연구와 저서, 컨설팅이 에어비앤비를 애트킨에게로 이끈 것이었다.

혁신가이자 미래학자인 데이비드 파시악*David Passiak*과 〈미디엄
Medium(온라인 출판 플랫폼)〉에서 진행한 인터뷰에서 더글러스 애트킨은
에어비앤비로 향한 자신의 길이 칩 콘리의 길과 얼마나 유사했는지 이
렇게 설명했다. "처음에 저는 에어비앤비에 컨설턴트로 합류했습니다.
그때는 제가 공동체를 잘 아는 사람이기 때문에 공동체와 관련해 그들
에게 도움이 된다고 생각했어요. 하지만 브라이언[체스키]은 이렇게 말
했어요. '이봐요, 더글러스, 당신은 옛날부터 브랜드 전문가였잖아요.
그러니까 우리 브랜드가 어떤지 파악하는 데 도움을 줄 수 있지 않을까
요?'" 애트킨은 에어비앤비가 '사람들을 직원, 호스트, 게스트라고 부를
수 있지만, 그 꼬리표들 사이의 구별 역시 빠르게 흐려지는 하나의 자체
커뮤니티'라는 점에 주목하며, 회사가 자사 브랜드를 찾을 수 있게 도와
달라는 체스키의 부탁에 응했다.

직원들은 호스트이자 게스트고, 게스트 또한 호스트가 될 수 있
다. 그리고 그 반대도 가능하다. 우리는 이렇게 거대한 커뮤니티를
가지고 있다. 나의 질문은 이러하다. 우리 커뮤니티의 목적은 무엇
인가? 왜 존재하는가? 이 커뮤니티가 세상에서 하는 일은 무엇이
며 어떤 차이를 만들어가고 있는가? 즉 비전이 무엇이며, 이 커뮤
니티가 어떻게 이 세상을 더 좋은 곳으로 만들 것인가?

애트킨은 인간적인 동기(그와 칩 콘리가 에어비앤비에 도입한 통찰

과 같은)에 대한 모든 이해가 '에어비앤비 커뮤니티의 목적'에 연결되어야 한다고 믿었다.

애트킨의 관점에서, 강력한 인간 중심적 비전은 리더들이 인간의 욕구와, 기업이 그러한 욕구를 넘어서는 곳에 존재하는 이유를 이해할 때 생긴다. 애트킨은 다음과 같이 명료하게 설명했다. "공동체가 존재하는 이유를 확실하게 함으로써 우리는 어떤 브랜드가 되어야 하는지 알게 될 것입니다. 하지만 브랜드는 그저 비전을 나타내는 하나의 표현일 뿐입니다. 비전은 제품 디자인이나 사무실 공간, 우리가 고용하는 사람들을 통해서도 드러납니다."

게비아와 블레차르지크, 체스키 같은 에어비앤비 경영진은 사람에 대해 지칠 줄 모르는 호기심과 관심을 보인다. 그들은 자신의 성장과 진화를 도와줄 사람들과 협력한다. 콘리와 애트킨의 경우, 에어비앤비 경영진은 자기들처럼 호기심 많고 분석적인 변화의 주도자들에게 끌린 것이다. 에어비앤비 경영진이 회사의 목적과 비전, 브랜드를 정립하기 위해 어떻게 그들의 커뮤니티로부터 의견을 들으려고 했는지 알아보기 전에, 앞서 제공된 정보를 어떻게 적용할 것인지 깊이 생각해보자.

브랜드 경험 디자인 가이드

1. 여러분은 얼마나 지속적으로 인간의 동기에 대한 이해를 높여주는 주제에 대해 읽고, 조사하고, 연구하는가?
2. 여러분은 사업이나 삶에 건설적으로 적용할 수 있는 원칙을 알아내기 위해서 자신의 사고나 안락함의 경계에 있을지도 모르는 아이디어

(예를 들어 광적인 회원을 육성하는 요소)들을 얼마나 기꺼이 탐구할 것인가?

3. 전 세계, 또는 여러분의 나라, 지역에서 어떤 이론가나 연구자들이 여러분에게 영감을 주는가? 그들과 접촉해 본 적이 있거나 접촉할 것인가? 그렇다면 그 이유는? 그렇지 않다면 그 이유는 무엇인가?

4. 광적인 추종자 및 공동체와 운동에 대한 더글러스 애트킨의 탐구나 칩 콘리의 욕구 이론의 응용과 같은 정도로 여러분의 관심을 끄는 것은 무엇인가? 특히 여러분의 서비스를 받는 사람들의 필요 및 욕구와 관련된 주제에 대한 전문 지식을 어디서 개발하고 있는가?

5. 팀원이나 고객에게 서비스를 제공하는 사고방식에 매슬로의 욕구단계설을 어떻게 적용할 수 있는가?

6. 광적인 열정에 관한 연구는 여러분과 고객의 정서적 연결을 어떻게 강화할 수 있는가?

'왜'에 귀 기울이기

철학자 폴 틸리히*Paul Tillich*는 이렇게 말한 적이 있다. "사랑의 첫 번째 의무는 상대방에게 귀 기울이는 것이다." 나는 리더의 첫 번째 의무는 상대방에게 귀를 기울이는 것이며 두 번째 의무는 더욱 귀를 기울이는 것이라고 틸리히의 지혜를 리더십 차원에서 바꿔보았다.

에어비앤비의 귀 기울이기는 팀원과 호스트, 게스트(에어비앤비 커뮤니티의 모든 부문)에게 에어비앤비의 목적과 존재 이유, 에어비앤비 브랜드가 충족할 수 있고, 충족하고 있는 욕구에 대한 생각을 공유해 달라고 요청하는 것이다. 경영진은 에어비앤비의 '왜'를 알기 위해 귀 기울이고 있었다.

2009년 사이먼 사이넥Simon Sinek의 유명한 테드 강연TED Talk 〈나는 왜 일을 하는가Start with Why〉와, 같은 제목의 그의 책이 자신의 브랜드의 왜를 알고 싶어 하는 리더들 사이에서 널리 주목받기 시작했다. 불행히도 리더들이 자기 비즈니스의 '왜'를 '무엇'이나 '어떻게'에 반대되는 것으로 규정하려고 했기 때문에 많은 이들이 의미 있는 대답을 찾는 것을 어려워했다. 작은 기업체 소유주들은 빈번히 자신을 분리한 채 자기 비즈니스의 '왜'에 대해 숙고한다. 더 큰 기업의 경영진은 종종 본인 생각과 언어로 가득 찬 플립 차트를 꼼꼼히 살펴보면서 자신의 '왜'를 찾고 있다. 하지만 에어비앤비의 창업자들은 리더들이 내놓는 '왜'를 추구하는 대신, 커뮤니티의 모든 부문에서 나온 '왜'를 원했다.

485명의 직원과 호스트, 게스트들과 접촉하면서 에어비앤비는 그 '왜'를 명확하게 규명하는 스토리와 데이터를 얻었다. 그것은 '누구든 어디에나 속할 수 있는 세상을 만드는 것'이었다. 결국에 그 '왜'는 짧고 단순하게 '어디에나 속하는 것'으로 읽힌다.

과학계에서는 어떤 사실이 발견되었을 때, 여러 연구 플랫폼에서 도출된 결과들이 공통적인 합의를 이루면 진실로 받아들여진다. 그와 같은 사고방식에 의하면 어디에나 속한다는 진실은 이해와 협력, 자신의 커뮤니티에 귀 기울이기를 통해 발견한 사실들이 합류하는 지점에서 드러난다. 에어비앤비의 진실 또는 브랜드 목표는 모든 사람이 어디에나 속할 수 있는 세상을 만드는 것이다.

많은 리더가 자신의 브랜드 목표나 '왜', 브랜드의 본질을 발견하지 못하고 있는 데다, 아주 적은 수의 리더들만이 브랜드 목표를 향해 행동을 고취하고, 정렬하고, 추진하는 방식에서 그 '왜'를 공유하는 능력을 지녔다. 곧 우리는 에어비앤비 경영진이 어떻게 전 세계적인 포용과 소속감이라는 비전을 에어비앤비 커뮤니티와 공유하고 그들이 그것을 실천하도록 장려했는지 검토할 것이다. 그에 앞서 여러분의 '왜'에 대해 잠시 생각해보자.

브랜드 경험 디자인 가이드

1. 자기 비즈니스의 '왜' 또는 브랜드 목표를 어떻게 탐구해 보았는가?
2. 여러분의 '왜'에는 수집한 정보(예를 들어 고객이 원하는 것과 욕구, 모든 이해 관계자들의 의견을 적극적으로 청취한 결과, 조사를 바탕으로 한 정보, 파트너들의 의견)가 수렴되어 있는가?
3. 여러분의 브랜드 목표는 회사의 존재 이유를 규정하는가? 아니면 그저 회사가 하는 일이나 운영되는 방식을 설명하는 데 그치는가?
4. 여러분의 브랜드 목표나 '왜'는 얼마나 열정적이며, 영감과 신뢰를 주는가?

비전과 브랜드를 공유하자

에어비앤비의 글로벌 정책 및 커뮤니케이션 담당 수석 부사장 크리스 리헤인*Chris Lehane*은 다음과 같이 내게 말했다. "이 세상은 경제적 불평등이나 분쟁, 기후와 같은 심각한 문제에 직면해 있습니다. 이러한 문제들이 그 성격상 전 지구적이라는 것이라는 점을 고려했을 때 그런 문제들을 성공적으로 해결할 수 있는 유일한 길은 전 지구적으로 대응하는 것뿐입니다. 하지만 오늘날 우리가 폐쇄된 세계에 살게 될지, 아니면 열린 세계를 살게 될지에 대한 질문이 제기되고 있습니다. 폐쇄된 세계는 디지털 거품과 각종 장벽, 여행 금지 조치를 초래한다는 점을 우리는 알고 있습니다. 그것은 고립주의와 초국가주의, 종족주의의 세계죠. 하지만 열린 세계는 상품과 생각, 사람들의 이동이 자유로운 세상입니다. 신뢰와 공동체, 소속감이 존재하는 세상이라고 할 수 있죠."

크리스는 "여행은 소속감에 바탕을 두고 있습니다. 공자는 여행에 대해 열린 마음으로 이야기했죠. 그리고 인간이 처음으로 올두바이 협곡 *Olduvai Gorge*(탄자니아 북부에 있으며, 전기 구석기 문화의 유적이 있음)을 걸어 나온 이후 처음으로 달 위를 걸었던 그 순간까지 여행은 인간의 환경을 진보시키는 데 항상 중요한 역할을 해 왔습니다. 이동은 우리 행성의 일부입니다."라고 말했다.

그는 이어서 다음과 같이 설명했다. "이주는 경제적인 번영을 확산시킵니다. 서로 이질적인 것들의 통합이 다양성을 촉진하지요. 혁신을 통해 우리의 지평이 확장됩니다. 그리고 탐험은 우리 종족의 미래에 관한 것입니다. 하지만 여행이 그만큼 중요하게 해 온 일은 소속감을 지원하는 것입니다. 페리클레스*Pericles*(고대 아테네 민주정치의 전성기를 이룩한 정치가이자 군인)가 말한 필록세니아*philoxenia*는 아테네인들이 강력한 공동체를 만들기 위해 자기 도시에 온 이방인을 구성원으로서 환영한다는 개념이에요. 놀랄 것도 없이 그와 유사한 개념들이 전 세계에 존재합니다. 아프가니스탄에서는 그것을 파슈툰왈리*Pashtunwali*라 부르고, 남아프리카 공화국에서는 우분투*Ubuntu*라고 하죠."

에어비앤비의 사명과 이것을 어떻게 연결하느냐에 대해 말하면서 크리스는 떠올렸다. "브라이언은 인간의 99퍼센트가 서로 얼마나 닮아 있으며, 그들이 얼마나 선한지에 대해 이야기했어요. 문화가 다른 사람들끼리 시간을 함께 보내면 그것이 명확해진다고 말했죠. 특히 다른 사람의 집에서 시간을 보내면 더 그렇다고 했어요. 그리고 열린 세상에 필요한 소속감이 여행으로 생겨나기 때문에 에어비앤비의 사명이 누구나 '어디서나 내 집같이 편안하게*Belong Anywhere*'가 된 거예요. 그러나 이것이 진정으로 말해 주는 것은 191개국 10만 개의 도시에서 사람들이 자기 집 문을 두드리는 낯선 사람을 따뜻하게 맞아주었다는 사실이었죠. 많은 경우, 게스트와 호스트가 만나고, 그들의 가족이 만나고, 서로의 집에서 시간을 보내고, 식사하고, 게스트가 떠나고 3, 4일 후 게스트와 호스트는 낯선 사람이 아닌 친구가 되었어요." 이 책을 준비하면서 우리는 수년 동안 관계를 유지하고 있는 게스트와 호스트의 이야기를 계속해서 들었다.

크리스의 말처럼 브라이언 체스키가 모든 사람이 어디서나 내 집같이 편안하게 지낼 수 있는 세계를 만든다는 에어비앤비의 비전을 선포한 2014년, 그는 이 두 단어*Belong Anywhere*가 얼마나 보편적인 열망으로 가득한지 말했다. 또한, 그는 후에 에어비앤비 브랜드에 통합된 이 비전의 심벌도 발표했다. 런던의 디자인 회사 디자인스튜디오*DesignStudio*와 협력해 만든 아래 심벌은 벨로*Bélo*라 불렸다.

벨로를 발표하면서 브라이언 체스키는 다음과 같이 설명했다.

저희는 하나의 공동체로서의 저희를 표현하는 심벌을 만들었습니다. 이것은 저희의 창, 저희의 문 그리고 저희가 공유한 가치를 나타내는 상징적 표시입니다. 그리고 어디에 존재하든 그곳에 속할 수 있다는 심벌입니다. 이것은 지도에서 찾을 수 없었던 마을에서 한 번도 들어본 적이 없는 새로운 차를 마셔 보고 싶은 사람들을 상징합니다. 그리고 현지인들이 가는 곳에 가보는 것을 상징합니다. 이를테면 메뉴 걱정을 안 해도 되는 카페나 길고 좁은 골목 안에 숨어 있는 댄스 클럽, 안내 책자에는 나오지 않는 미술관 같은 곳들 말입니다. 이것은 자기 집에서 새로운 경험이나 새로운 문화, 새로운 대화를 경험하고 싶은 사람들을 상징합니다. 소속감을 나타내는 보편적 심벌, 벨로를 소개하게 되어서 자랑스럽습니다.

벨로가 사람과 장소, 사랑, 그리고 에어비앤비를 나타내는 이미지들을 혼합한 것에서 영감을 받은, 하나의 심벌로 디자인되었다는 사실은 주목할 만하다.

PEOPLE   PLACES   LOVE   AIRBNB

(사람, 장소, 사랑, 에어비앤비)

벨로를 창작하기 위해 디자인스튜디오 팀원들은 에어비앤비의 문화를 연구하고 직접 거기에 빠져들어 보았다. 그러한 활동에는 4개 대륙의 13개 도시를 방문한 것도 포함된다. 디자인스튜디오 팀은 18곳의 숙소에 머물며 경험한 환대의 모든 면에 주목했다. 이 그룹은 3달에 걸쳐 120여 명의 에어비앤비 팀원들을 인터뷰했다. 디자인스튜디오의 크리에이티브 디렉터에 따르면 벨로 프로젝트는 '성장하는 글로벌 타깃층을 반영하기 위해 에어비앤비 브랜드의 하향식 혁신 창조에 착수'했다. 또한, 벨로는 '훌륭한 심벌은 여러분이 발가락으로 모래에 그릴 수 있는 것'이라고 말한 독일 디자이너 쿠르트 바이드만*Kurt Weideman*의 접근법으로 창작되었다.

에어비앤비의 전체 브랜드 아이덴티티와 통합된 벨로는 다음의 이미지에서

아래 이미지로 크게 변경되었다.

디자인스튜디오는 벨로가 "모든 커뮤니티 구성원 개개인과 숙소에서 여러모로 다르게 사용할 수 있는 커뮤니티 심벌이며 언어나 문화, 장소에 구애받지 않는다"고 했으며, "최종 결과물은 사람들이 공유하고 싶은 마음에 드는 심벌이 되었다. 이 심벌은 우리 모두가 다르다는 사실을 인정하는 것이며 우리의 자부심을 담은 것이기도 하다."라고 말했다.

벨로와 '어디서나 내 집같이 편안하게'라는 말은 에어비앤비가 사람 중심 비즈니스일 뿐 아니라 소속감과 관련된 비즈니스기도 하다는 사실을 의미했다. 벨로와 에어비앤비의 리브랜딩 소식이 알려지자 트위터는 8시간 동안 에어비앤비 이야기로 도배가 되었다. 이어지는 경영진의 다음 과제라면 화제가 된 시작을 넘어서 '어디서나 내 집같이 편안하게'라는 비전의 잠재성이 발휘되도록 하는 것이다.

커뮤니티 속 모든 이해 관계자들에게 브랜드를 알리자

에어비앤비 경영진은 '어디서나 내 집같이 편안하게'라는 비전을 성공적으로 포지셔닝했다. 그런데 그러한 비전이 에어비앤비 호스트 커뮤니티가 실천할 수 있는 구체적인 행동으로 제시되었을까? 리더십 분야의 존 코터John Kotter 교수는 조직 혁신을 배우는 학생이자 다양한 규모의 기업들을 대상으로 하는 변화 효율성 컨설턴트다. 그는 〈하버드 비즈니스 리뷰Harvard Business Review(하버드 경영대학원 소유의 월간 경영학 잡지)〉에 다음과 같은 글을 썼다. "가장 성공한 사례에서 배워야 하는 가장 보편적 교훈은 그 변화 과정이 대개 상당한 기간이 걸리는 연속된 과정이라는 점이다. 한 단계라도 건너뛰면 언뜻 속도가 나는 것 같지만 만족스러운 결과를 얻지 못한다. 그다음으로 보편적인 교훈은 어떤 단계에서 치명적인 실수가 발생하면 아주 좋지 않은 영향을 받거나, 추진력이 떨어지거나, 힘들게 달성한 결과가 무용지물이 될 수도 있다는 것이다." 존은 에어비앤비 경영진이 '어디서나 내 집처럼 편안하게'를 확실히 정착시키기 위해 준수했던 혁신적인 성공의 8가지 중요한 단계를 다음과 같이 정리했다.

1. 집요함을 만들기.
2. 강력한 연합 형성하기.
3. 비전 창조하기.
4. 비전 알리기.
5. 다른 사람들이 비전에 따라 행동할 수 있도록 역량 강화하기.

6. 단기적 성과를 계획하고 그를 달성하기.

7. 더 많은 변화를 창조하기 위해 개선된 사항 통합하기.

8. 새로운 접근법들을 제도화하기.

이제까지 우리는 에어비앤비 경영진이 회사를 인간 중심 기업으로 포지셔닝하겠다는 집요함을 갖고 어떤 행동을 취했는지 살펴보았다. 또 비전 개발을 이끌어 줄 이론가나 이해 관계자들과의 협력을 어떻게 추진했는지에 대해 논의했다. 2014년 브라이언 체스키의 선언은 '비전 알리기' 단계를 시작하고 브랜드의 심벌(벨로)이 탄생하게 된 배경을 설명한 것이었다.

이 장에서는 에어비앤비 경영진이 모든 에어비앤비 관련 인간 상호작용에서 '어디서나 내 집처럼 편안하게'를 최우선으로 하는 '새로운 접근법을 성공적으로 제도화'하기 위해 코터가 정리한 변화 효율성의 '다른 사람의 역량 강화'라는 단계에서 어떻게 움직임이 일어나도록 했는지 알아보겠다.

'어디서나 내 집처럼 편안하게'라는 비전과 벨로가 견인력을 가질 수 있게 에어비앤비 경영진은 우선 비전의 인지도를 높여야 했다. 또한 '어디서나 내 집처럼 편안하게'가 무엇을 의미하는지에 대한 대화를 유발하고 사람들이 벨로를 보고 친밀함을 연상할 수 있도록 도와야 했다. 경영진으로서 그들은 비전에 맞춰 행동하고 궁극적으로 호스트 커뮤니티에 대한 기대를 설정해야 했다.

에어비앤비 커뮤니티의 구성원들이 '어디서나 내 집처럼 편안하

64

게'라는 비전을 이해하고 벨로와 동일시하는 것을 돕기 위해 에어비앤비 경영진은 다양한 종류의 도구를 배치했다. 그러한 도구 중 일부는 다음과 같다.

- 백만 번 상당 조회된 1분 45초짜리 '어디서나 내 집처럼 편안하게' 비전 소개 동영상(*airbnbway.com/book-resources*에서 볼 수 있음).
- '에어비앤비 만들기*Create Airbnb*'라고 불리는 플랫폼. 사람들이 벨로를 자신만의 버전으로 만들 수 있었다(플랫폼 등장 직후 8천여 개의 버전이 만들어졌음).
- 비전과 심벌을 강조하는 다양한 마케팅 캠페인(상품 및 옥외 광고, 비공식 호스트 모임, 소셜 미디어 커뮤니케이션 포함).
- #onelessstranger 소셜 챌린지. 2015년 에어비앤비가 유명해지면서 브라이언 체스키는 에어비앤비 커뮤니티 구성원들에게 백만 달러를 주겠다고 발표했다(십만 명에게 인당 10달러씩). 그는 '세상의 낯선 사람을 없애기'에 도움이 되는 전 세계적 움직임에 활기를 불어넣을 수 있도록 개인적 혹은 창의적인 방법으로 친절을 베푸는 데 그 돈을 써 달라고 했다. 한때 낯선 사람에게 베푼 친절한 행동을 찍은 사진이나 그에 대한 말을 공유함으로써 커뮤니티 전체가 그와 유사한 행동을 실천하고, 그러한 행동들이 에어비앤비에 소속감을 만드는 방법이라고 해석하도록 장려되었다. #onelessstranger 운동은 아래와 같은 소셜 미디어 게시물이 보여주는 바와 같이 호스트 수만큼 다양한 방식으로 나타났다.

Airbnb ✓
@Airbnb

Follow ⌄

#onelessstranger의 세계가 어떻게 보이나요? 저희의 새로운 쌍방향 데이터 지도를 탐험해 보세요. abnb.co/YksgXE

11:10 AM - 12 Jan 2015

린다 스코팅
@Ladilatte

Follow ⌄

베니시아*Benicia*의 자바 포인트 카페 밖에서 깜짝 놀란 조쉬, 그는 오늘이 #onelessstranger가 된 운 좋은 날이라고 했어요!

'어디서나 내 집처럼 편안하게'를 뒷받침하는 도구와 이니셔티브 *initiative*(신계획)는 2015년이 지나서도 계속되었다. 에어비앤비 경영진은 전 세계적으로 소속감을 조성하는 행동을 계속해서 논의하고, 장려하고, 찬미했다(3장에서 그러한 몇몇 이야기와 그것으로부터 우리가 배울 수 있는 교훈에 대해 알아볼 것이다).

미국 심리학자 롤로 메이*Rollo May*는 이런 말을 했다. "의사소통은 공동체를 서로 이해하고, 친밀하게 느끼며, 서로의 가치를 인정하도록 이끈다." 에어비앤비 경영진은 '어디서나 내 집처럼 편안하게'라는 비전을 종착지가 아니라 하나의 여정으로 봐야 한다는 사실을 이해하고 있다. 끊임없이 숙소와 체험을 게스트에게 전달하는 사람들의 마음에 에어비앤비의 브랜드 목표를 계속 유지하기 위해 그들은 지속적으로 시간과 자원을 제공해야 한다. 이 비전의 추구를 통해서 여행자들의 가장 높은 욕구를 충족시키고 열광적인 브랜드 충성심을 얻는 것이 가능하다.

여러분은 자신이 바라는 인간 경험에 대해 생각할 때 얼마나 일관되고 지속적으로 비전을 공유하고 있는가? 여러분은 인식을 제고하고, 대화를 활발히 하고, 행동을 불러일으키는 데 어떤 미디어 자원을 다양하게 사용하는가?

리더십 행위와 소속감

에어비앤비 경영진은 '어디서나 내 집처럼 편안하게'라는 비전을 공유하고 실천하는 문제에 있어서 '모두가 참여'한다. 또한, 그들은 직원들이 어떻게 소속감을 느끼냐에 그들 자신이 가장 큰 영향을 준다는 것도 잘 알고 있다.

여러분이 에어비앤비 직원이라면 다양성과 포용성, 그리고 "모든 사람이 환대받는다고 느끼고 모든 목소리가 귀 기울여지는 직장"을 장려하는 리더십에서 '어디서나 내 집처럼 편안하게'라는 비전을 느낄 수 있다. 그 때문에 에어비앤비는 웹사이트에 직원들의 성별 및 인종 다양성을 투명하게 게시하고 있다. 유사한 이유로 경영진은 "에어비앤비를 성소수자*LGBTQ*들이 일하기에 멋진 곳으로 유지하기"라는 사명을 지닌 에어프라이드*@Airpride@*나 "글로벌 커뮤니티와 회사 내부에서 퇴역 군인의 노고와 희생을 기리고 그들의 조직을 후원"하는 베테랑스*@Veterans@*와 같은 다양한 형태의 직원 모임(에어피니티*Airfinity*라고 불리는)을 장려하고 지원한다.

리더들은 소속감이라는 렌즈를 통해 개선 사항을 연구하며 직원 경험을 지속적으로 조사하고 향상시켰다. 중점 영역에는 직원을 모집하고, 선발하고, 능력을 개발시키는 과정 전체와 물리적인 근무 환경의 디자인과 배치, 심지어 직원이 행하는 자원봉사 기회까지도 포함됐다.

에바 하그버그Eva Hagberg는 〈메트로폴리탄 매거진Metropolitan Magazine〉의 에어비앤비 샌프란시스코 본부에 관한 글에서 따뜻한 환대를 느낄 수 있었던 본부의 물리적 환경과 직장과 가정집의 요소를 융합한 방식을 이렇게 설명했다.

부분 부분이 모두 모호한 공간적 구분이라는 새로운 개념을 상징하고 있다. 그 안에서 가정집의 특징들로 여겨지는 것들, 부엌이나 서재, 구석방, 낮잠 자는 공간들이 직장으로 알려진 공간과 관습 양쪽 모두에 통합되어 있다. 에어비앤비 직원들은 자기가 원하는 장소에서 일할 수 있다. 2,000평이 넘는 공간에 고정된 업무 공간이라고는 몇 군데밖에 없다. 고급 사무실이나 가운데 놓인 사무실을 개인이 차지하는 식이 아니라 모든 사람의 물리적 위치가 자유롭고 특별한 목적이 있는 동시에 완전히 즉흥적으로 느껴진다.

소속감을 심어주는 물리적 환경을 조성하는 것과 아울러 창업자들과 경영진은 에어비앤비의 문화를 개발하고 성장시키는 것을 우선시해왔다. 에어비앤비의 그라운드 컨트롤Ground Control 팀 이사인 제나 쿠시너Jenna Cushner는 이렇게 말했다. "에어비앤비 역사에서 저희 팀은 아주 초기에 조직되었습니다. 회사 규모가 커지면서 그 성공을 확실히 유지할 수 있도록 우리의 문화를 이끌어가려는 창업자들의 깊은 헌신에서 비롯된 것이죠. 저희 업무는 직원들이 저희 커뮤니티와 사명, 그리고 가치에 연결될 수 있도록 돕는 것입니다. 저희는 경계를 늦추지 않고 글로벌 커뮤니티이자 기업으로서 회사의 모든 사람이 전 세계 사무실에서 현지 문화의 중요한 요소를 표현하면서도 자신을 에어비앤비의 일부라고 느끼게 해야만 합니다."

그라운드 컨트롤 팀의 가치 및 문화 부문 수석 관리자 데이브 오닐 *Dave O'Neil*은 이렇게 덧붙인다. "여러 해를 거치면서 저희는 그들을 지원할 가치와 행동을 세심하게 다듬었습니다. 그것은 직원들의 참여를 통해 수행됐어요. 저희는 역할이나 성별, 지리적 위치, 인종 등의 부분에서 전체 팀을 대표하는 표본을 선택해 300여 명과 이야기를 나누었습니다. 그리고 그들이 자신과 에어비앤비 간의 유사성을 설명하게 하는 간단한 연습도 했죠. 저희는 벤다이어그램을 사용해 우리 팀의 스타들이 공유하는 가치가 무엇인지 알아냈습니다. 그 과정을 통해 창업자들의 원래 가치가 네 가지로 집약됐죠." 네 가지 가치는 다음과 같다.

1. **사명을 강력하게 옹호하라.** 직원 개개인이 '어디서나 내 집처럼 편안하게'라는 사명을 실천하고 옹호할 책임이 있음을 강조하는 가치이다.
2. **호스트가 되어라.** 이것은 6장에서 더 자세히 설명하겠다.
3. **기꺼이 모험을 택하라.** 호기심을 가지고, 서로 도움을 청하고, 성

장 가능성을 보여주고, 실수를 책임지고 그것으로부터 배우고, 직장을 즐거움과 낙관적인 분위기로 채우는 것이 포함된다.

4. **시리얼 사업가가 되어라.** '시리얼'이라는 단어는 에어비앤비 창업자들이 값싼 아침 식사용 시리얼을 구매해 정치적 주제를 담은 상자로 다시 포장한 다음 2008년 미국 민주당 전당대회 기간 중 한 박스당 40달러에 판매했던 에어비앤비 초창기를 가리키는 말이다. 그러한 혁신적인 접근은 이제 막 시작한 사업에 매우 필요한 홍보 효과와 매출을 가져다주었다. 이 가치는 작지만, 창의적인 생각의 중요성을 나타낸다.

데이브는 에어비앤비가 새로운 직원을 선발해 승선시키는 데 이 네 가지 가치와 그것을 실천하는 데 필요한 특정 행동이 중요한 역할을 한다는 점에 주목한다. 데이브는 다음과 같이 말한다. "입사 후보자들은 저희가 '핵심 가치 인터뷰 과정'이라고 부르는 과정을 거칩니다. 그 과정에는 여러 직종의 인터뷰 팀들이 참여해, 보고 상의 혼선을 없앱니다. 인터뷰가 진행되는 동안 여러 직종의 팀들은 후보자의 입사 동기를 에어비앤비 사명과 관련해 이해하는 데 많은 시간을 보냅니다. 저희는 후보자가 호스트 또는 게스트로서 에어비앤비를 얼마나 자주 이용했는지에는 크게 관심이 없습니다. 오히려 저희 사명과 가치를 얼마나 잘 이해하고, 거기에 얼마나 잘 맞으며, 그로부터 얼마큼 동기를 얻는지에 훨씬 관심이 많습니다. 그런 다음 입사자들은 신입 사원 교육 기간 중 저희의 사명과 가치에 푹 빠져서 일주일을 보내게 됩니다. 다행히도 저희한테는 경험 많은 호스트가 있어서 신입 사원들은 교육 기간 중 그와 소통하며 자주 에어비앤비를 경험할 수 있습니다."

소속감을 심어주는 또 다른 직원 경험 구성 요소에는 에어비앤비의 글로벌 시티즌십*Global Citizenship* 프로그램이 있다. 이것은 에어비앤비 직원들이 한 달에 4시간 동안 자신의 공동체에서 자원봉사를 하는 프로그램이다. 이런 자원봉사 기회는 더 큰 호스트 커뮤니티와의 협업을 통해 빈번하게 발생한다.

'어디서나 편안함을 느낄 수 있는 직장'을 지지하는 에어비앤비 경영진은 아래 내용을 포함한 많은 공약을 내놓고 있다.

- 백악관 임금 평등 서약*White House Equal Pay Pledge*: 미국 임금 격차를 줄이는 모범 사례 발굴 및 홍보 활동
- 백악관 IT 포용성 서약*White House Tech Inclusion Pledge*: 에어비앤비의 직원 구성이 미국의 인구 통계학적 분포를 대변할 수 있도록 하기 위한 노력

호스트 커뮤니티에 대한 기대치 설정하기

에어비앤비의 포용적이고 친밀한 문화는 그냥 얻어진 것이 아니다. 2015년 하버드 경영대학원의 연구원 벤저민 에델만*Benjamin Edelman*과 마이클 루카*Michael Luca*, 댄 스비르스키*Dan Svirsky*가 후에 〈미국 경제학 저널: 응용 경제학*American Economic Journal: Applied Economics*〉에 실린 한 조

사 보고서를 발표했다. 이 연구원들은 에어비앤비 예약 속에서 일어나는 의식적, 무의식적인 편견과 관련된 충격적인 사실을 보고했다. 특히 그들은 '확실히 아프리카계 미국인으로 보이는 이름으로 보낸 신청서'가 '확실히 백인으로 보이는 이름으로 보낸 신청서'와 비교했을 때 예약 승인을 16퍼센트 덜 받는 경향이 있다는 사실을 발견했다.

2016년에 플랫폼의 모든 사용자에게 보낸 이메일에서 에어비앤비의 CEO 브라이언 체스키는 회사가 '이러한 문제에 신속하게 대응하지 못한 것'에 책임을 지겠다고 했다. 에어비앤비 경영진은 지속적인 커뮤니케이션을 통해 이러한 편견과 그들이 에어비앤비 커뮤니티에 기대하는 '친밀한' 행동에 대해 호스트와 게스트에게 얼마나 열심히 교육하고 있는지 알렸다. 에어비앤비는 전 미국 법무장관 에릭 홀더*Eric Holder*와 전 미국시민자유연맹*American Civil Liberties Union* 회장 로라 머피*Laura Murphy*의 조언을 구해 '어디서나 내 집처럼 편안하게'를 뒷받침하는 일련의 조처를 했다.

2016년을 시작하면서 에어비앤비는 모든 호스트에게 모든 사람을 평등하게 대하겠다는 커뮤니티 서약*community commitment*에 서명하도록 요청했다. 현재 모든 호스트는 이 서약에 서명해야 한다.

이 서약에 동의하셔야 에어비앤비를 사용하실 수 있습니다. 그러므로 이점 유의해 주시기 바랍니다.

에어비앤비의 '커뮤니티 서약'이 무엇인가요? 에어비앤비 커뮤니티의 모든 사람을 인종, 종교, 출신 국가, 민족, 장애, 성별, 성 정체성, 성적 취향 또는 나이에 판단이나 편견 없이 대하겠다는 데 동의하는 것입니다.

약속에 대한 동의를 거부하면 어떻게 되나요? 약속에 동의하지 않으면 에어비앤비에서 호스트로 활동하거나 게스트로 예약을 할 수 없으며 원하는 경우 계정을 해지하실 수 있습니다. 계정이 해지되면 향후 예약은 모두 취소됩니다. 에어비앤비에서 검색은 가능하나 예약을 하거나 호스팅하는 것은 허용되지 않습니다.

약속에 대해 피드백을 하고 싶으면 어떻게 해야 하나요? 저희는 커뮤니티 서약과 차별에 반대하는 것을 위한 우리의 모든 노력에 대해 여러분이 주시는 피드백을 환영합니다. 약속에 대해 더 알아보세요. allbelong@airbnb.com으로 저희에게 의견을 보내실 수 있습니다.

에어비앤비 팀

오픈 도어Open Doors라 불리는 정책에서 에어비앤비는 다음과 같은 내용을 발표했다. "전 세계 어디에서든 게스트가 숙소를 예약 또는 취소하거나 호스트와 다른 상호 작용을 하는 데 있어 저희 정책에 어긋나게 차별 대우를 받았다고 느끼는 경우, 저희는 그 게스트에게 에어비앤비의 비슷한 숙소를 알아봐 주고, 그렇지 않으면 대신 지낼 다른 곳의 숙소를 찾아드릴 것입니다."

약속에 서명하면 그에 따른 바람직한 행위를 더 많이 하게 되고, 피해를 받은 고객은 오픈 도어 정책에 따라 보상을 받는다. 그런데 커뮤니티 서약을 지키지 않은 호스트는 어떻게 될까?

작가인 밥 프록터Bob Proctor는 이렇게 말했다. "책임은 약속을 결과에 붙여 주는 접착제다." 에어비앤비의 경우, 경영진은 사람들이 환대받지 못한다고 느끼게 하는, 드물지만 한번 일어나면 치명적인 문제를 만드는 나쁜 행위자들에게 책임을 물었다. 2018년 3월, 앨런 맥퀸Alan McEwen은 스코틀랜드의 〈데일리 레코드Daily Record〉에 쓴 글에서 에어비앤비가 회사 차원에서 대응한 나쁜 행위의 한 사례를 제시했다. "아시아인 게스트를 받지 않겠다"라는 역겨운 게시물을 올린 어떤 집주인이 에어비앤비에서 영구 퇴출당했다. 스테판 셰퍼드는 에든버러에 있는 침실 두 개짜리 아파트의 침실 하나를 예약 사이트에 광고하면서 '아시아인은 예약하지 말아 주세요.'라는 메시지를 게시했다. 31살의 셰퍼드는 나중에 아시아인 게스트에 대한 '나쁜 경험'이 있었다면서 그러한 게시물을 올린 사실을 인정했다." 에어비앤비의 대응(해당 호스트의 영구 퇴출)에는 에어비앤비의 비전에 어긋나는 행위를 억제하는 데 필요한 단호한 조치였다. 4장에서 여러분은 에어비앤비가 차별에 대응하는 방식뿐 아니라 그와 유사한 행위를 방지하는 데 어떻게 적극적으로 임하고 있는지도 보게 될 것이다.

사람 중심 비즈니스에 종사하려면 리더는 확실한 비전과 함께 다른 사람들에게 영감을 주고 책임감을 부여해야 한다. 그리고 자기 자신의 행동도 반드시 그 과정에서 평가해야 한다.

여러분은 회사의 비전을 어떻게 이끌고 있는가? 그리고 그 과정에서 팀 구성원의 다양한 욕구를 어떻게 고려하고 있는가? 여러분은 자기가 바라는 경험을 위해 어떤 약속을 하고 추구해 왔는가? 다른 사람의 욕구와 온전한 존엄성을 해치는 행위를 한 동료들에게 어떻게 책임을 지게 하는가?

3장에서 여러분은 '어디서나 내 집처럼 편안하게'라는 비전이 자신에게 어떤 의미인지를 공유하는 호스트와 게스트의 이야기를 듣게 될 것이다. 또 에어비앤비 커뮤니티 전체에 걸친 서비스 경험에서 소속감이 어떻게 만들어지는지도 자세히 살펴볼 것이다. 아울러 여러분은 소속감 조성이 비즈니스와 대인 관계에 미치는 영향에 대한 통찰을 얻고 자신의 비즈니스에서 '소속감을 만드는 데' 필요한 조치가 무엇인지 알게 될 것이다.

여러분이 사람 중심 비즈니스를 할 때 생각해 볼 것

- 에어비앤비 경영진은 인간의 본성을 연구하고, 이론가와 변화 주도자들과 협력을 추구했으며, 구성원들의 이야기에 귀를 기울이고, 자기 비즈니스의 '왜'를 정의했다(모든 사람이 '어디서나 내 집처럼 편안하게' 지낼 수 있는 세상을 만들기 위해).
- 또한, 비전에 대한 의미 있는 집요함을 조성하고 다양한 커뮤니케이션과 참여 수단을 활용해 비전을 효과적으로 공유했다.
- 경영진은 직원이나 호스트, 게스트를 포함해 회사의 서비스를 받는

사람들을 위해 비전을 실현하는 책임을 졌다.

- 에어비앤비 경영진은 비전에 모순되는 커뮤니티 행동을 보여주는 데
  이터가 나오면 조언을 구하고 정책(서면 커뮤니티 서약을 포함해)을
  개발했다.
- 커뮤니티 서약을 어긴 사실이 드러나면, 경영진은 상황을 파악하고
  비전 실현을 위해 필요한 조치를 신속하게 취한다.

비즈니스 내부의
소속감을 만들어라

모든 인간이 그러하듯 나는 내가 있는 곳이 어디든 내 집처럼 편하기를 바란다.

- 베스트셀러 작가 겸 시인, 마야 안젤루Maya Angelou

1921년 〈배니티 페어Vanity Fair〉의 기사에서 로버트 벤츨리Robert Benchley는 사람들을 2가지 분류로 나누는 사람과 그렇지 않은 사람, 이렇게 두 가지 종류의 사람들이 있다고 말했다. 누구나 '어디서나 내 집처럼 편안하게'라는 에어비앤비의 비전과 뜻을 같이하는 호스트들은 자신의 서비스를 받는 사람들을 모두 똑같이 생각했다.

이 장에서 여러분은 '어디서나 내 집처럼 편안하게'라는 생각을 품은 열정적인 에어비앤비 호스트들에 대해 배울 것이다. 그들은 게스트가 소속감을 느낄 수 있도록 노력하면서 얻은 통찰과 교훈을 공유할 것이다. 또 에어비앤비 호스트가 자신을 숙소를 찾는 낯선 사람이 아닌 친구나 가족처럼 대해 준다고 느낀 게스트들의 이야기도 듣게 될 것이다. 게다가 여러분은 자신과 자신의 팀이 포용적인 서비스 마인드를 갖게 할 방법뿐 아니라 소속감이 어떻게 고객의 참여를 끌어내는지도 알게 될 것이다.

소속감과 서비스 마인드

2장에서 여러분은 '어디서나 내 집처럼 편안하게'라는 개념이 에어비앤비 CEO 브라이언 체스키에게 무엇을 의미하는지를 살펴보았다. 그리고 호스트 커뮤니티가 그러한 비전을 갖게 하기 위해 계획된 수단(예를 들어 벨로와 동영상, 소셜 미디어 캠페인)에 대해서도 알게 되었고, 호스트가 소속감을 만드는 것을 장려하고 확실히 하기 위해 개발된 에어비앤비의 커뮤니티 서약과 같은 책임 요소도 알아보았다. 이제 남은 것은 호스트가 어느 정도 그 비전을 수용하고 있는지와 그들이 비전을 수용할 때 그것이 어떤 형태로 나타나는지에 대한 것이다.

이 장에서 나는 여러분이 에어비앤비 호스트로부터 배운 내용을 자신의 비즈니스에 건설적으로 적용할 수 있도록 우수한 게스트 경험을 알려주는 호스트의 사례를 제공할 것이다. 에어비앤비 플랫폼에 수백만 개의 호스팅 경험과 숙소가 있다는 점을 생각해 볼 때 각 호스트마다 에어비앤비의 정신을 포용하는 방식은 매우 다양할 것이다. 다행히도 장래의 여행자들은 한 호스트에 대한 후기와 평점을 보고 과거의 소속 감 경험이 어떠했는지 평가할 수 있다. (리뷰와 평점에 대해서는 4장과 5장에서 신뢰라는 주제를 살펴볼 때 자세히 논의할 것이다)

소속감이 어떻게 생길 수 있는지 더 잘 이해하기 위해 나는 내 팀과 함께 수많은 게스트와 호스트들과 이야기를 나누었고 슈퍼호스트 *Superhost*라 불리는 에어비앤비 호스트가 제공한 정보에 크게 의존했다. 슈퍼호스트는 1점에서 5점에 이르는 게스트 평점에서 4.8점 이상을 받는 호스트에게 주어지는 에어비앤비의 공식 명칭이다. 이들 슈퍼호스트는 예약 요청에 대해 최소 90퍼센트는 24시간 이내에 응답해야 하고 1년에 최소 10회 이상 예약을 받아야 한다. 그리고 정상참작이 가능한 몇 가지 확실한 경우를 제외하고는 모든 예약 요청을 존중해야 한다. 본질적으로 슈퍼호스트는 가장 높은 품질의 경험을 제공해야 하며 '어디서나 내 집처럼 편안하게'라는 비전을 포용해야 한다.

앞으로 내가 호스트 또는 슈퍼호스트라고 지칭하는 사람들은 전체 에어비앤비 호스트가 아닌 우리가 접촉했던 수백 명의 호스트를 말하는 것이다. 우리가 만났던 많은 호스트와 슈퍼호스트 커뮤니티 나이대는 폭이 넓다(24세에서 75세). 어떤 호스트들은 에어비앤비 플랫폼에 사워도우 제빵과 같은 체험을 제공한다. 하지만 호스트 대부분은 전 세계 곳곳에서, 공용 화장실을 써야 하는 하룻밤에 21달러짜리 스페인 세비야의 남는 방에서부터 침실 하나와 욕실 하나가 딸린 342달러짜리 로마의 단독 숙소를 목록에 올리고 있다.

이러한 차이에도 불구하고 이들 호스트와 슈퍼호스트는 인간을 대체로 긍정적으로 바라보는 시선으로 '어디서나 내 집처럼 편안하게'를 포용해 왔다. 어떤 호스트들은 낯선 이들을 기본적으로 '선'하고 모든 사람이 존중받아 마땅한 대상으로 대한 반면, 어떤 호스트들은 적어도 처음에는 다소 냉소적이었다. 호주 사우스 브리즈번에서 자기 아파트의 단독 침실 1개와 욕실 1개를 목록에 올린 아로하 워버튼은 이렇게 말했다. "처음에는 경제적인 이유로 에어비앤비에 호스팅하는 데 관심을 가졌어요. 여러분도 알다시피 요즘 나쁜 뉴스들이 많아서 약간 걱정을 하면서 시작했던 것 같아요. 하지만 게스트를 맞이하다 보니 인간의 본성에 대한 새로운 믿음이 생겼답니다. 전 이제까지 수백 명의 게스트를 맞았는데 그것으로 인해 좀 더 나은 사람이 되었어요. 사람들이 훨씬 더 편해졌고 다른 사람을 보살피는 것이 제 삶의 목적이라는 믿음을 갖게 된 거죠."

서비스를 통해 삶의 목적을 발견할 수도 있다는 아로하의 새로운 관점에는 우수한 에어비앤비 호스트들이 공유하는 공통된 의견이 드러난다. 나는 이런 공통된 현상을 진정한 '서비스 마인드'라고 부른다. 이 사고방식은 서비스를 받는 사람과 제공하는 사람 모두의 행복에 소속감과 보살핌, 열정이 필수적인 것으로 보는 학습되거나 개발된 경향이다. 서비스 역할을 하는 모든 사람에게 이 서비스 마인드가 있는 것은 아니라는 점은 확실하다.

사고방식은 인생의 경험뿐 아니라 개인의 성격으로도 형성된다. 어떤 사람들은 고객이나 낯선 사람을 의심하며 그들을 필요악으로서 참아내고, 어떤 사람들은 오로지 돈만 바라보고 서비스에 임한다. 그러니까 목적을 위한 수단으로써 서비스를 제공하는 것이다. 다행히도 사고 방식은 학습할 수 있고 수정도 된다. 여러분이 자신이 서비스 비즈니스에 종사한다고 생각한다면 진정한 서비스 마인드를 개발하기 위해 노력하거나 자신에게 더 잘 맞는 직업을 생각해 보는 게 꼭 필요하다.

의식적으로 서비스 마인드를 실천하려고 노력하면 대개 자신에게도 보상이 주어진다. 예를 들어 다른 사람을 긍정적인 시각으로 보면 대체로 그들이 호의적으로 행동한다. 게다가 여러 다양한 연구에 따르면 진정한 서비스 마인드(그리고 그에 따른 행동)는 비즈니스와 기업에 이익을 창출한다. 비즈니스 관점에서 서비스 마인드로 얻게 되는 일부 혜택은 다음과 같다.

- 매출 및 수익
- 성장
- 고객 유지
- 좋은 평판

전반적인 삶의 관점에서, 다음과 같은 긍정적인 효과가 나타난다.

- 행복 증진
- 혈압 강하
- 수명 연장
- 풍부한 목적의식

호스트들은 때때로 에어비앤비의 '어디서나 내 집처럼 편안하게'라는 비전을 추구하면서 서비스 마인드를 개발하거나 강화했다고 한다. 그러한 이유로, 그들은 종종 '어디서나 내 집처럼 편안하게'를 지켜야 할 약속의 일부로 규정한다. 슈퍼호스트 안토넬라 브루그놀라는 침실 2개와 욕실 1개 반을 갖춘 이탈리아 밀라노의 5인용 아파트를 숙소 목록에 올렸다. 안토넬라는 '어디서나 내 집처럼 편안하게'가 그녀에게 의미하는 바를 이렇게 설명한다. "저는 이런 식으로 다른 사람들에게 서비스를 제공하고 싶어요. '어디서나 내 집처럼 편안하게'는 그냥 묵을 곳을 찾던 게스트가 자기를 소중하게 대접해 주는 숙소를 발견하게 된다는 것을 의미해요. 게스트가 낯선 장소에서 불편하게 지내는 대신 완전히 편안한 마음으로 지낼 수 있도록 도와주는 것을 의미하는 거죠. 제게 있어 그건 우리 집이 그들에게 자기 집이 되도록 해야 하는 것을 의미합니다."

로스앤젤레스 서던캘리포니아대학교 부근에서 침실 4개 중 2개에 최대 7명이 묵을 수 있는 숙소를 호스팅하는 슈퍼호스트 페기 J. 스터디반트는 '어디서나 내 집처럼 편안하게'를 게스트에 대해 책임을 지는 것으로 설명한다. "그것은 누군가 우리 집에 있는 침대를 찾아오면 존중과 보살핌, 친절로 대접받을 거라는 의미에요."

타스마니아 *Tasmania*(호주 남부 해안의 한 섬으로 이루어진 주) 호버트 *Hobert*의 에어비앤비 슈퍼호스트 메리디스 칼레가리는 이렇게 말한다. "'어디서나 내 집처럼 편안하게'는 서로의 공통점을 토대로 게스트와 연결하고 존중과 감사하는 마음으로 그들에게 서비스를 제공하는 것에 관한 것이죠. 그것은 우리를 통합시켜주는 것들에 비하면 우리를 분열시키는 것들은 사소하다는 사실과 사람들이 비슷한 희망과 두려움, 포부를 가지고 있다는 사실을 이해하는 것이기도 해요."

"'어디서나 내 집처럼 편안하게'와 관련해 이러한 서비스 마인드를 생각해 보면 에어비앤비 호스트들이 '소속감'을 만드는 행위에서 공통점을 보여준다는 사실은 놀랄 일이 아니다. 그러한 공통점에는 다음과 같은 행동이 있다.

1. 적극적으로 듣기
2. 공감하기
3. 정중히 맞이하기
4. 매력적인 환경 만들기
5. 눈에 보이지 않는 신호 읽기

이 장을 통해 여러분은 소속감을 만들기 위한 이러한 행동 하나하나의 사례를 보게 될 것이다. 그리고 여러분의 비즈니스에서 그것들을 추구할 방법을 살펴볼 기회를 얻게 될 것이다.

적극적으로 듣기

에어비앤비의 호스트와 슈퍼호스트는 듣기에서 관계가 시작된다는 것을 알고 있다. 그래서 게스트는 그들이 자신의 이야기를 듣고 있다는 걸 알 수 있다. 《서로 들어주며 충분히 배려하기*Caring Enough to Hear and Be Heard*》의 저자 데이비드 옥스버거*David Augsburger*는 이런 말을 했다. "다른 사람이 내 말을 들어주는 것은 사랑받는 것과 너무 흡사해서 일반인들은 거의 구별하기 어렵다." 자신의 말을 경청해준다고 느끼면, 사람들은 소속감을 느낀다. 소속감을 느끼면, 관계는 번성한다. 에어비앤비 게스트 소피 허버트는 그것을 이렇게 설명한다.

전 영국에서 온 의대생으로 5주간 호주에서 공부하면서 병원에서 일할 기회가 있었어요. 저 혼자 힘으로 여행을 해내기로 마음먹고는 좀 긴장된 상태였죠. 전에 에어비앤비에 묵어본 적은 있지만 혼자서 그렇게 길게 있어 본 적은 없었거든요. 겉으로 보기에는 아주 좋아 보이는 숙소가 많이 있었는데 호스트에게 제가 신경 쓰는 숙소 특징에 대해 몇 가지 물어보고 싶었어요. 그런데 질문들이 좀 바보 같아요. 학교나 일터까지 얼마나 쉽게 갈 수 있는지, 아니면 숙소 근처에 거미나 뱀, 상어가 많이 있는지 뭐 그런 것들이죠. 그런데 친절하고 응답이 빠른 어떤 슈퍼호스트가 눈에 띄었어요. 저는 경청하는 그녀의 태도와 솔직함을 보고 그 집에 머물면 그녀가 잘해줄 것 같다고 생각했어요. 그녀에게 자연스럽게 연결된 느낌이었어요. 처음에 전부 온라인으로 연락했는데도 말이죠. 여러분도 예측했겠지만, 예상을 뛰어넘어 저는 실제로 더할 나위 없이 멋진 소속감을 경험했고 그녀와 지금도 계속 연락하며 친구로 지낼 정도로 잘 지냈답니다.

체크인 전 듣기에는 통상적으로 여행자들이 체크인할 때 더 나은 서비스 제공하기 위해 필요한 정보를 묻는 열린 질문이 포함된다. 예를 들어 내가 상그레 데 크리스토*Sangre de Cristo* 산 지역에 자리 잡은 작은 마을인 콜로라도주 웨스트클리프의 에어비앤비 숙소를 예약할 때, 에어비앤비 호스트 찰리는 내 예약을 즉시 확정했고 나의 방문 목적과 내가 알고 있는 그 지역에 대한 정보를 수집하기 위해서 에어비앤비 플랫폼에서 열린 질문(누가, 언제, 무엇을, 기타 말하고 싶은 것) 메시지를 보냈다. 내 답변을 바탕으로 찰리는 이런 메모를 남겼다.

　　환영합니다, 조셉.

　　우리 집은 가족 모임을 하기에 아주 좋은 곳입니다. 당신은 이 지역을 알고 있는 것 같군요. 그래도 여행 계획을 짜는 데 도울 게 있으면 알려 주세요. '커스터 카운티 방문*visit Custer County*'를 검색해 봐도 좋겠네요. 그 웹사이트는 우리 지역 관광 위원회에서 개발했는데 다가올 행사나 활동, 여행 장소 등이 올라와 있어요.

　　당신이 도착하기 며칠 전에 체크인 안내를 보내 드릴게요.

　　찰리

짧은 의견 교환으로 시작된 최초의 대화는 기억에 남는 여행의 계획을 세우는 내 능력을 크게 발전시켰다. 또한, 나는 찰리가 정말로 나와 내 욕구 그리고 바라는 경험을 이해하고 싶어 한다고 느꼈다. 한마디로

그가 내 말을 '듣는다'는 느낌을 받았고 찰리를 빨리 만나보고 싶었다.

침실 1개에 욕실 1개가 있는 호주 누사*Noosa*의 레인포레스트 비치 스튜디오(서던 퀸즐랜드*southern Queensland*의 선샤인 코스트*Sunshine Coast*)를 호스팅하는 슈퍼호스트 아드리엔 페니는 이렇게 말한다. "방문에 앞서 플랫폼에서 나누는 대화를 토대로 유대감이 계속 발전합니다. 저는 호스트로서 몇 가지 열린 질문을 준비해 물어보는 것으로 게스트가 머무는 동안 추구할 것이 무엇인지 더 잘 이해하고, 그런 욕구를 채워주기 위해 제가 해야 할 일이 무엇인지 예측할 수 있어요. 대부분 문자로 이루어지는 이 교류 덕분에, 저는 고객이 도착하기 전부터 관계를 시작할 수 있습니다. 그리고 우리가 온라인에서 시작한 관계를 계속 이어가죠."

아드리엔과 그녀와 같은 다른 슈퍼호스트들은 에어비앤비 커뮤니케이션 플랫폼에서 질문하는 것과 아울러 게스트에 맞는 환대와 소속감 경험을 제공하기 위해 방문 전 추가적인 정보를 투자한다. 예를 들면, 로마에서 침실 1개와 욕실 1개짜리 아파트를 호스팅하고 있는 에마누엘라 마리노는 이렇게 덧붙인다. "에어비앤비 게스트는 플랫폼에 등록할 때 프로필 정보를 입력해 달라는 요청을 받습니다. 저는 항상 시간을 내서 게스트의 프로필을 검토하는데, 그게 도움이 돼요. 제 서비스를 받는 사람의 고유한 특징에 관심을 지니는 것이 제가 소속감을 조성하는 과정에 포함됩니다. 저는 게스트 프로필을 자주 검토하면서 그들과 맞는 체크인 경험을 만들 방법과 그들이 머무는 데 필요한 다른 요소들을 맞춤 서비스할 방법에 대해 고민하기 시작해요."

고객과 소통하기 전에 그들에 대해 알 수 있는 고객 프로필을 볼 수 있다고 서비스 제공자들이 항상 혜택을 보는 것은 아니지만, 그들은 이용 가능한 정보를 찾기 위해 에너지를 투자하지 않는 경우가 너무 많다. 우리 대부분이 서비스 거래를 위한 약속에 나갔는데 우리의 파일이나 고객 관계 관리 데이터베이스의 이력, 최근 교환한 이메일 등을 들춰 보지도 않고 나온 상대방을 만난 기억이 있을 것이다. 거꾸로 우리가 영업이나 서비스 거래에 참여하기 전에 추가로 예비 조사를 할 수도 있었는데 그러지 못했던 때를 기억할 것이다(예를 들면, 구글에서 검색하거나 그 사람의 링크드인*LinkedIn* 프로필을 검토할 수도 있었다). 에마누엘라와 달리, 우리는 관심을 표하는 것으로 호의를 더 베푸는 기회를 놓쳤다. 우리의 궁금증이 서비스를 받는 사람들에게 직접 질문을 통해 전달되든 아니면 다른 방식으로 노력해서 그들에 대해 알게 되든 고객과 그들의 욕구를 이해하는 데 도움이 되는 정보를 얻으려는 목적은 같다.

사람들이 원하고 필요로 하는 것을 이해하는 것은 쉬운 일이 아니며, 이는 의사소통의 효율성에 크게 의존한다. 많은 에어비앤비 호스트들은 다국적 여행자들에게 서비스를 제공하면서 여행자들이 이해했을 거라고 짐작하는 일을 줄였다고 한다. 어떤 호스트는 에어비앤비 커뮤니티 센터*Airbnb Community Center*에, 겉보기에는 보편적인 몇몇 단어들이 얼마나 오해를 사는지에 대해 공유하는 글을 썼다. 장래의 게스트가 자신이 호스트와 배경이 유사하다는 점을 강조하면서 여행 예산이 빠듯하다는 메시지를 호스트에게 보냈다. 게스트는 특정 날짜에 묵을 수 있는지 물으며 의사소통을 끝맺었다. 호스트는 즉시 대답했다. "예, 그때면 방이 비었겠네요*free*! 고객님의 여정을 미리 승인하겠습니다. 그리고 자세한 사항은 숙박일 즈음해서 확정할 수 있습니다. 이제 고객님의 숙소가 처리되었습니다*lodging was taken care of*." 게스트는 호스트가 방이 '무료*free*'이며 '숙소가 확정되었다*lodging was taken care of*'라고 말한 것으로 생각했기 때문에, 나중에 숙박료가 결제된 걸 보고 기분이 상했다고 했다.

짧은 의사소통과 언어가 달라서 생기는 문제 때문에 생기는 이런 불가피한 혼란을 줄이기 위해 에어비앤비 호스트는 '말 바꿔 설명하기'나 '의미 분명히 하기'와 같은 적극적인 커뮤니케이션 기술을 개발한다. 이들 중 많은 기술은 에어비앤비 커뮤니케이션 센터라 불리는 웹 플랫폼의 지원으로 개발된 것들이다. 이 플랫폼은 호스트가 조언을 구하고, 사례를 공유하고, 최선의 해결책을 배우는 공간이다.

에어비앤비의 홈스 호스트*Homes Hosts*의 전 부문장인 로라 챔버스*Laura Chambers*는 에어비앤비 커뮤니티 센터를 이렇게 설명한다. "이곳은 호스트들이 매일 자신과 같은 일을 하는 다른 호스트들과 믿을만한 정보와 조언을 나누는 특별한 온라인 공간입니다. 저희는 토론의 장을 마련해 이곳에서 호스트 커뮤니티와 양방향 소통을 할 수 있어서 기쁩니다." 로라는 에어비앤비 커뮤니티 센터 플랫폼에 정기적으로 글을 올린다고 한다. "최근에 저는 슈퍼호스트 주간을 축하했고, 앞으로 호스트에게 영향을 줄 변화에 대해 논의하기도 했으며, 슈퍼호스트가 된 사람들에게 축하 인사를 하기도 했습니다. 저는 커뮤니티 센터에서 시간을 보내며 블로그 활동을 하기도 하고 댓글에 답을 하기도 합니다. 제게 연락하거나 질문을 하려고 호스트들이 보낸 댓글을 검토하기 위해 1시간 반 정도 시간을 보내는 건 흔한 일이에요."

로라는 자기뿐 아니라 다른 많은 에어비앤비 직원들도 커뮤니티 센터에서 온라인으로 아주 많은 시간을 보낸다고 덧붙인다. "우리는 종종 에어비앤비 브랜드를 대표하는 사람이 아니라 일반인으로서 그냥 대화를 나눕니다. 커뮤니티 센터에 있을 때 저는 그냥 로라예요. 홈스 호스트의 부문장 로라 챔버스가 아닌 거죠. 커뮤니티 센터는 서로 축하하고 문제를 해결하는 공간이에요. 지난번에 저는 호스팅이 자기가 세상과 연결되는 통로라고 하는 85살 되신 호스트와 소통했어요. 저희에게 있어서 커뮤니티 센터 플랫폼은 에어비앤비가 호스트 커뮤니티와 연결될 수 있고 호스트들이 서로 연결될 수 있는 중요한 통로입니다."

커뮤니티 센터에서는 종종 커뮤니케이션 효율성이라는 주제를 다룬다. 예를 들어 호스트들은 게스트들로부터 듣거나 읽고 이해한 내용을 확인하기 위해 그것을 분명히 다시 말해야 할 필요가 있는지 같은 주제를 토론한다. 다시 말하는 과정에서 그들 또한 게스트에게 정확하게 전해지지 않은 정보를 가려낼 기회를 주게 된다. 호스트는 자신이 잘못 추측하지 않았는지 확인할 수 있는 후속 질문을 하는 게 중요하다고 말한다. 슈퍼호스트 안토넬라 브루그놀라는 "커뮤니케이션은 중요합니다. 그리고 소속감을 키워줍니다. 예를 들어 저는 중국인 게스트가 많아요. 밀라노의 차이나타운 근처에 살기 때문이죠. 저는 영어랑 이탈리아어만 할 수 있습니다. 그래서 친구 중 한 명에게 통역을 부탁했어요. 그 친구는 중국어로 제 집에서 지켜야 할 규칙과 다른 정보를 알려주었죠."라고 했다.

아르헨티나 살타*Salta*에서 침실 2개와 욕실 1개가 있는 숙소를 호스팅하는 슈퍼호스트 마호 리엔드로는 자신의 게스트는 대부분 스페인어나 영어 둘 중 하나를 쓴다고 한다. 하지만 불어만 사용하는 게스트를 호스트 할 때는 인터넷을 사용했다고 한다. "구글 번역이 우리 의사소통을 도와주었죠." 오리건주 포틀랜드의 데이브와 실케 모니라는 슈퍼호스트도 비슷한 이야기를 한다. "지난여름에 프랑스의 한 가족이 6주 동안 우리 집에서 머물렀어요. 부모가 모두 영어를 잘하지 못했죠. 그래서 저희는 구글 번역 앱으로 의사소통하느라 시간을 많이 보냈어요. 부부가 그들 핸드폰에 대고 말하면 앱이 그걸 듣고 즉시 영어와 프랑스어로 번갈아 통역해 주었어요. 기술이 문화와 언어를 초월할 수 있게 해준 셈이죠."

　처음에 서비스 관련 대화를 하면서 의사소통이 효과적으로 이루어지면 나중에 관계에 힘이 생기고 고객 서비스가 쉬워지며 고객 충성도가 생긴다. 연구자 샤르마 니루*Sharma Neeru*와 폴 패터슨*Paul Patterson*은 "커뮤니케이션 효율은 관계 형성에 직접적인 영향을 미친다. 게다가 정기적인 커뮤니케이션은 친밀감을 생성하고 관계를 편하게 만들며 정서적, 사회적 유대감을 형성해 때때로 불가피하게 발생하는 일시적인 문제들로부터 영향을 받지 않는 더 튼튼한 관계를 구축하는 데 중요한 역할을 한다. 과거 연구에서 사회적, 정서적 유대는 관계를 종료하는 데 심리적 장벽으로 작용하는 것으로 나타났다."는 연구 결과를 밝혔다. 같은 연구에는 특히 이 장에서 논의한 커뮤니케이션 행위인 '열린 질문'이나 '정확하게 고쳐서 다시 말하기', '의미 명확하게 하기'와 같은 적극적인 듣기 기술이 인용되었다. 또한, 니루와 패터슨은 이 연구에서 고객과 서비스 제공자 간에 강력한 관계를 구축하는 데 필요한 추가 기술을 정의했는데 그것은 바로 공감이었다.

공감하기

공감이라는 단어는 약 한 세기 동안 흔히 사용되었던 말로, 독일어 einfühlung에서 나온 것 같다. 그리고 이 말은 대략 '속마음을 느끼는 것'으로 번역된다. 공감은 효과적인 서비스 전달에 필수적이며 정서 지능EQ의 주요 구성 요소로 규정되어 있다.

〈미디엄〉의 "뇌사 상태의 세상에서 행복하고 성공적으로 살기 위한 정서 지능 최종 가이드The Ultimate Guide to Emotional Intelligence to Be Happy and Successful in a Brain-Dead World"라는 기사에서 프라카 버마Prakhar Verma 는 EQ와 직업적 성공, 개인적인 발전, 신뢰, 더 나은 관계, 행복 간의 강력한 연결을 보여주는 연구를 강조한다. 공감의 가장 단순한 형태는 다른 사람의 정서적 상태를 인식하는 것이다. 한층 더 높은 수준의 공감은 다른 사람의 감정이나 생각, 태도를 이해하기 위해 그들의 준거 기준을 짐작해보려고 하는 것이다. 인지 신경학자들은 우리가 고통을 느끼면 고통을 받는 사람을 볼 때와 똑같은 신경 회로가 활성화된다는 사실을 보여 준 바 있다.

에어비앤비의 맥락에서 공감은 호스트에게 아는 사람 한 명 없는 도시로 여행을 하고 있다면 어떤 느낌일지에 대해 생각해 보거나, 보호받을 데가 없거나, 다른 사람에게 의존해야 하거나, 언어장벽에 부딪힌 상황을 생각해 보기를 요구한다. 호스트 에마누엘라 마리노는 이렇게 말한다. "전 로마의 호스트 1,400명이 모인 페이스북 그룹에서 호스트가 어떻게 게스트의 입장에 서야 하는지, 호스트 자신이 여행 중이라면 어떤 일이 해결되었으면 하는지에 대한 이야기를 많이 들어요. 그리고 로마에서 저희는 게스트가 휴가 중에 아파서 에어비앤비 호스트들이 통역을 맡은 사례를 많이 접합니다. 누가 말도 안 통하는 병원에 가고 싶겠어요?"

캘리포니아 오클랜드에서 자기 집 위층 침실을 임대하는 슈퍼호스트 신시아 매키는 특히 게스트의 입장이 되어 보려고 얼마나 노력하는지에 대해 이렇게 설명한다. "손주를 보러 오는 사람들이 제 숙소를 자주 방문해요. 그리고 그들의 자녀들은 대부분이 직장 때문에 시간을 낼 수 없는 성인이라서 전 그런 게스트들이 주중에 손주들과 함께할 수 있는 독특한 경험에 대해 생각합니다. 그리고 휴가차 방문하는 게스트들이 있다면, 그들의 관심을 유발할 것이 무엇인지 감을 잡으려고 노력합니다. 그래야 그런 사람한테 가장 잘 맞는 지역 활동이 무엇일지 생각해 낼 수 있죠."

에어비앤비 호스트는 공감이 호스트와 게스트 관계의 토대일 뿐 아니라 모든 관계의 근본이라는 사실을 알고 있다. 서비스 전문가들은 고객의 상황으로 '들어가 느끼는' 시간을 갖고, 그들이 생각하고 느끼고 바랄지도 모르는 것에 초점을 유지하는 데 실패하는 경우가 너무 잦다. 사람을 중심에 둔 기업들이 팀원들의 공감 능력을 강화할 때, 고객의 소속감과 참여, 충성심이라는 결과를 낳는 조치를 제대로 취할 수 있다. 에어비앤비 호스트가 소속감을 증대하고 서비스 우수성을 위한 기반을 다지는 다른 방법을 살펴보기 전에 여러분의 서비스를 받는 사람들에게 공감해 볼 뿐 아니라 서비스 마인드와 적극적인 듣기 기술을 높일 기회를 점검해 보는 시간을 가져 보자.

브랜드 경험 디자인 가이드

1. 여러분의 팀원이 인간의 본성을 바라보는 관점을 어떻게 설명하겠는가? 그러한 관점이 여러분과 팀원이 서비스 관계에 참여하는 방식에 어떻게 영향을 주는가?

   서비스 마인드는 고정된 것이 아니므로 진정한 마음으로 서비스에 임하겠다는 각오에 불을 지피겠다는 목표를 갖고, 기존의 태도에 대해 논의해 보자(예를 들면, 논의를 통해 사람들이 "고객은 목적을 위한 수단이다"에서 "고객은 소중하게 대해야 한다"라는 쪽으로 생각을 바꿀 수 있게 도와주자). 또한, 서비스 마인드를 선택할 때 발생하는 개인 및 비즈니스 이익에 대해 논의해 보라.

2. 말을 경청하는 것이 '사랑받는 것과 너무 흡사해서 보통 사람들에게는 거의 구분 되지 않는다'라는 주장에 동의하는가? 그렇다면 그것은 청자로서의 여러분이 어떻게 행동하도록 하는가?

3. 여러분과 여러분의 팀은 열린 질문을 하고, 들은 걸 다시 말하고, 의미를 명확히 하기 위해 후속 질문을 하는 데 몇 퍼센트의 시간을 쓰는가? 여러분은 향후 몇 주 동안 적극적으로 듣는 비율을 늘리기 위해 어떤 목표를 설정할 것인가?

4. 가치가 높은 고객 군에 대해 생각해 보라. 여러분이 그들에 대해 알고 있는 정보에 비춰 봤을 때 그들의 일상생활에서 무슨 일이 일어날 것 같은가? 보통 그들은 어떤 문제를 겪고 어떤 즐거움을 느끼는가? 고객들이 여러분과 여러분의 회사와 함께하는 여행의 각 단계에서 서비스를 추구하고 받을 때, 그들이 필요로 하는 것은 무엇이며, 생각하고, 느끼는 것은 무엇인가? 그들의 관점을 유지하려고 노력하고 한 팀으로서 통찰한 내용에 대해 논의해 보라.

정중히 맞이하기

더 센터 포 클라이언트 리텐션The Center For Client Retention, TCFCR의 설립자이자 회장인 리처드 샤피로Richard Shapiro에 따르면, 고객은 매장에 도착하고 단 10초 만에 그곳에 머물 것인지 아니면 나갈 것인지를 결정한다. 이 짧은 시간 안에 응대를 받지 못하면 그 사람이 뒤돌아 나갈 확률은 급속히 커진다. 마찬가지로 프린스턴 연구자들도 매력과 호감도, 신뢰성, 숙련도, 적극성에 대한 인상은 10분의 1초 안에 결정된다는 사실을 발견했다. 첫인상은 중요하다. 그리고 고객들은 즉각적인 응대를 기대한다.

에어비앤비 호스트들은 체크인의 순간, 게스트들과 연결해야 하는 기회를 확실히 이해하고 있다. 2011년에 샌프란시스코의 자기 집 아래층을 처음 호스팅한 슈퍼호스트 피터 콴은 이렇게 말한다. "호스팅에서 제가 가장 좋아하는 부분은 사람들을 반기는 거예요. 저의 집에 그들을 따뜻하게 맞이하는 게 좋습니다. 저는 재빨리 그들의 여정과 당장 필요한 것, 그들의 샌프란시스코 여행에서 무엇을 도와줄지 물어봅니다. 전 그들에게 집의 배치를 보여주고 편안한지 확인합니다." 슈퍼호스트 페기 J. 스터디반트는 이렇게 덧붙인다. "게스트가 체크인할 때 저는 그들을 모두 웃으며 맞이하고 싶어요. 그들이 새벽 1시에 도착할 거라 해도 저는 자지 않고 기다릴 거예요. 전 그들이 누군가 자신이 안전하게 도착했는지 신경 쓰고 있다는 걸 알고 있었으면 좋겠어요. 그리고 게스트 한 명 한 명 제대로 환영하고 싶어요." 슈퍼호스트 아드리엔 페니는 이렇게 말한다. "저는 게스트를 환영하는 것으로 소속감을 만들어 내려고 애써요. 그뿐 아니라 짐을 들어주는 것처럼 즉각적인 도움을 줄 방법을 찾기도 하지요."

플로리다 세인트피터즈버그의 슈퍼호스트 린다 보누글리는 이렇게 말한다. "제 남편과 저는 게스트로서 긍정적인 여행 경험을 많이 하고 나서 에어비앤비 호스팅에 관심 보이게 되었어요. 호스팅을 시작했을 때 저희는 게스트한테 그냥 자물쇠를 열고 들어오라고 하지 않고 직접 나가 맞아주고 싶었어요. 저희는 개인적이고 진정한 인사가 훌륭한 여행 경험을 주는 데 도움이 된다고 생각해요." 최대한 편한 체크인 경험처럼 따뜻하고 진정한 인사도 여러분의 고객들에게 소속감을 심어준다. 그러한 편안함은 여러분 일부분이 고객의 체크인 환경에 세심하게 주의를 기울일 때 줄 수 있는 것이다.

매력적인 환경 만들기

게스트의 체크인을 준비하는 데 별로 노력을 기울이지 않으면 게스트가 체험이나 숙소에 소속감을 느끼기 어렵다. 이러한 준비 부족은 청소 불량이라든가 체크인 전 의사소통 부족, 예약 사이의 시간 부족으로 나타날 수 있다. (이 주제들은 6장과 7장에서 더 다룰 예정임).

스페인 바르셀로나에서 침실 1개와 욕실 1개를 갖춘 숙소를 호스팅하는 슈퍼호스트 하비에르 라순시온은 다음과 같이 말한다. "저는 게스트를 맞이하고, 그들을 환대하고, 그들이 환영받는다는 사실을 알려주려고 이 자리에 있어요. 하지만 게스트가 정말로 그런 느낌을 받으려면 제 의도가 실제 행동에 나타나야만 합니다. 게스트는 숙소의 물리적 상태만 봐도 그런 환대가 진정한 것인지 아닌지 알게 될 거예요. 방의 세세한 것까지 신경을 쓸 때 '당신은 특별한 게스트예요'라고 하는 거지요. 게스트를 위해 숙소를 세심하게 준비하지 않으면 제가 아무리 환영한다고 말해 봐야 아무 소용이 없을 거예요."

호주 브리즈번 근처에서 침실 1개에 욕실 1개를 갖춘 고급 아파트를 호스팅하고 있는 슈퍼호스트 루이즈 고팅도 유사하게 말한다. "전 게스트가 호텔은 주지 못하는 내 집 같은 느낌을 받으면서도 고급 호텔의 청결함을 누리게 하고 싶어요. 청결함은 여러분이 게스트의 도착을 얼마나 크게 신경 쓰고 있는지에 대해 많은 것을 말한다고 생각하기 때문에 약간 강박적으로 청결에 신경을 써요."

이 장에서 언급된 다른 에어비앤비 호스트와는 달리 케리 딤니즈는 자기 집을 숙박용 숙소로 호스팅하지 않고 호주 브리즈번의 자기 집 부엌에서 사워도우 제빵 체험을 호스팅한다. 케리는 이렇게 말한다. "전 사람들이 이 제빵 체험을 해 보고 그들을 환영하는 제 마음을 느꼈으면 해요. 그리고 저의 집이 따뜻하고 매력적인 곳으로 느껴지고 필요한 재료가 모두 준비되어 있으며, 다 같이 반죽에 손을 넣고 싶은 나의 열망을 사람들이 함께 나누었으면 좋겠어요."

호스트 에마누엘라 마리노는 지도의 형태로 소속감을 시각적으로 표현함으로써 자신만의 손님맞이를 발전시켰다. "'어디서나 내 집처럼 편안하게'는 우리는 모두 같은 종족이고 서로 경계가 없어야 한다는 것을 의미합니다. 그래서 저의 집에는 경계선이 없는 대륙 모양의 아름다운 지도가 하나 있어요. 게스트들이 머무는 동안, 저는 그들에게 우리가 공유하는 세상 속 그들의 멋진 여정을 지도 위에 핀을 꽂아 표시해 달라고 합니다." 에어비앤비 호스트들은 긍정적인 체크인 경험과 매력적인 물리적 환경의 중요성을 알고 있다. 게스트가 여러분과 처음 접촉할 때 갖게 되는 인상은, 자신이 나중에 존중받고 귀하게 여겨지며 인정받는다고 느끼게 될지 아닐지를 판단하는 기초가 된다. 여러분과 여러분의 팀은 고객 맞이나 체크인, '내 집처럼 편안하게 살아 보는' 경험에 얼마나 노력을 기울이는가? 대면이든 온라인에서든 모든 고객이 열정적으로 따뜻하게 환영받는가? 여러분은 고객이 환영받고 있으며 특별하다고 느끼는 물리적 환경을 만드는 데 더 노력을 기울이는가?

보이지 않는 신호 읽기

전설적인 식당 경영인이자 《세팅 더 테이블Setting the Table》의 저자 대니 메이어Danny Meyer는 CBS 〈60분 60Minutes〉과 인터뷰를 하면서 이렇게 강조했다. "사람들은 모두 '내가 중요하다고 느낄 수 있게 해 주세요'라고 말하는 눈에 보이지 않는 신호를 달고 삽니다. 그러니까 여러분이 할 일은 이 눈에 보이지 않는 신호의 글자 크기와 그것이 얼마나 밝게 빛나는지 알아차리는 거죠. 음식에 대해 아는 모든 것을 말하게 해주면 제가 중요한 사람이 된 것 같은 느낌이 들 거예요. 이렇게 말하는 신호를 읽고 그 사람이 필요로 하는 경험을 전달하는 게 우리가 할 일이죠." 대니 메이어의 비유, 눈에 보이지 않는 신호는 고객이 보내는 신호를 읽는 고객 경험 우수성이라는 정교한 기술을 압축해 보여준다.

에어비앤비 호스트는 게스트가 보내는 가상의 신호를 추론하고 읽는 기술을 발전시킨다. 슈퍼호스트 아로하 워버튼은 이렇게 이야기한다. "처음 호스팅을 시작했을 때 어떤 사랑스러운 여자가 묵었어요. 그녀는 이틀을 예약했는데 이틀 내내 방에만 있었어요. 그녀에게 저의 집이 편하지 않은 것 같아 약간 걱정도 됐지만, 그냥 혼자 있고 싶은 것 같다는 생각이 들었어요." 아로하는 그 여자가 마지막 날 밤이 되어서야 방에서 나와 아로하와 긴 대화를 나눴다고 말한다. "그녀는 호주 아웃백에서 여섯 달 동안 힘들게 돈을 벌다 막 일을 끝낸 상태였다며 자기한테 방을 내주어서 고맙다고 하더군요. 그녀는 하던 일이 지저분하고 무미건조했기 때문에 미국으로 돌아가는 비행기를 타기 전에 한 이틀 편안히 쉬고 싶었다고 했죠. 들어보니 그녀는 저의 집에서 욕조에 몸을 담그고 말 그대로 아무 방해도 받지 않고 그냥 편안함과 깨끗함, 아름다움을 즐겼던 거예요. 그때 저는 제가 하는 일이 게스트를 즐겁게 하는 게 아니라 그들이 보내는 신호를 읽는 것이라는 걸 깨달았어요."

위와 유사하게 메릴랜드 프레데릭 시내의 바바라 프리치 하우스 *Barbara Fritchie House* 같은 개조된 역사적 건물 몇 채를 호스팅하고 있는 슈퍼호스트 브라이언과 샬롯 채니는 이렇게 덧붙인다. "저희는 오늘 아침에 게스트에게 수건을 직접 전달했어요. 그런데 종종 게스트들은 교류하는 것을 별로 좋아하지 않는다는 신호를 보내기도 합니다. 저희는 게스트가 선호하는 것을 말하면 그것에 귀를 기울이려고 노력해요. 하지만 그들이 말로 하지 않는 것도 짐작해보려고 애쓰죠. 저희는 직감을 활용해서 정말로 열심히 그들에게 맞는 경험을 전달하고 있어요."

때때로 신호를 읽는 것은 호스트가 적극적으로 그리고 직접적으로 게스트와 관계를 맺는다는 것을 의미한다. 슈퍼호스트 피터 콴은 다음과 같이 말했다.

에어비앤비 목록에서 저는 게스트에게 제가 샌프란시스코 차이나타운에서 아주 가까운 데 살고 있으며 쇼핑을 하러 그곳에 매우 자주 가니까 저와 함께 가고 싶으면 언제든 환영이라고 말해둡니다. 때때로 저랑 함께 가는 데 관심이 있지만 말하기를 주저하는 사람들도 있어요. 그래서 전 아주 명확하게 제안을 합니다. 그러면 대개 주저하던 마음은 사라지죠. 저는 동네 중국 사람들이 과일이나 채소, 신선한 해산물과 육류 등을 사러 가는 상점으로 그들을 데려갑니다. 때때로 점심으로 딤섬을 함께 먹기까지 해요. 제가 한 제안에 관심이 있는 눈치여서 제안을 다시 하면 게스트들은 주로 여행자들은 구경하지 못하는 차이나타운 지역을 보여 달라고 한답니다. 저는 게스트가 처음엔 말하기 주저하는 관심 사항을 해결해 줄 수 있을 때가 자랑스럽고 즐거워요.

'혼자 있게 해주세요', '저기 있는 수건을 주세요', '차이나타운의 동네 시장을 돌아보고 싶어요'와 같은 보이지 않는 신호를 읽으려면 고객 경험을 만들어내는 호스트와 우리는 끊임없이 비언어적 의사소통 기술을 연마해야 한다.

고객을 보살피는 형태는 여러 가지다. 때로는 거기에 고객이 혼자 할 수 있도록 힘을 북돋는 것이 포함되지만 때로는 고객을 위해 일을 해 주는 것 역시도 포함된다. 그냥 고객의 이야기를 들어주거나, 고객과 '함께 있는' 시간을 갖거나, 혹은 쇼핑하고 싶다거나, 구경하고 싶다거나, 혼자 있고 싶다는 고객의 욕구를 알고 존중하는 것이 탁월한 서비스일 때가 있다.

다음의 두 에어비앤비 게스트에게 보살핌은 격동의 시간 동안 위안을 주는 형태로 다가왔다. 그들 자신도 에어비앤비 호스트였던 롭과 데비 허터트는 파리에서 에어비앤비 콘퍼런스에 참가하고 있었다. 그들은 몽마르뜨의 에어비앤비 슈퍼호스트 에티엔느와 실비 쿠브뢰의 집에 머물렀다. 콘퍼런스 첫날을 마치고 롭과 데비가 에티엔느와 실비의 에어비앤비로 돌아오자 에티엔느의 전화에 문자 메시지 오는 소리가 울리기 시작했다. 대화 도중 그들은 그날 저녁 파리의 식당과 술집, 스타디움, 콘서트홀이 거의 동시다발적으로 테러 공격을 당했다는 사실을 알게 되었다. 그들은 130명이 죽고 수백 명이 넘게 다친 도시에 머물고 있다는 공포를 경험했다. 에티엔느와 실비는 프랑스 텔레비전의 보도를 롭과 데비에게 통역해 주었고 네 사람은 새벽 3시까지 잠을 이루지 못했다.

데비는 이렇게 말했다. "저희는 집으로 돌아와 사람들과 페이스타임 *FaceTime*(애플 아이폰·아이패드 이용자들 사이에 사용할 수 있는 무료 영상 통화)을 하며 저희가 괜찮다는 것을 알렸어요. 저희는 에티엔느와 실비와 함께 공포에 떨며 울고 있었죠." 데비에 의하면, 다음 날 파리가 사실상 봉쇄되어서 사람들은 사건을 애도하며 집에 머물고 있었다. 데비는 "저희는 빨리 그 나라를 떠날 생각을 했지만 에티엔느와 실비는 저희가 험한 일만 겪고 아무런 즐거움도 없이 파리를 떠나게 하지 말아야겠다고 마음을 먹었죠."라고 말했다.

그날 오후 에티엔느와 실비는 나가서 먹을 점심을 준비하면서 다음 날 계획을 짰다. 거기서부터 에티엔느가 이야기를 시작한다. "실비와 전 데비와 롭을 임프레셔니스트 밸리*Impressionist Valley*에 있는 저희 시골집에 안전하게 데려가기로 했어요. 센 분지가 내려다보이는 역사적이고 아름다운 풍경을 보여주고 싶었거든요."

에티엔느와 실비가 게스트들에게 네 가지 코스가 나오는 호화로운 점심 식사를 대접한 후, 네 사람은 프랑스 시골 지역을 운전해 돌아다녔다. 그리고 그들의 호스트는 어떤 친구가 운영하는 식당에서 진짜 모로

코식 저녁을 대접했다.

에티엔느의 관점에서 보면 에어비앤비는 그들에게 악몽 같은 경험에서 새로운 친구를 사귈 기회를 준 것이다. 데비는 이렇게 결론지었다. "저희는 인생의 친구를 만들었다는 생각에 눈물을 흘리며 포옹을 하고 헤어졌어요. 비극이 저희를 하나로 만들어 주었죠. 하지만 저희는 삶과 사람들, 여행에 대한 기쁨을 함께 나눴기 때문에 지금까지도 계속 연락하며 살게 된 거예요. 그게 바로 에어비앤비를 통해 제가 알게 된 특별한 보살핌이랍니다."

소속감과 환대, 특별한 경험을 만들기 위한 모든 회사의 노력에 대한 최종적인 판단은 게스트나 고객이 내린다. 에어비앤비의 경우도 그렇다. 이 장에서 에어비앤비 호스트는 '소속감을 느끼게 하기'를 시작하는 데 필수적인 행위에 대한 통찰을 제공하고 있다. 다른 지침들처럼 이 통찰도 이를 기꺼이 따르려는 사람들의 의지만큼만 도움이 된다. 그러면 여러분은 적극적으로 듣는 기술을 개발하고, 공감하며, 상황에 맞게 환대하고, 매력적인 환경을 만들고, 비언어적 신호를 읽기 위해 얼마나 적극적으로 노력하고 있는가?

여러분의 노력으로 고객이 환대를 느끼거나 여러분과 '맞는다'라고 느끼게 되면 그들은 긍정적인 스토리를 공유하고, 다음에 여러분을 또 찾을 것이며, 가족과 친구들에게 여러분을 추천할 것이다. 에어비앤비 호스트가 공유한 친밀한 행위들이 잘 수행되면 모든 인간관계에 필수적인 유대감으로 이어지고 궁극적으로 우리의 다음 주제인 신뢰가 유지될 것이다!

여러분이 소속감을 만들 때 생각해 볼 것

- 서비스 마인드에는 서비스를 받는 사람과 제공하는 사람 모두의 행복에 소속감과 보살핌, 연민이 필수적이라고 보는 학습되거나 개발된 성향이 반영되어 있다.
- 사고방식은 살면서 겪는 사건뿐 아니라 개인의 성격에 의해 형성된다. 그리고 변할 수 있다.
- 서비스 마인드(그리고 그에 따른 행동)는 행복 증진과 수명, 목적의식 고양, 수익, 고객 유지, 좋은 평판과 같은 대인 관계와 비즈니스에 뚜렷한 혜택을 준다.
- 커뮤니케이션 문제에서 발생하는 여러 가지 불가피한 오해를 줄이려면 '열린 질문'과 '내용 다시 말하기', '의미 확실히 하기'와 같은 적극적인 커뮤니케이션 기술을 개발하는 것이 중요하다.
- 초기의 서비스 관련 커뮤니케이션을 효과적으로 수행하면, 나중에 관계가 확고해지고, 고객 서비스가 수월해지고, 고객의 충성심을 얻을 수 있다.
- 공감의 가장 단순한 형태는 다른 사람의 정서적 상태를 인식하는 것이다. 더 높은 수준의 공감에는 다른 사람의 감정과 생각, 태도를 알기 위해 그 사람의 준거 기준을 추측해 보는 것을 포함한다.
- 연구에 따르면 고객은 상점에 들어간 첫 10초 안에 그곳에 머물 것인지 나갈 것인지를 결정한다. 그 짧은 시간 안에 응대를 받지 못하면 돌아서 나갈 가능성이 크다. 이와 유사하게 프린스턴의 연구자들도 사람들은 10분의 1초 안에 능력이나 신뢰감, 역량, 적극성 같은 매력을 판단한다는 것을 밝혀냈다. 첫인상은 매우 중요하다. 그리고 고객들은 즉각적인 응대를 기대한다.

- 고객의 체크인 준비에 거의 투자하지 않으면 고객이 여러분의 회사에 소속감을 느끼기 힘들다. 세세한 것에 열정적으로 관심과 주의를 기울이는 것이 우선되어야 한다.
- 고객들은 눈에 보이지 않는 신호를 지니고 다닌다. 고객 경험의 우수성에 대한 세련된 기술은 그러한 징후들을 읽는 것이다. 그리고 그 세련된 기술은 비언어적 의사소통을 이해하는 능력을 의미한다.

CHAPTER 2

신뢰

4장

신뢰와 안전을
디자인하는 법

당신을 믿는 것은 내 결정이다. 내가 옳다는 것을 증명하는 것은 당
신의 선택이다.

- 미상

보통 우리는 신뢰를 획득해야 하는 것으로 생각한다. 하지만 이장에
서 우리는 신뢰를 '디자인'이라는 측면에서 살펴볼 것이다. 1장에 의하
면, 에어비앤비의 조 게비아와 브라이언 체스키는 디자인 스쿨을 졸업
했다. 그러한 교육적 배경으로 인해 그들은 정통한 디자인 원칙을 적용
해 인간적 문제를 해결하는 것이 중요하다고 보게 되었다. 에어비앤비
의 비즈니스 모델은 낯선 이들이 개인 공간을 공유할 수 있을 정도로 충

분히 서로 신뢰할 수 있도록 돕는 데 의존하고 있기에, 여기서도 디자인 도구가 중요한 역할을 한다. 디자인적 사고가 에어비앤비 플랫폼에 어떻게 신뢰를 구축했는지 알아보기 전에 먼저 우리가 신뢰와 신뢰성에 대한 보편적인 이해를 공유하고 있다는 점을 분명하게 알아보자.

신뢰에 대한 많은 개념적 해석이 심리적 아니면 사회적 관점 중 하나로 이 주제를 탐구한다. 심리적 모델은 개인이 어떻게 신뢰에 대해 내적 관점을 발전시키는지 설명하려고 한다. 예를 들어 심리학자들은 아이 때 받은 학대가 성인이 되어서 다른 사람을 믿는 능력에 어떤 영향을 미치는지에 대해 연구한다. 사회적 모델은 사회적 거래의 맥락에서 신뢰를 탐구한다. 이것들은 비즈니스 거래 당사자 양측 모두 거래가 공정하고 확실히 계속 믿어도 된다고 느끼기 위해 취해야 하는 행동이 무엇인지 같은 문제를 다룰 것이다.

심리학자들은 일반적으로 신뢰를 타고난 기질로 여겨왔다. 본질적인 신뢰는 사람들이 정직하고, 협력적이며, 도움이 되고, 믿을 만한지에 대한 태도와 신념의 집합체다. 반대로 J. 데이비드 루이스*J. David Lewis*와 앤드루 웨이거트*Andrew Weigert*는 〈사회적 영향력*Social Forces*〉이라는 저널에서 사회적 관점에서 신뢰를 표현한다. "신뢰는 '혼돈과 숨이 멎을 것 같은 두려움'만 남는 사회의 존재 가능성에 대한 전제 조건으로 생각될 수도 있다. 대체로 신뢰는 사회적 관계에서 제거될 수 없다 하더라도, 거기에는 항상 위험과 잠재적 의심이라는 불가피한 요소가 존재한다." 비즈니스에서 장래의 고객들은 회사가 제품과 서비스와 관련해 약속한 내용의 신뢰성에 대한 의심을 극복해야만 할 것이다.

신뢰에 대한 스티븐 R. 코비Stephen R. Covey의 연구는 심리적, 사회적 경계를 넘나들며 특히, 비즈니스에 신뢰를 적용하는 데 중점을 둔다. 코비는 자신의 저서《신뢰의 속도The Speed of Trust》에 다음과 같이 썼다. "신뢰는 1년 365일 내내 우리에게 영향을 준다. 그리고 모든 관계와 모든 커뮤니케이션, 모든 작업, 모든 사업상의 모험, 우리가 들인 모든 노력을 뒷받침하고 거기에 영향을 준다. 우리의 개인적 삶과 직업적 삶 양쪽에서 신뢰는 현재의 모든 순간의 질을 바꾸고 미래의 모든 순간의 궤적과 결과물에 영향을 준다."

코비의 연구에서 중요하게 봐야 할 것은 우리는 신뢰를 비즈니스의 측정 가능하고 변경 가능한 측면으로 보려고 노력할 수 있고, 또 그렇게 해야 한다는 사실이다. "사람들 대부분이 믿는 것과는 반대로 신뢰는 여러분이 가지고 있거나 혹은 가지고 있지 않은 약간 여리고 환상에 불과한 자질이 아니다. 오히려 신뢰는 여러분이 아마 가능하다고 생각하는 것보다 훨씬 더 빨리 만들어 낼 수 있는 실용적이고, 실제로 존재하며, 실행 가능한 자산이다." 코비가 비즈니스 신뢰를 '만들 수 있는 실행 가능한 자산'으로 이야기하는 반면, 에어비앤비의 공동 창업자 조 게비아는 신뢰를 에어비앤비가 '디자인'한 것으로 설명한다.

신뢰를 '디자인'한다고?

2016년 〈신뢰를 디자인하는 법How airbnb designs for trust〉이라는 제목의 테드 강연에서 조 게비아는 자신의 첫 호스팅 경험을 전했다. 게비아는 로드아일랜드 디자인 스쿨을 졸업한 직후에 야드 세일을 열었던 것을 떠올렸다. 빨간색 미아타*Miata*를 탄 남자가 야드 세일에 차를 세우고 게비아가 그린 그림을 샀다. 나중에 게비아는 맥주나 한잔하면서 얘기나 나누자며 그를 초대했다. 이야기를 나누던 중 그 남자는 자신이 평화 봉사단*Peace Corps*으로 일하러 가기 전에 국토 횡단을 하고 있다고 말했다. 저녁이 다 지날 무렵 게비아는 이 진정한 이방인에게 밤을 보낼 곳이 있는지 물었다. 그는 묵을 곳이 없었다.

게비아가 들려준 이야기는 이렇다.

제가 이 남자에게 호스팅을 제공하냐고요? 하지만 전 조금 전에 그를 만났어요. 그러니까 그는 자기가 평화 봉사단으로 일하러 갈 거라고 하지만 정말로 그럴지는 모르는 일이죠. 저는 납치돼서 미아타 트렁크에 갇히는 신세가 되고 싶진 않았어요. 그것도 그 좁은 트렁크에!

그런데 그때 전 제가 이런 말을 하는 걸 듣게 됩니다. "이봐요, 우리 집에 에어 매트리스가 하나 있으니까 거실에서 자면 돼요." 그리고 머릿속으로 이런 말을 하죠. **"아차, 내가 지금 뭐라고 했지?"**

그 남자는 게비아의 제안을 받아들였고 게비아의 거실 바닥에서 잠을 잤다. 그 낯선 사람이 사이코로 변하는 만일의 경우를 대비해, 게비아는 불안해하며 침실 문을 잠갔다. 밝혀진 바에 따르면 선생님으로 일하고 있는 그 낯선 사람은 게비아와 계속 연락을 하는 사이가 되었다. 그 선생님은 현재 그의 교실에 게비아의 야드 세일에서 산 그림을 걸어 두고 있다.

게비아의 이야기는 에어비앤비 플랫폼에서 게스트와 호스트가 거래를 결정할 때 겪게 되는 신뢰의 문제를 그가 이해하고 공감하고 있음을 보여준다. 게비아와 그의 파트너들이 회사에 처음 투자를 모집할 때도 비슷한 염려들이 영향을 주었다. 많은 투자자가 초기에는 사적인 공간 (예를 들면 침실과 욕실)을 완전히 모르는 사람에게 빌려주는 데 동의해야 하는 비즈니스에 도박하려고 하지 않았다.

잡지〈와이어드 WIRED〉의 기사 "에어비앤비와 리프트Lyft는 어떻게 미국인들이 서로 신뢰하도록 만들었는가"에서 제이슨 탠즈Jason Tanz는 에어비앤비 같은 브랜드들이 낯선 사람은 위험하다는 사고방식에 직면했을 거라고 이야기한다. 그는 이를 '독약이 든 핼러윈 사탕이나 약을 탄 술로 여자를 유인하는 사람들에 대한 수십 년의 경고로 인해 강화된, 공공연하고 뿌리 깊게 몸에 밴 태도'라고 묘사한다. 탠즈는 낯선 사람에 대한 두려움에도 불구하고 우리는 매일 전통적인 상거래에서 낯선 사람을 믿는다고 말한다. 탠즈는 우리가 "가게 점원에게 신용 카드를 건네고, 한 번도 본 적 없는 기사가 모는 택시의 뒷좌석에 올라타며, 폐쇄된 주방에서 만든 음식을 먹고, 마스터키를 가진 호텔 직원이 우리가 잠든 사이 방에 몰래 들어올 수도 있다는 사실에는 신경도 쓰지 않는다"라고 말한다.

전통적 비즈니스에서 우리가 일상적으로 낯선 사람을 신뢰하는 모든 방식을 고려해 봤을 때, 에어비앤비 같은 공유 경제 옵션의 맥락에서 그와 비슷하게 신뢰를 주고받을 수 있다고 상상하는 게 뭐가 어려운가? 탠즈는 반독점 집행 기구와 인구 대부분이 경계를 푼 상태에서 공유 경제의 가파른 성장이 이루어졌다고 한다. 그는 관점이 변했다고 말한다. "이들 중 많은 회사가 최근 5년 전만 해도 생각할 것 없이 무모해 보였던 행동에 우리를 참여시키고 있습니다."

에어비앤비 창업자들은 대면 시장에서의 신뢰를 촉진하기 위해 본인들이 잘 알고 있는 분야로 눈을 돌렸다. 그것은 바로 좋은 디자인의 원리다. 에어비앤비에서는 경험 디자인 원리가 대단히 중요했던 반면, 앨리스 엠마 워커*Alice Emma Walker*가 UXdesign.cc에 쓴 글을 보면 서베이 몽키*Survey Monkey*(이용자들에게 자신만의 웹 서베이를 제공하는 미국의 민간 기업), 로열 메일*Royal Mail*(영국의 우편 및 택배 회사), 자라*Zara*, 아마존 같은 브랜드에서는 디자인 싱킹이 널리 활용되고 있음을 알 수 있다.

대부분의 디자인 프로세스의 첫 단계에는 해결책을 찾아주려고 하는 대상에 대한 공감이 포함된다(예를 들면 조 게비아의 빨간 미아타 스토리). 고객의 욕구 단계에 들어간 후, 견고한 디자인에는 보통 다음과 같은 내용을 포함한다.

- '추진력 있는 질문' 만들기
- 관련 정보 수집하기
- 획기적인 아이디어 찾기
- 가능한 해결책의 모델 만들기

- 개선을 촉진할 가능성 실험하기
- 발견한 내용을 알려 다른 사람들 고취하기

에어비앤비의 공동 창업자들은 자신의 디자인 프로세스를 이런 추진력 있는 질문으로 시작했다. "신뢰를 디자인하는 것이 가능한가?"

앞으로 읽을 내용에서 나오겠지만 대답은 정말로 "그렇다"이다. 에어비앤비 혁신가들 사이에 드러난 일부 획기적인 아이디어를 보여주기 위해 조 게비아는 테드 강연의 청중들에게 현장 실험에 참여해 달라고 했다. 게비아는 청중들에게 휴대 전화를 잠금 해제하고 옆 사람에게 건네주라고 했다.

다음 순간, 게비아는 말했다. "우리가 이 실험의 디자인에서 작은 내용을 바꾼다면 어떻게 될까요? 여러분의 옆 사람이 먼저 자기 이름과 출신, 아이들이나 반려견의 이름을 알려준다면요? 옆 사람이 '이 사람은 잠금이 풀린 휴대 전화를 안전하게 아주 잘 보관해요!'라는 사람들의 후기를 150개나 갖고 있다고 상상해 보세요. 자, 이제 여러분의 휴대 전화를 건네는 게 어떤가요? 잘 디자인된 평판 시스템이 신뢰를 구축하는 열쇠라는 게 밝혀졌습니다."

또한, 게비아는 다른 모든 훌륭한 디자인들처럼 에어비앤비의 평판 시스템도 초기 형태는 완벽하지 않았다는 점을 인정했다. 오히려 호스트와 게스트 평점을 공유하는 에어비앤비의 접근은 끊임없이 이어진 변화를 통해 개선되었다.

평판과 평점 시스템의 개념은 새로운 게 아니다. 아마존은 1995년부터 웹사이트에서 상품에 대한 고객의 리뷰를 실시하고 있다. 그리고 웹사이트 디자이너들은 고객이 더 나은 의사 결정을 할 수 있도록 일상적으로 디자인을 개선한다. 공유 경제와 온라인 시장을 넘어 사실상 거의 모든 것을 결정하는 데 있어서 소비자들은 평점과 리뷰 시스템을 크라우드 소싱*crowd sourcing*(대중들의 참여를 통해 솔루션을 얻는 방법-역주)하면서 서로 돕고 있다. 그들은 평판 시스템을 활용해 어떤 영화를 볼 것인지, 어떤 음식점에서 식사할 것인지, 어떤 의사를 찾아갈 것인지, 사람들이 자주 찾는 세탁소는 어디인지, 어떤 자동차 수리업소를 가지 말아야 하는지 알아본다. 에어비앤비의 평판 시스템을 살펴보고, 호스트와 게스트가 서로 신뢰하는 방법을 설계하고 개선하는 데 관련된 주요 학습을 탐구하기 전에, 여러분이 자신의 비즈니스에서 고객 신뢰에 접근하는 방식을 점검해 보자.

브랜드 경험 디자인 가이드

1. 비즈니스 신뢰는 '만들 수 있는 실행 가능한 자산'이라는 스티븐 R. 코비의 견해와 신뢰를 '디자인'할 수 있다는 조 게비아의 견해에 대해 여러분은 어떻게 생각하는가?
2. 성공적인 디자인은 서비스를 받는 사람들에 대한 이해와 공감이 필요하다는 점을 고려했을 때 여러분의 고객 및 장래의 고객은 어떤 두려움과 불확실성, 불신을 경험하고 있다고 생각하는가? 그들과 여러분의 관계에서 의심이 싹트는 지점은 어디인가?
3. "우리는 서비스 단계 전반에 걸쳐 신뢰를 구축할 수 있는가?" 또는 "우리는 관계의 시작점에서 더 높은 신뢰를 디자인할 수 있는가?"

처럼 어떤 추진력 있는 질문이 신뢰를 디자인하려는 여러분의 노력을 규정짓는가?

4. 여러분은 고객 신뢰와 관련된 정보를 어디서 수집하고 있는가? 어떻게 획기적인 아이디어를 장려하고, 가능한 해결책의 모델을 개발하고, 개선을 촉진할 가능성을 실험하고, 더 많은 해결책이 도출될 수 있도록 여러분이 찾은 내용을 알리는가?

온라인 소통에 인간미를 '디자인'하기

점점 더 많은 고객이 온라인 소통을 통해 브랜드와 서비스 제공업자를 결정한다. 이러한 소통에는 신뢰를 조성하는 데 필요한 중요한 요소가 빈번히 빠져 있다. 에어비앤비는 사람들이 계정 등록을 시작하면서 의미 있는 유대감을 가지는 방법을 디자인했다. 에어비앤비 계정을 개설하려면 최소 18세가 되어야 한다. 그리고 이메일이나 구글, 페이스북을 통해서 커뮤니티의 신규 회원이 될 수 있다.

에어비앤비는 모든 참여자에게 플랫폼에서 예약이나 호스팅을 하기 전에 프로필을 작성할 것을 요구한다(이것은 낯선 사람들이 서로에게 휴대 전화를 건네기 전에 자신을 소개했던 게비아의 휴대 전화 실험과 유사하다). 에어비앤비 프로필 데이터는 참여자들의 신원을 확인하고, 그들과 커뮤니케이션하는 데 사용할 수 있는 연락처 정보를 요구하며, 결제 정보를 안전하게 지키는 데 사용된다. 회원가입 시 에어비앤비는 다음과 같은 정보를 요청한다.

- 성과 이름

- 생일

- 이메일 주소

- 전화번호

- 결제 정보

호스트는 게스트에게 프로필에 사진을 올려 달라고 요구할 수 있다. 하지만 예약이 확정되기 전에는 그 사진을 볼 수 없다. 호스트에게 어떤 사람이 자기 집에 올지 미리 알려주면서 승인 과정에 영향을 주는 것을 방지하기 위해서다. 또한, 호스트는 게스트에게 정부 발행 신분증(운전면허증이나 여권, 비자)을 에어비앤비에 제출해 달라고 요청할 수도 있다. 이때 호스트도 인증된 신분증을 에어비앤비에 제공해 달라는 요청을 받는다. 에어비앤비는 신분증을 오직 확인 목적으로만 사용하기 때문에 호스트는 게스트의 신분증을 볼 수 없다. 또한, 페이스북 같은 플랫폼에 있는 사용자 프로필을 통해 그들을 검증한다.

웹 플랫폼 디자이너들 대부분은 사용자들이 프로필을 작성할 때 그들의 수고 또는 '저항'을 줄이려고 노력한다. 저항은 종종 잠재 고객들이 프로필 생성 과정을 도중에 포기하게 하기 때문이다. 기술 분석가 테오 밀러*Theo Miller*는 〈포브스〉에 쓴 글에서 플랫폼들은 저항을 피하려고 전력을 다한다고 한다. "대부분의 제품 디자이너들은 사용자들에게 사진을 억지로 올리게 하지 않으려 한다. 소셜 네트워크도 프로필 사진을 요구하지 않는데 숙소 공유 플랫폼이 왜 그래야 할까? 웃고 있는 호스트의 사진은 영향력이 매우 크다. 매력적이고 따뜻하다. 온라인 벼룩시장과는 다르다. 어떤 사람을 처음 본 순간 여러분의 머릿속에는 어떤 이야기가 만들어진다. 여러분은 그들을 인간화하는 것이다. 신뢰를 구축하고 싶다면 이 단계가 필수적이다." 에어비앤비는 모든 호스트에게 사진을 올리도록 요청한다. 그리고 이때 사진은 얼굴 전체가 확실하게 보여야 한다. 이러한 정책으로 발생할 수 있는 저항은 잠재 게스트가 숙소의 세부 사항만 보는 게 아니라 한 사람의 얼굴을 볼 수 있는 데서 나오는 장점들로 상쇄된다.

프로필이 완성되면, 호스트와 게스트는 에어비앤비 플랫폼에서 숙소를 올리거나 예약할 수 있다. 숙소나 체험을 찾을 때 장래의 게스트는 커뮤니티의 다른 회원들이 숙소를 예약하고 후기를 올림으로써 제공한 평점을 검토할 수 있다. 예를 들어 숙박을 마친 게스트는 호스트의 숙소를 다음 항목별로 최대 별점 5개의 평점을 매길 수 있다.

- 전반적 경험
- 청결도
- 정확성
- 가격 대비 만족도
- 의사소통
- 체크인
- 위치

게스트는 후기도 작성할 수 있다.

게스트 세 명이 어떤 숙소에 평점을 주면 합산된 전반적 경험 점수가 계산된다. 그리고 그중 가장 중요한 점수가 숙소의 맨 위에 눈에 잘 띄게 표시된다. 이 전반적 경험 점수를 클릭하면 장래의 게스트는 다른 여섯 가지 카테고리(정확성, 의사소통, 청결도, 위치, 체크인, 가격 대비 만족도)의 평균을 확인할 수 있다.

과거의 게스트가 작성한 호스트에 대한 평점과 후기는 미래의 게스트가 숙소를 검색할 때 해당 호스트의 숙소가 검색 결과에 노출되는 데 결정적인 역할을 한다. 이들 평점과 후기는 미래의 게스트가 내리는 최종 선택의 안내자가 되기도 한다. 반대로 에어비앤비 호스트도 게스트의 행동에 의견을 제공하고 세 가지 영역(청결, 의사소통, 숙소 규칙 준수)에 대해 5점 만점의 평점을 주기 때문에 과거 호스트가 매긴 게스트의 평점은 다른 호스트가 해당 게스트의 미래 예약 요청을 수락하는 데 영향을 줄 수 있다.

평점을 향한 신뢰

일반적으로 소비자들은 에어비앤비 사이트에 올라온 것과 같은 온라인 후기들을 매우 신뢰하는 것으로 보인다. 크레이그 블로엠Craig Bloem은 미국의 비즈니스 잡지〈Inc.〉에 쓴 글에서 다음과 같이 말한다. "온라인 후기가 모든 인터넷상 잡음 속에서 길을 잃었다고 생각한다면 다시 생각해 보길 바란다. 연구에 따르면 사람들의 91퍼센트가 정기적으로 또는 때때로 온라인 후기를 읽고, 84퍼센트는 아는 사람의 추천만큼이나 온라인 후기를 신뢰한다. 그리고 사람들은 신속하게 결정한다. 68퍼센트의 사람들이 한 개에서 여섯 개의 후기를 읽은 다음 의사를 결정한다."

후기의 진실성이 인정되었음에도 많은 요인이 평판 관리 시스템에 편견을 일으킬 수 있다. 다음은 그중 일부다.

- 전략적 조작
- 기억 속 편견
- 보복성 후기에 대한 두려움

나는 이러한 형태의 편견을 설명하고 에어비앤비의 평판 시스템이 어떻게 이들을 하나하나 해결하도록 디자인되었는지 살펴볼 것이다.

전략적 조작은 어떤 브랜드나 그 브랜드의 경쟁자가 의사 결정에 잘못된 영향을 끼치기 위해 취하는 의도적 조치를 말한다. 전략적 조작은 종종 후기 사이트가 실제 고객이 게시물을 작성하는지 확인하지 않을 때 발생한다. 아무나 후기를 제공할 수 있는 시스템에서 평점은 브랜드 옹호자들에 의해 긍정적으로 조작되거나 경쟁자에 의해 부정적인 영향을 받을 수 있다.

기억 속 편견은 평가 지연으로 인해 평점의 완결성이나 정확성이 떨어질 때 생겨난다.

보복성 후기에 대한 두려움은 여러 주체가 서로 평가하는 것이 권장

되는 쌍방향 평가 시스템(에어비앤비의 시스템처럼)에서 발생한다.

에어비앤비는 초기 디자인에서부터 인증된 게스트만 호스트에게 평점을 줄 수 있고, 그 반대도 마찬가지로 정함으로써 전략적 조작의 가능성을 줄였다. 2014년 에어비앤비는 양측에서 일어날 수 있는 편견의 영향을 줄여주는 변경 사항을 발표했다. 경영진은 변화의 내용을 발표하면서 다음과 같은 사실에 공감했다.

호스트와 게스트는 모두 칭찬과 비판이 담긴 정직한 후기를 남기면 그 대가로 부당하게 비판적인 후기를 받게 될지 모른다는 점에 대해 걱정할 수 있습니다. 이러한 염려를 해결하기 위해 후기는 호스트와 게스트에게 동시에 공개될 것입니다. 오늘부터 호스트와 게스트 양측이 자신의 경험에 대해 평가를 마친 후에만 지난 여행에 대해 받은 후기를 받아볼 수 있게 됩니다. 저희는 우리 커뮤니티의 모든 이들이 아무 걱정 없이 솔직하고 정확한 피드백을 제공할 수 있게 하고 싶습니다. 그리고 숙소와 프로필 페이지에서 그들이 보는 후기에 대한 신뢰를 높이는 데 도움이 되고 싶습니다.

후기를 남긴 호스트와 게스트의 90퍼센트가 2주 이내에 후기를 제출했으므로, 사람들이 제공하는 모든 피드백이 최근 느낀 점을 바탕으로 작성될 수 있도록 후기 제출 기간을 14일로 단축할 예정입니다. 후기 제출 기간 14일의 마지막 날 호스트나 게스트 모두 지난 여행의 후기를 남긴 경우에만 해당 후기의 대상자와 커뮤니티 양쪽에 후기를 공개할 것입니다.

평점 동시 공개를 개발함으로써 에어비앤비는 보복성 후기에 대한 두려움을 줄이는 디자인적 해결책을 내놓았다. 또 후기 제공 기간을 줄임으로써 기억 속 편견의 문제도 해소했다. 에어비앤비 웹사이트 디자이너들이 취한 이러한 종류의 조치들은 정확하고 투명하고 열린 후기 제출의 프로세스를 강화하는 데 도움을 주었다. 그리고 이는 에어비앤비와 공유 경제를 훨씬 넘어서 응용되고 있다.

모든 비즈니스 관계를 처음 시작할 때 서비스 제공자는 장래의 고객이 거래를 책임질 것인가를 알고 싶어 한다. 이와 유사하게 미래의 고객들도 정직하고 필터링 되지 않은 피드백을 이전 소비자들에게 듣고 싶어 한다. 이처럼 비즈니스 리더들은 자신의 직원과 고객들이, 편견이 최소화된 정보를 통해 의사를 결정할 수 있도록 역량을 강화할 방법을 찾아야 한다.

체크인 전 의사소통을 통해 신뢰를 '디자인'하기

2장과 3장에서 우리는 게스트의 소속감을 만드는 데 있어서 체크인 전 의사소통이 갖는 중요성에 대해 살펴보았다. 디자인적 관점에서 보면, 에어비앤비의 안전한 의사소통 채널은 양방향 신뢰를 조성하는 데도 도움이 된다.

웹사이트 에어비앤비 디자인*Airbnb Design*에 에어비앤비의 디자인 팀원 찰리 아우프만*Charlie Aufmann*은 이런 내용의 글을 썼다.

우리 연구에 따르면, 사전 예약 메시지들은 게스트를 위한 노력과 신뢰를 보여주는 좋은 신호가 될 수도 있다. 몇 달 전, 나는 호스트가 어떻게 신뢰를 가늠하고 게스트와 어울리는지 연구하기 위해 출장 차 유럽에 다녀왔다. 포커스 그룹의 참가자 한 사람이 이런 말을 했다. "사람들이 여러분에게 처음으로 보내는 메시지에 신경을 써서 조금만 더 자신에 대해 알려준다면 약간 안심이 되겠죠. 신뢰를 주려면 노력이 필요합니다."

게스트가 예약과 함께 호스트에게 제출하는 많은 정보는 체계가 정해져 있다(여행 날짜, 인원수, 체크인 시간 등등). 반대로 메시지는 형식이 자유롭고 게스트가 자신 및 여행 목적에 대해서 보다 자세한 내용을 공유할 수 있다. 또 메시지에서는 작성자의 성격이나 인성도 약간 엿볼 수 있다. 그래서 호스트나 게스트 양측 모두 신뢰를 쌓기 시작하는 데 도움이 된다.

호스트와 게스트 간의 열린 의사소통이 갖는 힘과 관련된 찰리의 의견을 조 게비아가 테드 강연에서 밝힌 추가 정보와 연결 지어 생각해 보자. 게비아는 에어비앤비가 신뢰를 구축하는 체크인 전 커뮤니케이션을 디자인하고 연구하는 데 도움을 주었다고 말했다.

[저희는] 적당한 수준의 신뢰를 구축하려면 적당한 양의 정보를 공개해야 한다는 사실을 배웠습니다. 이것은 게스트가 처음 호스트에게 메시지를 보낼 때 발생합니다. 여러분이 "저기요"라고 한마

디 하고 마는 것처럼 너무 적은 정보를 공유하면 수락 가능성이 작아집니다.

그리고 "전 엄마와 문제가 있어요."라고 말하는 것처럼 너무 많은 것을 알려줘도 수락 가능성이 떨어집니다.

하지만 "당신 숙소의 미술 작품이 마음에 들어요. 이곳에서 가족과 함께 휴가를 보내고 싶어요."와 같은 내용은 적당합니다.

그러면 저희는 어떻게 그 적당한 양의 정보 공개가 이루어지도록 디자인할까요? 저희는 대화 상자의 크기를 사용해 알맞은 메시지의 길이를 제안하고 그들이 공개할 정보를 안내하는 문구를 사용합니다.

다음은 그러한 대화 상자 디자인의 한 예시이다.

수잔에게 인사하기

더 많은 정보를 알려 주면 호스트가 여러분의 예약 요청을 확정할 가능성이 커질 것입니다.
- 수잔에게 여러분에 대해 조금 알려 주세요.
- 무슨 일로 애틀랜타에 오시나요? 누가 함께 할 예정인가요?
- 이 숙소의 좋은 점은 무엇인가요? 말해 주세요!

호스트에게 메시지를 보내세요.

프로필에 호스트의 사진을 요구하는 것과 같은 디자인 요소, 동시에 공개되는 양방향 평판 관리 시스템, 잘 만들어진 대화 상자 및 안내 문구를 갖춘 안전한 메시징 시스템 덕분에 에어비앤비는 완전히 낯선 사람들이 서로를 신뢰할 수 있도록 도울 수 있었다. 대면 시장에서 신뢰의 전이를 디자인하는 것은 조 게비아가 처음 빨간 미아타를 탄 남자에게 자신의 에어 매트리스를 제공했을 때 겪었던 두려움 같은 것을 극복하는 데 도움이 된다.

워릭대학교University of Warwick의 정보 시스템 및 경영 그룹의 조교수 마레이케 몰만Mareike Möhlmann은 에어비앤비와, 공유 경제와 관련 있는 다른 여러 회사에 관한 연구를 수행했다. 마레이케는 저서《대화The Conversation》에서 "디지털의 핵심 특징을 활용해 서로 만난 적이 없는 사람들 사이에 신뢰가 구축되고 있다. 실제로 내가 진행한 연구는 이 특징이 제대로 설계될 때, 공유 경제 서비스는 여러분의 동료들 사이에서 기대했던 것보다 낯선 사람들 사이에서 더 큰 신뢰를 구축할 수 있다는 사실을 보여준다."라고 말했다. 에어비앤비는 신뢰를 디자인하는 능력에 자신의 비즈니스 모델을 걸었으며, 위험을 감수한 투자자들은 그에 따른 보상을 받았다. 에어비앤비의 글로벌 정책 및 커뮤니케이션 담당 수석 부사장인 크리스 리헤인은 내게 이렇게 말했다.

우리 에어비앤비는 호스트 없이 어느 곳에서도 존재할 수 없다는 것을 알고 있습니다. 그리고 호스트의 성공 없이 성공할 수도 없죠. 호스트의 성공은 게스트의 성공에 달려있습니다. 게스트의 성공은 그들을 환대해 주는 지역 공동체에 달려있으며 지역 공동체는 대형 여행사보다 에어비앤비와 함께할 때 수입이 더 좋다는 것을 알기 때문에 에어비앤비 게스트를 환대합니다. 신뢰는 이러한 이해 관계자들로 이루어진 바퀴의 중심이에요. 그것은 전부 자기 집 문을 여는 첫 단계를 밟는 호스트와 함께 시작됩니다. 그들의 게스트는 70퍼센트가 넘는 예약 건에 대한 후기를 남깁니다. 그리고 이렇게 누적된 복제 불가능한 후기들을 보고 게스트들이 믿음을 갖고 예약을 할 수 있지요. 지역 공동체들은, 지역 관광에서 나온 수익을 더 많이 지역에 돌려주며 여행세를 납부하기 위해 적극적으로 노력하고 있는 에어비앤비로부터 혜택을 받습니다. 그야말로 신뢰가 이 바퀴를 굴러가게 하는 셈이죠.

에어비앤비와 다를 바 없이 신뢰는 여러분의 비즈니스 성공과 지속 가능성을 변함없이 뒷받침한다. 여러분과 여러분의 서비스를 받는 사람들 간에 신뢰를 디자인하고 강화할 때 활용할 수 있는 에어비앤비의 교훈을 살펴보자.

> ### 브랜드 경험 디자인 가이드
>
> 1. 여러분은 팀원의 프로필을 공유하거나, 서비스의 전달을 인간화하고 있는가?
> 2. 여러분은 고객과 일관된 연결 상태를 조성하기 위해 커뮤니케이션 플랫폼을 어떻게 활용하는가?

3. 여러분은 고객과 장래의 고객이 제대로 된 정보를 바탕으로 결정을 내릴 수 있도록 어떻게 돕고 있는가? 장래의 고객들이 여러분의 실제 모습을 알 수 있도록 검열받지 않은 고객 평점이나 다른 지표와 같은 도구를 통해 투명성을 장려하고 있는가?

안전을 '디자인'하기

고객의 신뢰를 얻고 유지하려면 그들의 안전을 보장해야 한다. 에어비앤비는 대면 시장에서 게스트와 호스트 양측의 안전 욕구를 해결해야 한다. 지금까지는 신뢰에 대해서만 살펴봤다. 하지만 에어비앤비는 신뢰와 안전이 매우 밀접하게 관련되어 있다고 본다. 이처럼 에어비앤비는 내부에 신뢰와 안전*Trust & Safety* 부서를 신설하고 같은 이름으로 플랫폼에 링크를 배치했다.

3장을 떠올려 보면, 매슬로는 안전 욕구와 생리적 욕구를 인간 욕구 단계의 맨 아래에 위치시켰다. 에어비앤비에서 전 세계적인 신뢰와 안전 관련 노력을 감독하고 있는 닉 샤피로*Nick Shapiro*는 생리적 욕구와 안전 욕구의 근본적인 중요성을 이해하고 있다. 에어비앤비 팀에 합류하기 전 샤피로는 CIA의 참모부장과 전 CIA 국장 존 브레넌*John Brennan*의 수석 보좌관을 지냈다. 그는 오바마 대통령의 백악관 대변인이었으며 미국 국가안전보장회의*National Security Council*의 참모였다. 닉은 내게 이렇게 말했다.

신뢰는 공유 경제의 핵심 통화*currency*입니다. 그리고 저희가 에어비앤비에서 하는 모든 행위의 중심 가치죠. 신뢰는 요구한다고 생기는 게 아닙니다. 사람들에게 요구해서 되는 것도 아니죠. 마케팅 캠페인에 수백만 달러를 쏟아부어도 얻을 수 없습니다. 에어비앤비는 사람들의 신뢰를 얻어야만 한다는 것을 알고 있습니다. 저희는 우선 에어비앤비 버전의 욕구 단계 이론이라는 세 가지 원칙에 따라 이것을 실천하고 있습니다. 첫 번째 원칙이자 가장 중요한 원칙은 안전입니다. 에어비앤비를 이용하는 사람들은 안전해야만 합니다. 두 번째 원칙은 교육 및 투명성입니다. 사람들은 에어비앤비를 이용하는 방법과 그것을 이용하는 동안 기대할 수 있는 것이 무엇인지 알아야 합니다. 그리고 마지막이지만 다른 것 못지않게 중요한 원칙은 지원입니다. 일이 잘못되었을 때 저희는 그것을 바로잡기 위해 제자리에 있어야 합니다.

에어비앤비의 신뢰 체계는 맨 밑에 안전이, 중간에는 연결과 투명성이, 맨 위에는 지원뿐만 아니라 커뮤니티로 이루어져 있다고 샤피로는 설명한다.

우리는 2장과 3장에서 유대감에 대해 논의했다. 그리고 8장과 9장에서는 커뮤니티에 관해 이야기할 것이다. 그러므로 앞으로 이 장에서는 에어비앤비가 게스트와 호스트 모두를 위해 '디자인에 의한 안전*Safety By Design*'을 어떻게 만들어 내는지를 알아보자. 넓은 관점에서 닉은 다음과 같이 말했다.

한 번도 만나본 적이 없는 사람에게 집을 개방하거나 그들과 머물다는 생각이 무모한 믿음처럼 느껴진다는 걸 저희는 알고 있습니다. 그래서 우리는 전 세계 191여 개국의 수백만 호스트와 게스트들이 서로 신뢰를 얻고 구축하는 데 도움을 줄 수 있도록 의도적으로 커뮤니티를 디자인했습니다. 대기업이나 정부, 매체, 그리고 비영리 단체와 자선단체에 대한 사람들의 신뢰가 곤두박질치면서 이 사회의 신뢰는 전례 없는 위기 상황에 놓여있습니다. 하지만 에어비앤비를 통해 사람들은 서로를 더욱더 많이 믿고 있습니다. 호스팅이나 여행에서 위험을 모두 제거할 수 있는 사람은 없지만 우리는 호스트와 게스트 모두가 최상의 경험을 할 수 있도록 애쓰고 있습니다. 우리는 우리만의 욕구 단계 접근법에 초점을 맞춤으로써 이러한 신뢰를 구축했습니다.

일반적으로 에어비앤비가 안전을 위해 사용하는 도구와 전략으로는 다음이 있다.

- 온라인 활동
- 신용 사기 방지
- 만반의 준비
- 호스트 보호 프로그램
- 지원 정책

에어비앤비가 어떻게 글로벌 전자 상거래 플랫폼의 안전을 디자인했는지 살펴보는 것부터 시작하자.

온라인 활동

- 계정 보안: 에어비앤비는 일련의 조치를 통해 개인 정보와 돈을 안전하게 지키는 데 주력한다. 에어비앤비 계정은 여러 가지 요소에 대한 인증을 사용하고, 새로운 기기에서 로그인이 시도될 때마다 추가 인증을 요구함으로써 안전하게 보호된다. 그리고 고객은 에어비앤비 사이트나 앱에서 금액을 전부 결제하라는 요구를 절대로 받지 않는다.

- 위험 점수 매기기: 에어비앤비는 첨단 기술과 머신 러닝을 활용해 예약상의 모든 위험을 미리 측정한다. 예측 분석과 머신 러닝을 통해 에어비앤비는 의심스러운 행위를 찾아내 막을 수 있으며, 문제에 대한 대응으로 경영진은 다양한 종류의 조치(예약 취소 또는 플랫폼에서 사용자 퇴출 등)를 취할 수 있다.

- 감시 대상 및 신원 확인: 완벽한 신원 확인 시스템은 없지만, 에어비앤비는 세계적으로 모든 호스트와 게스트가 전과자, 테러리스트, 감시 대상자에 해당하는지 조사한다. 미국 거주자에 대해서도 흉악범죄 경력이나 성범죄자 등록, 중요한 경범죄 경력이 있는지 신원 조사를 한다.

2장에서 논의했던 커뮤니티 서약에 따라 에어비앤비는 신원 확인과 커뮤니티 정보를 사용해 버지니아 샬러츠빌*Charlottesville*의 백인 우월주의자 집회와 관련된 예약을 사전에 취소했다. 여러분도 기억하겠지만 '우파들이여 통합하자*Unite the Right*'로 불리는 그 집회는 샬러츠빌의 이맨시페이션 파크*Emancipation Park*에 있던 남부 연합군 총사령관 로버트 E. 리*Robert E. Lee*의 동상 철거를 반대하기 위해 조직된 것이었다. 집회에서는 자칭 백인 우월주의자인 한 남자가 집회를 반대하는 사람들 사이로 차를 몰고 들어가 1명이 죽고 19명이 다친 사건을 비롯해 위협적이고 폭력적인 행동들이 벌어졌다.

지역 뉴스 방송국 NBC29의 보도에 따르면, 어느 신 나치주의 웹사이트에 집회 지지자들이 에어비앤비를 사용해 '80명에서 90명의 여러 극보수주의 단체 사람들이 머물 숙소 7곳'을 예약했다는 내용을 담은 게시물이 올라와 있었다. 그 내용을 검토한 결과를 토대로 에어비앤비의 임원들은 다음과 같은 성명을 발표했다.

신원 확인 과정과 커뮤니티의 정보를 통해 플랫폼에서 에어비앤비 커뮤니티 서약에 위배되는 행위를 하려는 사람들을 찾아내면 저희는 이번 경우처럼 그런 사람들을 플랫폼에서 삭제하는 것을 포함한 적절한 행동을 취할 것입니다.

에어비앤비 경영진은 예약을 취소하고, 편견을 드러내며 잠재적인 위해 음모를 표현하는 개인들의 예약 특권을 박탈하는 조치를 신속하게 취했다. 에어비앤비는 커뮤니티 서약을 지키기 위해 신원 확인 과정과 소셜 미디어에서 나온 정보를 사용해 사전에 행동을 취한 것이다.

신용 사기 방지

에어비앤비는 플랫폼에서 신분을 속이거나 재정적 손해를 일으키려는 개인에 대항하는 여러 단계의 탐지와 방어를 개발했다. 〈패스트 컴퍼니*Fast Company*(기술, 비즈니스 및 디자인에 중점을 둔 미국 잡지)〉와의 인터뷰에서 전 군 정보부 장교이자 에어비앤비 신뢰와 안전 부문 관리자 필립 카데나스*Phillip Cardenas*는 자기 팀이 특정 계정의 의심스러운 조짐을 어떻게 발견했는지 밝혔다.

광범위한 조사를 통해 저희 팀은 이 계정을 아주 유사하면서 의심스러운 특징을 지닌 몇몇 계정들과 연결 지을 수 있었습니다. 알고 보니 모든 계정은 서로 연결되어 있었으며 과거에 다른 휴가용 임대 사이트를 사용하려고 시도한 몇몇 사기꾼들의 정보와도 유사한 점이 있어요. 조사를 더 해보니 그들은 합법적인 에어비앤비 사용자들이 아닌 사기꾼이라는 사실이 드러났습니다. 그들의 에어비앤비 숙소는 어느 것도 예약된 적이 없었죠. 저희는 신속히 에어비앤비 계정에서 그들을 영구 퇴출시켰습니다.

잠재적인 물리적 피해든 재정적 손실 가능성이나 신분 위조의 위험성이든 에어비앤비는 소셜 커머스 플랫폼에서 사용자 모두의 안전을 극대화하는 것의 중요성을 이해하고 있다. 여러분이 전자 상거래, 전화 영업을 통해 비즈니스를 하든 대면 서비스를 통해 비즈니스를 하든 고객의 재산과 정보, 신체 안전을 보호하는 능력은 궁극적으로 여러분 회사가 오랫동안 지속하는 데에 영향을 미칠 것이다.

만반의 준비

에어비앤비 경영진은 플랫폼에 신뢰와 안전을 디자인하는 일에 있어 조금도 방심하지 않는다. 하지만 그들은 수백만 가지의 체험과 숙박에 참여하는 모든 게스트와 호스트의 행동을 통제할 수는 없다. 닉 샤피로는 이렇게 말한다. "온라인과 오프라인 양쪽 모두에서 커뮤니티의 안전이 저희의 최우선 순위입니다. 에어비앤비 숙소에 체크인하는 수억 명의 게스트에게 부정적인 사건은 극히 드물게 일어납니다. 그렇다 하더라도 사건이 하나라도 벌어져서는 안 되기 때문에 저희는 플랫폼과 정책, 안전을 개선하기 위한 작업을 꾸준히 실천하고 있습니다."

여러분도 3장의 내용을 기억하겠지만 여러분의 서비스를 받는 사람들을 보살피는 데는 여러 가지 방법이 있다. 한편으로는 직접적인 보살핌(예를 들면, 웹사이트 보안과 같이 여러분이 통제할 수 있는 위험을 줄이는 것)을 제공해야 하고, 다른 한편으로는 게스트와 호스트가 스스로 위험을 방지할 수 있도록 도와야 한다. 이러한 맥락에서 에어비앤비는 게스트와 호스트 양측에 안전과 관련한 수많은 조언을 한다. 게스트에게 제공되는 조언에는 다음과 같은 것들이 있다.

- 평점과 후기를 확인하세요. 여러분에게 맞는 숙소를 찾는 데 도움

을 주는 과거 게스트의 피드백을 검토하세요.

- 궁금한 사항에 대한 답변을 요청하세요. 에어비앤비의 안전한 메시지 시스템을 이용하면 예약 전에 안전하고 손쉽게 숙소에 대해 궁금한 사항을 잠재적 호스트에게 물어볼 수 있습니다.
- 항상 에어비앤비 플랫폼에서 커뮤니케이션하고 결제하세요. 예약과 결제를 위한 의사소통 전 과정을 안전한 저희의 플랫폼에서 진행함으로써 여러분 자신과 결제, 개인 정보를 보호하세요.
- 안전을 확인하세요. 숙소에 도착하면 긴급상황 발생 시 필요한 안전장치와 안전 지침의 위치를 확인하세요.
- 현지 여행 알림 및 경보를 확인하세요. 에어비앤비를 통해 여행할 때든 아니든, 사전에 여행지에 대해 충분히 알아보는 게 좋습니다. 여행 경보나 특별 요건이 있는 경우, 현지 대사관에 문의하시기 바랍니다.

이와 유사하게 에어비앤비가 호스트에게 제공하는 간단한 조언에는 다음과 같은 것들이 있다.

- 기대치를 명확하게 설정하세요. 잠재 게스트가 숙소의 고유한 특징과 서비스에 대해 알 수 있도록 숙소를 설명해야 합니다. 현관문으로 가는 계단의 층계참이 몇 개인지와 같은 사소한 것들조차 게스트가 즐거운 시간을 갖게 하는 데 도움이 될 수 있습니다.
- 숙소 이용 필수 요건을 설정하세요. 모든 게스트는 예약 전에 자신

의 이름과 생일, 사진, 전화번호, 이메일 주소, 결제 정보를 에어비앤비에 제출하도록 요청받습니다.

- 프로필과 후기를 확인하세요. 예약 요청을 승인하기 전에 게스트에 대해 더 알고 싶으면 게스트의 프로필을 확인하거나 과거 호스트가 쓴 후기를 읽어 보세요.

- 게스트가 어떤 사람인지 미리 알아보세요. 에어비앤비의 안전한 메시지 시스템을 통해 게스트에 대해 알아보고 여행 전이나 도중에 궁금한 것을 묻거나 답해 보세요.

- 안전 정보와 장비를 접근하기 쉬운 곳에 비치하세요. 여행 중에 필요하게 될 수도 있는 안전 필수품을 여러분의 숙소에 비치하고 게스트에게 제공하는 것이 중요합니다. 여기에는 잘 작동하는 일산화탄소 및 연기 감지기나 구급상자, 소화기, 지역 관청 연락 방법에 대한 정보와 같은 항목들이 있습니다.

또한, 닉은 이렇게 말한다. "호스트들이 최신 도구와 정보를 갖출 수 있도록 도와주기 위해 저희는 지역의 소방 및 응급 전문가들과 함께 숙소 안전 워크숍을 자주 진행하고 연기 및 일산화탄소 감지기를 호스트들에게 무료로 제공합니다."

여러분의 서비스를 받는 사람들의 안전을 보장하도록 디자인하는 직접적인 노력과 더불어 여러분은 그들이 자신과 주변 사람들의 안전을 극대화할 수 있도록 어떻게 돕고 있는가?

호스트 보호 프로그램

에어비앤비 경영진은 이 장에 나오는 많은 예시에 대해 미리 대책을 강구하는 계획을 세웠다. 즉, 신뢰나 안전을 증진할 기회를 예상했다는 것을 의미한다. 하지만 2011년 EJ라는 호스트가 관련된 예상치 못한 안전 보호의 문제가 발생하면서 에어비앤비 경영진은 미흡한 대응으로 허를 찔렸다. 이 경우에 에어비앤비는 안전 해결이라는 대응책을 신속히 디자인해야 했다. EJ의 블로그 게시물을 보면 에어비앤비 게스트의 방문 후 발생한 위기 상황을 알 수 있다.

에어비앤비 게스트가 잠긴 옷장 문에 구멍을 내고 제가 안에 숨겨 두었던 여권과 현금, 신용 카드, 할머니의 보석을 찾아냈습니다. 그들은 제 카메라와 아이팟, 오래된 노트북, 그리고 사진과 일기, 제 전 인생이 들어있는 외장 백업 드라이브를 가져갔습니다. 제 출생 신고서와 사회 보장 카드도 찾아냈습니다. 게스트가 사용할 수 있도록 제가 친절히 비치해 놓은 복사기로 복사해 갔을 거예요. 그들은 옷장 서랍을 뒤져서 제 신발과 옷을 입어보고 바닥에 쌓인 축축한 수건 더미 위에 던져 놓고 가 버렸습니다.

신뢰와 사생활, 개인 재산이 이렇게 파괴당한 행위에 EJ가 어떤 기분이었을지 상상도 할 수 없다. 다행히도 아래에 EJ가 말한 것처럼 EJ와 에어비앤비 고객 서비스 팀원 간의 초기 의사소통은 긍정적이었다.

에어비앤비 고객 서비스 팀이 이 범죄에 최대한 관심을 가지고 만족스럽게 대처해주었다는 사실을 강조하고 싶네요. 그들은 제게 자주 전화해서 공감과 지지를 표시했고 제가 괜찮은지 진심으로 걱정해 주었습니다. 그리고 제가 정서적, 금전적으로 회복될 수 있도록 도와주겠다고 했으며 샌프란시스코 경찰국*SFPD*과 함께 범죄자들을 추적하고 있습니다. 에어비앤비의 짧은 역사 속에서 한 번도 발생한 적이 없는 일이라고 말하는 그들의 말을 저는 믿습니다. 누군가는 겪을 일이었고, 또 다른 누군가도 겪을 겁니다.

EJ는 에어비앤비의 초기 대응은 괜찮았다고 말했지만, 시간이 지나면서 그녀는 위기를 해결하기 위한 에어비앤비의 노력에 실망했다고 했다. 또한, 그녀는 에어비앤비 경영진이 발표한 공개 성명에도 이의를 제기했다. 고심 끝에 "저희가 정말로 상황을 망쳐버렸다"라고 인정한 브라이언 체스키는 에어비앤비 신뢰와 안전 부서의 신설을 발표하고 백만 달러의 보상액을 제공하는 에어비앤비 호스트 보호 프로그램을 시작했다.

지원 정책

EJ 사건이 터지면서 에어비앤비는 수많은 신속 대응책을 계속 디자인해 왔다. 닉 샤피로는 다음과 같이 호스트 보호 프로그램과 증대된 호스트 지원 프로그램을 설명했다.

저희의 글로벌 고객 서비스는 드물게 발생하는 문제에 대하여 11개 언어를 통해 지원하고 있으며, 신뢰와 안전팀이 배상, 보험 프로그램뿐 아니라 재예약 지원으로 상황을 바로잡는 데 도움을 주기 위해 매일 하루 24시간 대기하고 있습니다. 예를 들어 여러분이 숙소에 도착해 보니 광고한 것과 다른 경우, 저희 팀에 연락하기만 하면 됩니다. 저희가 언제든 도움을 주기 위해 대기하고 있거든요. 호스트는 백만 달러 호스트 보호 보험 프로그램*Million Dollar Host Guarantee*에 의해 보호받습니다. 이것은 숙소에 발생한 피해를 최대 백만 달러까지 보상해 주는 프로그램으로 모든 호스트와 모든 예약에 무료로 제공됩니다. 또한, 호스트 보호 보험 프로그램은 집을 공유하는 전 세계 호스트에게 재산상의 피해나 신체 부상에 대한 제삼자의 보상금 청구에 대해서도 추가 비용 없이 최대 백만 달러까지 지원합니다.

이와 유사하게 에어비앤비는 플랫폼에 체험을 제공하는 호스트들을 위해 백만 달러 상당의 무료 책임 보험을 제공한다. 이 체험 보호 보험 프로그램*Experience Protection Insurance*은 재산 피해나 개인적 상해에 대한 보상금 청구로부터 대부분의 체험 제공 호스트들을 보호한다.

닉은 이러한 해결책의 중요성을 강조한다.

문제가 생겼을 때, 저희는 게스트나 호스트를 돕기 위해 그 자리에 있어야 합니다. 그렇지 않으면 제가 '2차 배신'이라고 부르는 것으로 사람들이 고통받을 수 있어요. 그러한 2차 배신이 때로는 훨씬 더 해로울 수 있죠. 사람들은 여행 중 발생하는 모든 일을 저희가 다 막을 수 없다는 것을 알고 있습니다. 하지만 저희가 대응하는 방식, 그것은 완전히 저희 통제하에 있으며 저희는 그것을 제대로 해야만 해요. 그것이 우리의 주요 사안이며 최우선 사항입니다. 사람들은 에어비앤비의 신뢰받는 커뮤니티의 가치와 그것이 열어 놓을 수 있는 모든 접근 경로를 알아보고 있습니다.

이 모든 것은 저희가 도와주고 있는 사람들이 서로 신뢰하고 있기에 가능한 겁니다. 저는 커뮤니티를 보호하고 지원하기 위해 회사와 전 세계에 걸쳐 구축된 다양한 팀에 엄청난 자부심을 느껴요. 에어비앤비의 국가 안보나 법률 집행 분야의 전직 전문가들만 이러한 문제를 다루게 하지 않습니다. 엔지니어와 제품 관리자, 디자이너와 데이터 공학자, 사이버 보안이나 사기, 인신매매, 보험 등 어떤 것이든 그에 대한 전문가들을 이 팀에서 모두 보유하고 있죠. 그리고 저희는 신원 확인 분야의 최신 진보 기술과 새로운 기술을 안전하고 효과적으로 통합하여 사용자가 말하는 그대로 지원하는 방법에 초점을 맞추고 있습니다. 물론 우수한 사용자 경험은 계속 유지하면서 말이죠.

우리 대부분은 서비스의 전달에 있어 신뢰와 안전의 중요성을 이해하고 있다. 하지만 많은 이들이 신뢰와 안전을 우수한 디자인을 요구하는 실행 가능한 자산으로 접근하지 않았다. 5장에서 우리는 게스트와 호스트가 이 장에서 논의되는 도구를 활용하는 방법과 그들이 어떻게 자신의 서비스 관계 곳곳에서 신뢰와 안전에 초점을 맞추고 있는지 살펴볼 것이다.

여러분이 신뢰와 안전을 디자인할 때 생각해 볼 것

- 스티븐 코비는 비즈니스 신뢰를 '만들 수 있는 실행 가능한 자산'으로 설명한다. 에어비앤비의 공동 창업자 조 게비아는 에어비앤비가 신뢰를 '디자인'했다고 말한다.
- 조 게비아의 테드 강연은 만연한 '낯선 사람의 위험성'에 대한 공감을 실례를 들어 보여주고 "신뢰를 디자인하는 것이 가능한가?"라는 에어비앤비의 추진력 있는 질문의 기초를 마련했다.
- 사용자나 고객의 욕구 상태를 알아낸 후 실시하는 견고한 디자인 프로세스에는 '추진력 있는 질문' 만들기, 관련 정보 모으기, 획기적인 아이디어 찾기, 가능한 해결책의 모델 만들기, 개선을 촉진할 가능성 시험하기, 발견한 내용을 알려 다른 사람들을 고취하기가 포함된다.
- 여러분이 효율성을 위해 최적화하는 중이라면 사용자의 노력을 가능한 모든 부문에서 제거할 것이다. 하지만 에어비앤비는 신뢰를 디자인하고 거기에 최적화한다. 예를 들어, 그들은 호스트에게 프로필에 사진을 올리라고 요청한다.
- 신뢰를 디자인할 때 평판 시스템은 매우 중요하다. 평점의 신뢰도에 영향을 줄 수 있는 편견의 존재 가능성에 대한 점검이 이뤄져야 하며, 있음직한 편견을 축소하도록 디자인하는 데 노력을 기울여야 한다.
- 의사소통은 신뢰 구축의 필수 요소다. 그리고 그것은 상호 작용 디자인을 통해 장려되고 가능해져야 할 것이다.

- 안전은 기본 욕구다. 신뢰를 구축하고 유지하는 데 필수적이다.
- 가능한 경우, 안전은 온라인과 오프라인 상호 작용에 맞게 디자인해야 한다. 여러분의 팀과 고객들에게 도구를 제공해 자신의 안전에 방심하지 않도록 도와주어라.
- 신뢰와 안전 디자인은 선제적 형태와 대응적 형태 두 가지가 있다. 리더십에는 신뢰와 안전의 욕구를 예측하는 것과 시간을 다투는 새로운 욕구가 발생하면 신속하게 대응하는 것이 반드시 수반된다.

정보 공개 전략

신뢰는 태양과 같다. 여러분이 잠시 태양을 가릴 수는 있지만, 태양은 사라지지 않는다.

- 엘비스 프레슬리*Elvis Presley*, 가수 겸 배우

신뢰와 평판

4장에서 우리는 에어비앤비 경영진이 풍부한 온라인 프로필과 평판 관리 시스템, 안전한 커뮤니케이션 채널과 같은 수단을 통해 어떻게 '신뢰를 디자인'하는지 살펴보았다. 이 장에서는 에어비앤비 커뮤니티가 낯선 사람들 간에 신뢰를 심어주는 방법으로 그러한 수단을 어떻게 효율적으로 사용하는지 알아볼 것이다. 또 앞으로 우리는 장래 고객의 검

색, 고려, 판매의 여정에서 더 큰 신뢰를 촉진하는 방법을 집중적으로 살펴볼 것이다.

아마존의 CEO 제프 베조스*Jeff Bezos*는 이렇게 말했다. "한 기업의 브랜드는 한 사람의 평판과 같습니다. 여러분은 어려운 일을 잘 해냄으로써 좋은 평판을 얻게 됩니다." 이 장에서 여러분은 에어비앤비 호스트들이 장래의 게스트가 그들을 발견하기 훨씬 이전에 한 선택들을 통해서 어떻게 자신의 평판을 구축하는지 알아볼 것이다.

특히 이 장에서는 호스트가 어떻게 다음의 '어려운 문제를 잘' 해내는지에 초점을 맞출 것이다.

- 정확하게 마케팅하기
- 인간적인 면 적절하게 공개하기
- 기대치 설정하기

앞으로 이 장에서는 이 활동들이 게스트 신뢰를 높이 쌓는데 어떻게 서로 공조하는지 알아볼 것이다. 우선 게스트 K. 포드 K.가 에어비앤비의 신뢰 창출이 갖는 혁신적 힘을 어떻게 설명하는지 살펴보자. 〈허핑턴포스트*Huffington Post*〉에 쓴 글에서 K. 포드 K.는 세계 여행을 할 때 처음에는 낯선 사람과 지내는 게 염려스러웠다고 했다. 그녀는 시간을 내서 이전에 머문 게스트들의 후기를 둘러본 후 숙소를 선택했고 모든 경험은 즐거웠다. 그녀의 결론은 이러했다. "에어비앤비의 위치와 제공 서비스도 중요하지만, 더욱 중요한 것은 사람, 우리를 자기 집에 있는 것처럼 편하게 해주는 호스트들이다. 우리는 우리가 단지 방 하나를 빌린 게 아니라는 걸 직접 경험했다. 우리는 한 번에 여행지와 유대감을 갖고, 진정한 친구를 사귀고, 우리 커뮤니티인 하나의 에어비앤비를 확장했다."

게스트가 도착하기 전에 취하는 사려 깊은 행동을 통해, 호스트들은 K. 포드 K.와 같은 게스트들이 '낯선 사람들과 머물며 긴장'하는 대신, '진정한 친구들을 사귀고 있는' 기분이 들게 한다. 에어비앤비 호스트들이 신뢰의 씨앗을 심는 방법과 어떻게 여러분도 이와 같은 일을 할 수 있을지에 대해 알아보자.

정확하게 마케팅하기

우리는 대부분 광고와 마케팅이 주장하는 내용에 냉소적이다. 그러한 냉소주의에도 불구하고 잘못된 정보를 제공하는 과장된 마케팅(종종 '과대광고'라고 불리는)은 끊임없이 복잡한 영향을 주고 있다. "과장된 광고가 주장하는 내용 처리하기*Processing Exaggerated Advertising Claims*"라는 제목의 기사에서 시드니 경영 대학원의 학과장 엘리자베스 크로울리 *Elizabeth Crowley* 교수는 "소비자들이 과장된 주장을 신빙성이 낮은 것으로 여기더라도 사실적인 주장을 하는 브랜드보다 허위 주장을 하는 브랜드를 더 호의적으로 평가했다."는 사실을 밝혔다. 크로울리는 이것이 마케터에게 암시하는 바가 명확하다고 덧붙였다. "과대광고가 효과가 있는 것이다. 법적으로 허용되는 범위에서 오해의 소지가 있는 주장을 하면 소비자들이 특별히 그러한 과장은 기억하지 못하고 그 브랜드를 더 선호하게 된다." 크로울리의 연구에 따르면 과대광고가 초기 브랜드 인식에 호의적인 영향을 주지만 의문스러운 주장은 소셜 미디어와 리뷰 사이트에서 소비자의 분노에 불을 붙이기도 한다. 브랜드가 자신의 약속을 지키지 못할 때 소문이 퍼진다.

갤럽*Gallup*(여론 조사 및 컨설팅을 하는 미국의 기업)에 따르면 소비자의 약 50퍼센트가 브랜드들이 광고에서 약속한 내용을 지키지 않는다고 느낀다. 신뢰성이 중요한 브랜드 차별화 요소가 되는 것이다. 2018년 〈리더스 다이제스트 신뢰받는 브랜드 조사*Reader's Digest Trusted Brand Survey*〉에에 따르면 신뢰성은 항상 다른 여러 가지 브랜드 속성보다 우위에 있다. 소비자의 83퍼센트가 자신이 더 '신뢰'하는 기업의 제품을 구매했다. 동시에 요즘 고객의 환멸과 냉소의 수준으로는 어떤 마케팅 메시지도 신뢰받기 어렵다. 조사에 따르면 참여자의 거의 절반(48퍼센트)이 오늘날의 브랜드를 덜 신뢰하고 있다. 실제로 응답자의 69퍼센트가 '브랜드가 소비자의 신뢰 획득을 위해 더 분발해야 한다는 항목'에 동의한다.

그렇다면 브랜드가 소비자의 신뢰를 얻기 위해 좋은 평판을 얻으려면 어떻게 해야 할까? 뛰어난 에어비앤비 호스트는 진실을 말할 때 평판이 좋아진다고 말한다. 또한, 비즈니스적 관점에서는 평판이 전부라는 점을 시사한다. 게스트 매트 커는 이에 동의한다. "어떤 에어비앤비 호스트에 대한 온라인 후기를 보고 정말로 그녀의 집에 머물러야겠다고 생각했는데 그 후기가 딱 맞았던 기억이 나네요. 그녀는 놀라울 정도로 따뜻하게 저를 맞아주었어요. 그래서 저는 그녀를 자주 방문하는 게스트가 되었습니다. 그리고 이제는 가족들에게 그녀의 집에 묵으라고 권하기도 해요." 에어비앤비 플랫폼의 부정적인 후기들은 장래의 게스트가 어떤 호스트의 숙소를 쉽게 발견할 수 있느냐 없느냐에 영향을 줄 수도 있다(에어비앤비의 검색 기능에 있는 알고리즘의 결과).

또한, 부정적인 후기는 장래의 게스트들이 검색 결과로 나온 어떤 호스트의 숙소를 건너뛰게 할 수도 있다. 어떤 호스트는 이렇게 말했다. "우리 집에 머문 게스트들 모두 제 숙소의 정확도에 대해 평가해 달라는 질문을 받을 거라는 걸 알아요. 그러니 숙소를 허술하게 설명하거나, 잘 못 표현하거나, 중요한 정보를 누락시키는 건 어리석은 일이죠. 고객의 신뢰를 저버릴 뿐 아니라 시간이 지나면서 저의 평판도 깎게 되는 거죠. 더 나쁜 건 에어비앤비 플랫폼에서 제 신뢰를 떨어트린다는 거예요. 제 숙소는 모든 장래의 게스트들이 우리 집과 제 호스팅 스타일이 자신들에게 잘 맞는지 생각하는 데 진정으로 도움을 주어야 해요."

대대적인 과장 광고를 없애고 정확하게 정보를 주면서 부풀려 말하지 않는 광고 메시지를 제작하는 것은 이론적으로는 그럴듯하게 들리지만 실제로 하려면 훨씬 더 어렵다. 호스트들이 자신의 숙소 설명과 사진을 통해 어떻게 정확하게 마케팅하고 있는지 살펴보자.

글로 쓴 설명의 정확성

말은 중요하다. 그리고 너무나 많은 영업 및 서비스 제공업자들은 '모든 사람에게 상품을 팔 수 있게' 말을 선택해야 한다고 생각한다. 최고의 에어비앤비 호스트들은 고객들 스스로 선택을 할 수 있도록 유익

하고 균형 잡힌 숙소 설명을 제공하는 것이 중요하다고 강조한다.

슈퍼호스트 캐시 피터맨은 에어비앤비 콘퍼런스에서 받았던 조언을 기억하고 있다. "에어비앤비 호스피탈리티 부문장 칩 콘리는 우리가 게스트에게 숙소를 설명할 때 숙소에 머물고 싶은 생각이 들게 할 중요한 이유 2가지와 함께 묵고 싶지 않다는 생각이 들게 할 이유 2가지도 제시해야 한다고 했어요. 저는 제가 채식주의자라는 점을 고려해 현재 숙소 설명에 부엌에서 육류 요리를 할 수 없다는 사실을 포함했습니다."

다음은 장래의 고객에게 숙소를 선택해도 좋을지에 대한 통찰을 제공하겠다는 의지를 보여주는 투명한 숙소의 다른 사례들이다.

이 숙소는 고급 로프트*loft*(예전의 공장 등을 개조한 아파트) 건물이 아니라 값도 그리 비싸지 않습니다. 여기는 낡은 공장 건물을 개조한 로프트로 미술가와 음악가들이 살고 있습니다. 천정이 얇아서 가끔 이웃의 소음이 들리기도 합니다. 잠귀가 밝은 분들은 거슬릴 수도 있습니다.

자연과 생물을 무서워하시는 분이라면 이 숙소를 예약하지 마세요. 백만 평이 넘는 때 묻지 않은 자연에 둘러싸이게 될 거라는 사실을 알고 계셔야 합니다. 코요테나 올빼미, 물개, 로드러너 *roadrunner*(뻐꾸깃과 새), 토끼 같은 동물들의 울음소리를 들게 될 (혹은 보게 될) 가능성이 있습니다. 이 지역에는 보브캣*Bobcat*(북미산 야생 고양이과 동물)이 있는데 대개 아주아주 겁이 많아요. 산타 모니카 산맥에는 쥐가 살고 있고요. 한 달에 한 번꼴로 게스트가 쥐를 봤다고 불평하죠. 앞서 말한 쥐는 냉장고 바깥에 음식을 두면 환풍기를 타고 들어올 수 있어요. 저희는 쥐가 환풍기로 들어왔다는 이유로는 환불을 해 드리지 않습니다. 그리고 환풍기 주변에 덫을 네 개나 놓았어요. 그 정도면 쥐가 들어올 가능성은 매우 낮다고 봐야죠.

펌프와 모터, 바닷물 등의 이유로 배에서 여러분이 예상치 못했던 소음이나 냄새가 날 수 있습니다. 저희는 라베넬 브리지*Ravenel Bridge* 아래쪽 드럼 아일랜드 뒤편에 있습니다. 그곳은 항구로부터 밀려오는 모든 파도가 부서지는 곳이죠. 하지만 작은 파도가 치기도 해요. 그리고 주로 노웨이크존*no-wake zone*(물살 발생 금지 구역)을 무시하는 사람들이 배를 몰고 지나가는 바람에 때때로 배가 흔들리기도 합니다(그때는 그 사람들한테 고함을 치거나 주먹을 휘둘러도 괜찮아요).

여러분이 잠귀가 밝거나, 쥐를 보고 싶지 않거나, 잠을 깨우는 뱃사람들에게 '주먹을 휘두르고' 싶지 않다면 이들 숙소 세 곳은 여러분에게 맞지 않을 수 있다. 하지만 이 각각의 숙소들은 수많은 장래의 게스트들에게 매력적인 곳이고 모두 정확도에서 높은 평점을 받는다. 제프 베조스가 한 말의 맥락에서 보면, 이 세 가지 사례는 '진실을 말하고 환상을 팔지 않는' 어려운 일을 해내는 것이 어떤 것인지 보여 준다. 이 호스트들이 신뢰성이라는 평판을 쌓고 유지하는 것은 바로 이 어려운 일을 하기 때문이다. 더 많은 제품 설명이 이 정도로 솔직하다고 상상해 보라. 여러분이 이 같은 일을 할 기회가 어디에 있는지 생각해 본다면 더욱더 좋을 것이다.

정확한 사진

사진이 천 마디 말 만큼의 가치가 있다면, 실물보다 과하게 좋아 보이는 이미지를 본 고객은 현실을 접하고 더 크게 실망할 것이다. 우리 중 많은 수가 카탈로그나 온라인에서 괜찮아 보이는 물건을 샀다가 훨씬 더 작고 꾀죄죄하고 확실히 광고 사진만큼 멋지지 않은 물건을 받아 본 경험이 있다. 수천 개의 에어비앤비 후기를 읽어 본다면, 훌륭한 에어비앤비 호스트는 사진의 정확성을 매우 중요하게 여긴다는 사실을 알 수 있다. 예를 들어 사진이 후기에서 언급되는 경우는 대개 이러한 내용이다.

멋져요! 우리가 찾은 숙소는 사진에 나온 것과 똑같았고 기대했던 것보다 더 큰 타운하우스였어요.

주디의 콘도는 사진에 나온 것보다 더 좋아요. 우아하게 장식되어 있었고 뷰도 아름다웠어요. 그리고 위치도 최고였어요.

이곳을 디자인한 사람을 칭찬합니다! 사진보다 더 좋아요. 기억에 남는 멋진 휴가를 보내고 싶은 사람에게 강력하게 추천합니다.

에어비앤비는 호스트에게 "아름다운 사진이 있는 숙소는 더 많은 눈길과 관심, 예약을 받습니다. 그러니 시간을 들여 사진을 멋지게 찍어 보세요. 잠재적 고객을 끌어모으고, 멋진 부분을 강조하고, 그들의 기대감을 적절하게 설정하세요."라고 다시 한번 알려준다. 사진의 힘을 고려해 에어비앤비는 호스트에게 다음과 같은 주의를 시키기도 한다. "게스트가 확신하고 예약할 수 있게 하세요. 사진은 게스트가 도착했을 때 보게 될 실제 공간과 최대한 가까워야 합니다. 고객이 실제로 보게 될 숙소를 사진에 담으세요."

《월세보다 쏠쏠한 에어비앤비*Get Paid For Your Pad*》의 공동 저자 재스퍼 리버스*Jasper Ribbers*는 블로그에서 에어비앤비의 숙소 사진은 시각적으로 정확해야 할 뿐 아니라 게스트가 머물며 경험하게 될 것을 정확히 보여줘야 한다고 한다. 리버스는 사진이 "게스트가 숙소에 머물면서 겪을 수 있는 경험을 완벽하게 시각화해 보여준다."라고 말한다. 그리고 사진사를 고용할 수 있는 지역에서는 에어비앤비를 통해 사진사를 고용하고, 어수선해 보이는 물건은 치우고, 조명을 설치하고, "사진에 나오는 것을 활용해 게스트가 경험할 수 있는 것에 대한 설명을 제공"하라고 권했다.

어떤 호스트는 사진의 정확성을 이렇게 요약했다. "전 숙소를 실제보다 더 좋아 보이게 하는 사진이 아니라 최대한 정확하게 보여주는 사진을 원합니다. 그리고 사진에 우리 집의 특징이 잘 드러났으면 좋겠고 제가 사진을 보고 숙소를 그처럼 멋지게 유지하고 싶은 마음이 들기를 바라요. 게스트들은 자기 카메라를 가지고 있죠. 그러니까 그들이 게시된 사진 속에서 본 것이 곧, 체크인해서 보는 것이자, 자기 휴대 전화로 다른 사람들과 공유하는 것과 같아야 해요." 다른 호스트는 이렇게 말했다. "숙소 사진은 데이트와 같아요. 모두 처음에는 최선을 다하고 싶어 하죠. 하지만 나이를 속이거나 너무 과하게 화장을 할 수는 없잖아요. 제 사진들은 숙소의 안팎 이야기를 들려주고 있어요. 말하자면 데이트 단계에서처럼, 게스트가 숙소 사진을 보면서 어떤 흥분을 느끼든지 저는 그들이 제 숙소와 계속 관계를 유지하기를 바라요."

모든 비즈니스 리더는 모든 마케팅 자료와 고객을 마주하는 접점에서 제품을 묘사하고 설명하는 방법을 고민해야 한다. 여러분은 자신이 제시하는 이미지와 사용하는 말로 고객과 약속을 한다. 어떠한 산업에서든 고객이 상품이나 서비스를 받을 때 여러분이 약속한 바가 전달되어야만 한다.

제품과 서비스 설명이 고객을 유인한다고 해도 소비자들은 서비스를 제공하는 사람에게도 관심을 가질 것이다.

서비스 제공자의 건설적인 개인 정보 공개 제안을 살펴보기 전에 잠시 여러분의 마케팅 정확도를 평가해 보자.

인간적인 면 적절하게 공개하기

우리가 인터뷰한 에어비앤비 호스트는 게스트들이 보통 자신에게 숙소를 빌려줄 사람에 대해 좀 더 알고 싶어 한다고 말했다. 그리고 종종 게스트들은 예약을 하기 전에 호스트의 프로필을 본다고 한다. 이것은 특히 주인이 그 집에 사는 경우는 더 그렇다(예를 들어 게스트가 에어비앤비 호스트가 거주하는 집에서 방 하나를 공유하는 경우). 슈퍼호스트 하비에르 라순시온은 이렇게 말한다. "다른 사람의 집에 초대받으면 저를 호스팅 할 사람이 어떤지 알고 싶어요. 전 그게 인간의 본성이라고 생각해요." 호스트 에마누엘라 마리노는 이렇게 이야기한다. "전 호텔 체인 프런트 데스크에서나 만나게 될지도 모르는, 알려진 게 없는 브랜드 대표가 되고 싶지 않아요. 그런 프런트 데스크 직원은 매우 친절하지만 그게 거의 직업적으로 그런 것이지 인간적으로 그런 것은 아니죠. 저는 사람들이 한 인간으로서의 저에 대해서 조금 알게 되기를 바라요. 그런 게 사람 중심 비즈니스죠."

연구자들은 비즈니스에서 신뢰를 주고 편안함을 조성하는 데 있어 적절한 자기 공개의 중요성을 연구해 왔다. 에어비앤비에 한정적으로, 코넬 테크(코넬대학교의 기술, 비즈니스, 법률 및 디자인 캠퍼스)와 스탠퍼드대학교, 코넬대학교(시아오 마*Xiao Ma*, 제프리 핸콕*Jeffrey Hancock*, 케네스 밍제*Kenneth Mingjie*, 모어 나아만*Mor Naaman*)의 연구자들이 "에어비앤비 호스트 프로필의 자기 공개 및 인식된 신뢰성*Self- Disclosure and Perceived Trustworthiness of Airbnb Host Profiles*"이라는 제목의 연구 자료를 출간했다. 그들은 연구의 목적을 다음과 같이 설명했다.

에어비앤비에는 호스트마다 사진과 글로 쓴 자기소개, 소셜 미디어 인증 상태, 해당 호스트의 집에 머물렀던 에어비앤비 사용자들의 후기(있다면)가 게재된 프로필 페이지가 있다. 이들의 프로필은 게스트의 의사 결정 과정에 도움을 준다. 그리고 인식된 신뢰성을 공고히 하는 데 도움을 준다. 우리는 호스트 프로필에 초점을 맞추고 있다. 특히 글로 쓴 자기소개와 잠재적 게스트의 눈에 신뢰성이 인식되도록 하는 그것의 역할에 초점을 맞추고 있다.

연구자들은 2가지 중요 요소를 살펴보았다. 그것은 (1) 에어비앤비 호스트가 자기 프로필에 어떤 내용을 공개하고 (2) 인식된 신뢰성에 기여되는 요소가 무엇인지에 관한 것이다. 이 연구의 발견 내용은 광범위한 영향력을 지녔고, 몇 가지 중요 요소들은 특히 온라인 또는 오프라인에 적합한 신뢰 강화 분위기를 조성하려는 모든 사람과 관련이 있다.

종합적으로, 연구자들은 호스트의 프로필 공개를 아래의 8개 카테고리로 분류했다.

1. **관심사 및 취향**: 좋아하는 책, 주말을 보내는 방식
2. **삶의 좌우명 및 가치관**: 개인적인 철학, 영감을 주는 좌우명
3. **직업 또는 학력**: 과거 또는 현 직업, 다닌 학교
4. **관계**: 중요한 사람들, 반려동물
5. **성격**: 자신이 어떤 사람인지에 대한 설명
6. **거주지**: 출신, 과거에 살던 또는 현재 사는 곳
7. **여행**: 여행했던 장소, 좋아하는 여행지
8. **환대**: 환영 인사, 호스팅을 하는 이유

이 8가지 영역 중 에어비앤비 호스트들은 다음 세 가지, 거주지와 직업 또는 학력, 관심사 및 취향을 가장 많이 공개했다. 가장 덜 공개하는 세 가지 영역은 관계, 성격, 삶의 좌우명 및 가치관이었다. 또한, 연구자들은 세 가지 관점에서 인식된 신뢰성을 측정했다.

능력: 호스트는 깨끗하고 안전한 환경을 유지할 수 있다.
인정: 호스트는 필요한 경우 나를 돕기 위해 별도의 노력을 기울일

것이다.

진실성: 호스트는 자기가 한 말을 실천할 것이다.

결론적으로 연구자들은 "호스트가 더 많은 정보를 공개하도록 장려해야 하며 이 정보는 8가지 다양한 카테고리에서 나와야 할 것이다"라는 사실을 알아냈다.

사람들이 진술한 관점에서 보면 에어비앤비 게스트들은 호스트가 자신이 즐겁게 묵을 수 있게 도와줄 수 있을 것인지 감을 잡으려고 자주 호스트 프로필을 본다고 말했다. 게스트 카르멘 앨런- 페테일은 이러한 감정에 관한 한 사례를 들려준다. 카르멘과 그녀의 남편 데이비드는 호주에서 레드 플라티푸스 크리에이티브*Red Platypus Creative*라는 콘텐츠 제작 회사를 함께 경영한다. 그리고 그들은 에어비앤비를 아주 여러 번 이용한 경험이 있다.

"저희 부부는 2013년에 6개월간 미국을 여행하면서 에어비앤비 호스트의 숙소에 머물기 시작했어요. 그로부터 3년이 넘는 시간 동안 거의 에어비앤비를 통해 세계 여행을 마쳤죠. 저희는 호텔이 너무 비인간적이라고 생각해요. 호텔은 방 하나하나가 모두 똑같은 커다란 빌딩 같아요. 저희는 저희 여행을 도와줄 수 있는 실제 현지인들의 집에 머물 기회를 찾았어요. 작가이자 편집자인 우리는 호스트들이 프로필을 어떻게 작성하는지 관심 있게 봤어요. 이야기가 담긴 프로필을 작성하는 호스트들을 찾았죠. 그리고 그 사람들은 자신들의 공동체 이야기를 들려주는 것도 잘한다는 걸 알게 되었어요."

진정성 있고 적절하며 인간적인 공개가 담긴 실제 에어비앤비 호스트 프로필의 2가지 사례를 살펴보자.

플로리다주 탬파 지역의 호스트 유키는 말한다.

전 항공 업계에서 트레이너 겸 학습 지도자로 일하고 있어요. 여행을 아주 좋아하죠. 멋진 음식과, 술을 마시면서 나누는 멋진 대화, 훌륭한 명상 시간이 너무 좋아요.

제가 좋아하는 양념은 겨자예요. 맛있는 커피도 좋아하고요. 이탈리아와 일본은 정말 멋진 곳이에요. 전 미국, 일본, 싱가포르에서 살아본 적이 있어요. 프랑스 브르타뉴*Brittany*에서 여름을 보낸 적도 있고 필리핀 세부*Cebu*에서 몇 달을 머물기도 했죠. 전 계획하지 않고 떠나는 휴가와 우연한 만남을 즐겨요.

그리고 절 사랑해 주시는 지혜로우신 할머니와 할아버지를 사랑합니다.

샌디에이고의 슈퍼호스트 바이올렛과 빌은 다음과 같이 자신의 개인적인 정보를 공개한다.

낯선 사람에게 집을 개방하고 친구가 되면서 글로벌 커뮤니티를 만들어나가고 있습니다. . .한 번에 한 사람씩이요!

아주 어렸을 때 저는 세상을 구경하고 싶은 열정이 있었어요. 부모님이 제게 허락하신 유일한 여행은 사람들 집에 머무는 것이었어요. 교환 학생이나 친구네 집 둘 중 하나였죠.

그 후로 저는 일 때문에 여행을 많이 다녔고 멋진 호텔에 머물렀어요. 하지만 가장 행복한 기억은 다른 나라의 가족들과 시간을 보냈던 때입니다.

그들이 제게 사심 없이 베풀었던 환대를 언젠가 제가 다시 보여줄 수 있는 집을 갖는 것이 꿈이었습니다.

사랑이 넘치고 배려심 많은 호스트가 여러 나라의 언어로 기꺼이 도움을 드릴 것입니다. 여행 경험이 많은 호스트가 집에서 멀리 떨어진 이곳에서 내 집 같은 숙소를 제공해 드려요. 그리고 저는 매사추세츠대학교와 캘리포니아대학교 샌디에이고캠퍼스의 학구적인 환경에서 18년 이상 일해왔습니다.

남미와 유럽, 미국에서 살았고 새로운 사람들을 만나고 호스팅하는 걸 좋아합니다.

게스트만 적절한 개인적인 정보 공개의 가치를 아는 것이 아니다. 호스트들도 게스트 프로필에 주의를 기울이며, 그 정보를 활용해 예약 승인을 결정하는 데 도움을 받을 수 있다. 런던의 호스트 이본느는 다음과 같이 말한다. "제가 사는 집의 방을 빌려드리는 것이기 때문에(그리고 낮에는 일하러 나가기 때문에), 저는 예약을 승인하기 전에 장래의 게스트들의 프로필을 통해 그들에 대한 정보를 얻고 싶어 해요. 저는 제 프로필에서 게스트들에게 자기 자신과 여행 목적에 대해 알려달라고 부탁해요. 그러면 그들이 종일 나가 있을지, 아니면 숙소에 머무를

지, 언제 도착하고 언제 떠날지, 요리는 할 것인지, 방문객은 있는지 등을 알게 되죠. 그들이 저를 믿을 수 있어야 하는 만큼 저도 내 집에 머무는 그들에게 편한 마음을 가져야 하거든요."

호주 쿠마의 호스트 아드리안은 이렇게 덧붙인다. "전 게스트가 이름이랑 종사하는 업계만 언급하는 것 말고도 더 많은 내용을 프로필에 담아 줘야 한다고 생각해요. 전 예산이 빠듯한 사람들도 우리 집에 머물 수 있게 숙소 가격을 낮게 책정했답니다. 사람들이 우리 집이 싸구려 호텔이 아닌 가치 있는 곳으로 알아볼 거라는 걸 그들의 프로필을 통해 알고 싶어요."

온라인에서 구매 옵션을 찾고 글로 쓴 설명과 이미지만 보고 잠재적 서비스 제공자들을 찾는 장래의 고객들이 전 산업에 걸쳐 점점 더 많아지고 있다. 이러한 경향 때문에 전자 상거래 플랫폼 제공업체 쇼피파이 *Shopify*는 비즈니스 리더들에게 제품이나 서비스의 가치를 즉시 전달하는 '엄청나게 멋진' 제품 페이지를 만들라고 한다.

장래의 고객은 어떤 제공업자를 접하면 문자 메시지나 이메일, 온라인 포럼을 통해 생긴 신뢰를 바탕으로 최종 선택을 한다. 《창의적인 책 쓰기의 모든 것*The Everything Creative Writing Book*》의 저자 웬디 버트-토마스*Wendy Burt-Thomas*는 어떤 고객이 일단 여러분의 비즈니스에 참여하기로 하면 '바로 첫 번째 이메일에서 신뢰를 구축'하는 것이 중요하다고 말한다. 여러분이 모든 디지털 고객 커뮤니케이션에서 신뢰를 조성하는 데 있어서 에어비앤비와 이 회사의 호스트 커뮤니티로부터 얻은 교훈이 도움을 되길 바란다. 에어비앤비 호스트가 이제까지 공유해 준 신뢰 구축에 관한 교훈을 적용해 보는 시간을 잠시 가져 보자.

브랜드 경험 디자인 가이드

1. 여러분은 자신의 제품이나 서비스를 정확하게 설명하는 것과 더불어 서비스 제공업자들의 인간적인 면(예를 들어 삶의 좌우명 및 가치관, 직업 또는 학력, 성격, 출신지나 거주지)을 얼마나 많이 공개하는가?
2. 5점 만점의 정확도 평가에서 모든 고객이 구매 전 의사소통에 대해 여러분에게 5점을 줄 것인가? 그렇지 않을 것이라면 왜 그러한가? 만점의 평판을 얻으려면 어떤 어려운 과제가 해결되어야 하는가?
3. 여러분과 함께 하는 여정에서 검색과 고려, 구매 단계를 통해 형성된 인지된 신뢰성에 고객들은 몇 점을 줄 것인가? 인지된 능력과 인정, 진실성의 관점에서 그러한 평점이 주어진다고 가정하자.

기대치 설정하기

숙소의 장점과 특징, 제한 사항을 정확하게 설명하고 신뢰를 촉진하는 개인적인 정보를 공개하는 것과 더불어 최고의 에어비앤비 호스트들은 명확한 기대치를 솔직하게 설정함으로써 종종 신뢰를 얻거나 잃는다는 것을 알고 있다. 호스트가 설정한 기대치는 게스트가 호스트에게 기대할 수 있는 것과 호스트가 게스트에게 기대할 수 있는 것을 의미하는 것으로, 양방향으로 작용한다. 최고의 에어비앤비 호스트들은 게스트 만족이 종종 호스트가 관계를 시작할 때 기대치에 대해 효과적으로 합의한 정도에 뒤따르는 지행 지표*lagging indicator*(경제가 특정한 추세에 이미 접어든 이후에 변화하는 경제 지표-역주)라는 것을 알고 있다.

서비스 제공자들은 종종 장래의 구매자에게 설정할 기대치를 밝히면 판매를 하지 못하게 될까 봐 걱정한다. 이와 대조적으로 우수한 에어비앤비 호스트는 다음과 같은 부문에 있어 게스트가 기대할 수 있는 것과 그들에게 기대하는 것에 관련해 입장이 매우 명확하다.

- 숙소 이용규칙
- 특별 고려 사항
- 호스트의 소통 유형

숙소 이용규칙

우리는 규칙을 만드는 당사자가 아닌 이상, 대부분 숙소 이용규칙에 신경을 쓰지 않는다. 그리고 다른 사람의 규칙을 따라야 하는 경우, 지켜야 할 상황이 되기 전에 그것에 대해 생각하고 동의하는 기회를 가지면 그 규칙을 더 잘 지키는 경향이 있다. 문제가 발생하지 않는 에어비앤비 호스트는 숙소 이용규칙과 숙소의 특수한 환경을 상세하게 설명한다. 그래서 뜻밖의 놀라움을 없애고 신뢰를 지속하는 데 필요한 합의를 쌓는다. 다음은 여러분이 실제 에어비앤비 숙소에서 볼 수 있는 숙소 이용규칙과 주의해야 할 만한 고려 사항을 알리는 메시지의 예시다.

- 파티 또는 이벤트 불가

- 촛불 사용 불가

- 외출 시 전등은 모두 꺼 주세요.

- 당구대에서 음식을 먹거나 마시지 말아 주세요.

- 신발은 벗어 주세요.

- 아파트 안에서는 엄격하게 금연입니다. 흡연은 발코니와 옥상에서만 할 수 있습니다(연기가 아파트 안으로 들어오지 않도록 발코니 문과 옥상 문을 반드시 닫아 주세요).

- 이웃을 배려하고, 숙소의 손상을 방지하고, 주변이 자연 보호 구역임을 알고 등록한 에어비앤비 게스트인 여러분만 이 숙소에 머물 수 있습니다. 여러분은 어떠한 시간에도 방문 게스트를 맞을 수 없습니다. 이 점은 협상 불가한 규칙으로 어기는 즉시 퇴소입니다.

- 반려동물은 사전에, 될 수 있으면 예약 시에 소유주에게 신고해야 합니다. 개들은 아이들이나 고양이, 닭을 쫓아다니거나 이리저리 돌아다니기 좋아하기 때문에 사유지를 돌아다닐 때에는 이동장에 넣거나 개 줄에 묶어 주시기 바랍니다.

특별 고려 사항

- 이 아파트는 노이즈 모니터링 기술을 갖추고 있습니다. 경고음이 나지 않도록 밤 11시 이후에는 소음을 최소한으로 줄여주시기 바랍니다.

- 때때로 마을 사람들이 강에서 목욕(나체로)이나 빨래를 하거나 의

식을 행합니다.

- 인터넷 연결이 매우 좋지 않습니다. 때로는 아예 작동하지 않기도 하니 그러한 상황에 대비하시기 바랍니다.
- 빌라까지 오는 마지막 3km 구간의 도로 사정이 그리 좋은 편이 아닙니다.
- 저희 숙소는 풀 서비스 호텔과는 달리 고급 자급자족 아파트로 운영됩니다. 어느 정도 청결을 유지하시길 부탁드립니다(여기저기 음식을 흘리지 말아 주세요).
- 청소는 떠나는 날만 가능합니다.
- 과도한 청소가 필요한 경우 요금이 청구됩니다.
- 3일 이상 머무시는 경우 수건이 추가 제공됩니다.
- 겨울에 예약할 경우, 4륜 구동 자동차가 필요합니다.

호스트의 소통 유형

호스트는 서비스 수준이나 게스트 행동, 숙소 체크인이나 숙박 사정에 관한 기대치만 설정하지 않는다. 많은 에어비앤비 호스트들은 일반적으로 게스트들과 어떻게 소통하는지에 대한 세부 사항도 자세히 알려준다. 다음은 '숙소에서는 가능하지 않음'부터 '매우 의사소통 잘 됨'까지의 소통 유형을 보여주는 세 가지 사례다.

이메일이나 웹, 문자 메시지, 전화로 연락을 주시면 즉시 응답해 드립니다. 하지만 저희는 현장에서는 응대하지 않습니다. 식사 장소와 하이킹 코스를 추천하는 안내 책자와 환영 책자가 오두막에 많이 비치되어 있습니다.

저희는 여러분을 맞이하고 가이드 투어를 소개한 다음 숙소를 떠납니다. 물론 전화나 이메일로 연락하실 수 있습니다.

저희는 종종 멋진 가정식 식사에 게스트를 초대합니다. 아니면 [우리 동네의] 가장 훌륭한 그린 칠리 식당이나 라이브 음악에 맞춰 투스텝*two-step*(사교댄스의 일종)을 출 수 있는 곳, 지역 축제나 전시회, [NFL 미식축구] 경기를 관람할 수 있는 곳에 기꺼이 함께 가거나 그런 곳들을 알려 드립니다. 선택권은 끝이 없답니다!

우수한 에어비앤비 호스트는 자기 스타일을 게스트의 욕구에 맞춰 조정하지만, 게스트가 이용할 수 있는 소통의 종류에 대해 기대치를 정해 두기도 한다. 직접 만날 수 없다는 정보를 제공함으로써 게스트는 호스트가 자신에게 맞는지 판단할 수 있다.

다른 많은 고객 중심 브랜드들은 솔직하고 이해하기 쉽게 고객 경험을 설정하는 것이 중요하다고 강조한다. 이것은 특히 응답 시간, 환불 정책, 배송 조건, 보증 정책과 같은 부문에서 사실이다.

맨 크레이츠*Man Crates*(남성용 제품 판매 회사)는 매력적인 목소리를 활용해 고객 기대치를 명확하게 설정한 브랜드의 한 사례다. 제한된 운영 시간과 관련해 맨 크레이츠는 웹사이트에 다음과 같이 명확하게 설명하고 있다.

저희는 여러분을 위해 매일 24시간 여기 있고 싶지만, 가끔은 바깥세상도 보고 싶습니다. 그래서 저희는 정해진 영업시간을 유지하려 합니다.

저희의 고객 챔피언들Customer Champions(고객 경험을 개선하는 데 전념하는 고객과 기업 사이의 통로)은 월요일부터 금요일까지는 태평양 시간으로 오전 6시부터 오후 6시까지, 토요일과 일요일에는 오전 9시부터 오후 6시까지 여러분을 도와드립니다. 영업시간이 변경된 휴일에 저희에게 연락하신 경우, 응대 이메일이나 전화 메시지를 통해 알려드립니다.

여러분은 고객들에게 얼마나 명료하고 간결하고 솔직한가? 나중에 생길 수 있는 오해의 소지와 스트레스, 실망을 피하려면 여러분은 그들에게 사전에 무엇을 알려줘야 하겠는가?

모두 종합해 보면...

이 장에서 개괄적으로 서술된 요소를 모두 살펴보고 그 요소들이 게스트 체리 페리의 사례에서 신뢰에 어떤 영향을 끼쳤는지 알아보자. 체리와 그녀의 남편 딘은 1996년에 토털 머천트 콘셉츠Total Merchant Concepts라는 신용 카드 처리 회사를 설립했다. 체리는 대략 두 달에 한 번 출장을 다니면서 가능할 때마다 에어비앤비를 이용했다. 그녀가 에어비앤비 숙소를 결정하는 과정은 대개 사진을 보는 것으로 시작된다.

체리는 "전 사실이라고 할 수 없을 정도로 너무 좋아 보이지는 않으면서, 어수선하지 않고, 매력적이고, 제가 일하고 쉴 수 있도록 영감을 주는 환경이 조성된 숙소를 원해요. 그리고 모든 방을 둘러볼 수 있고 숙소에서 보이는 풍경을 확인할 수 있었으면 좋겠어요."라고 설명한다. 그다음 그녀는 숙소의 설명을 읽는다. "저와 남편은 소유자가 사는 숙소에서 긍정적인 경험을 한 적이 있어서 나중에 검색 습관을 바꿀 수도 있겠지만, 전 대체로 숙소 소유자가 살고 있지 않은 숙소를 찾아요."

숙소 설명을 읽으면서 체리는 '숙소의 강점과 한계점'에 대해 정확하게 알려주는 균형 잡힌 안내를 찾는다. 그녀는 이렇게 덧붙인다. "이때 저는 숙소 이용규칙과 특별 고려 사항을 봅니다. 제 경우는 출장 일정을 급하게 변경해야 할 수도 있어서 특히 취소 정책에 관심을 두죠." 숙소가 마음에 드는 경우의 다음 단계를 체리는 이렇게 설명한다. "전반적인 숙소 평점과 항목별 평점을 확인하고 최근 후기를 전부 읽어 봅니다. 그리고 다른 게스트들이 그 숙소와 호스트에 대해 어떤 경험을 했는지를 찾아봐요. 그다음에 숙소를 제공하는 호스트에 대한 감을 잡기 위해 호스트 프로필을 클릭해요. 저는 기계적인 숙소 관리자가 아니라 한 인간을 상대하고 있다고 느끼고 싶거든요."

체리는 예약 가능한 숙소를 선택한 후 에어비앤비의 안전한 의사소통 창구를 통해 호스트에게 연락을 취한다. "저는 꼭 호스트에게 연락해 몇 가지 질문을 하고 나서 예약을 해요. 보통 숙소와 제가 업무를 볼 장소 간의 거리 같은 것을 물어보죠." 그녀는 이러한 질문들이 그저 사실을 확인하는 역할만 하는 게 아니라는 점을 시사한다. 질문을 통해 그녀는 호스트가 적시에 응대하는지, 인간적으로 응대하는 것 같은지, 자신의 욕구에 진정한 관심이 있는지를 확인할 수 있다.

기업체 소유주로서 체리는 신뢰가 필수적이라고 믿는다. "신뢰를 받으려면 먼저 신뢰를 주어야 한다고 생각해요. 저는 제 게스트 프로필에 유용한 정보를 제공합니다. 그래야 호스트가 자기 집에 저를 편한 마음으로 들일 수 있죠. 저는 학력과 가족, 성격, 관심사에 대한 정보를 올렸어요." 그녀는 다음과 같이 덧붙인다. "전 항상 머무는 마지막 날마다 꼭 호스트에게 평점과 피드백을 제공해요. 제 경험을 공개적으로 나누는 걸 좋아하죠. 거기다 높은 평점을 받는 게스트가 되고 싶기도 하구요!" 체리는 미래의 에어비앤비 게스트가 숙소를 고려하고 신뢰하는 데 있어 호스트가 게스트로부터 받는 즉각적인 피드백과 그 피드백의 투명하고 공개적인 성격의 가치를 알고 있다. "전 기업을 경영하는 사람들은 모두 자기 고객과 팀원에 의해 신뢰성을 평가받아야 한다고 믿습니다." 그녀의 회사는 잡지〈시애틀 비즈니스 *Seattle Business*〉가 선정한 워싱턴주에서 일하기 가장 좋은 소기업 10곳 중 하나로 선정되었다.

여러분의 회사는 비공식적으로나 공식적으로나 고객과 팀원들로부터 신뢰성에 대해 어떻게 평가받고 있는가?

이 장에서는 호스트가 게스트 여정의 숙소 검색과 고려, 선택, 체크인 전 단계를 통해 신뢰를 어떻게 조성하는지에 초점을 맞췄다. 물론 신뢰는 궁극적으로 실제 서비스 전달(에어비앤비 체험 또는 숙박을 통해)이 이루어지는 동안 시험대에 오른다. 6장과 7장에서 우리는 에어비앤비와 이 회사의 호스트 커뮤니티가 어떻게 체크인 경험을 넘어서 개인화된 환대를 전달하고, 자신의 브랜드 약속을 이행하며, 신뢰를 강화하는지 살펴볼 것이다. 또 여러분이 자신의 브랜드 약속을 전달하고 오래도록 지속하는 강력한 고객 관계를 구축하면서 신뢰를 어떻게 확보하는지도 알아볼 것이다.

여러분이 도움이 되는 정보를 공개할 때 생각해 볼 것

- 아마존의 CEO 제프 베조스는 이렇게 믿는다. "한 기업의 브랜드는 한 사람의 평판과 같다. 여러분은 어려운 일을 잘 해내려고 노력함으로써 좋은 평판을 얻는다."
- 고객이 검색, 고려, 구매의 단계를 거치는 동안, 다음의 어려운 과제를 잘 수행하는 것이 중요하다. 정확하게 마케팅하고, 인간적인 면을 적절하게 공개하고, 현실적인 기대치를 설정하기.
- 과장된 마케팅 주장은 처음에는 소비자의 브랜드 인식에 좋은 영향을 줄 수 있지만, 약속을 지키지 못하면 그 의문스러운 주장은 종종 소셜 미디어와 리뷰 사이트에서 고객의 분노를 자아낸다.
- 소비자들은 브랜드 약속에 냉소적이다. 하지만 브랜드가 신뢰를 얻으면 그들의 지갑은 열릴 것이다.
- 진실성은 신뢰와 평판과 같은 말이다. 그리고 여러분에게는 평판이 전부다.
- 설명하고 정보를 주되, 고객에게 환상을 파는 유혹에 빠지지 말아라.
- 마케팅 및 광고 커뮤니케이션을 데이트처럼 대하라. 나이를 속이거나 화장을 너무 진하게 하지 말아라. 최고의 모습을 보여 주되 실제보다 더 나아 보이게 하지 말자.

- 여러분의 직업적 배경이나 개인적 관심 사항, 서비스에 대한 열정 같은 영역에서 적절하고 다양한 인간적인 면을 공개하면서 신뢰를 만들어라.
- 여러분의 신뢰성은 여러분의 능력, 인정, 진실성의 기능으로 판단된다는 사실을 고려하라.
- 우리는 대부분 규칙을 만드는 당사자가 아닌 한 그 규칙에 신경을 쓰지 않는다. 다른 사람의 규칙을 따라야 하는 경우, 그것을 지켜야 하는 상황이 오기 전에 규칙에 대해 생각해보고 동의할 기회를 가졌을 때 더 잘 지키는 경향이 있다.
- 여러분의 규칙과 여러분이 고객에게 갖는 기대를 명료하고, 구체적이고, 솔직하게 밝혀라.
- 고객이 여러분에게 기대할 수 있는 것을 명료하고, 구체적이고, 솔직하게 설정하라.
- 부정적인 놀라움을 피하고, 만족감을 전달하고, 이후에 신뢰를 유지하려면 기대치에 대한 조정을 구축하라.

CHAPTER 3

환대

6장

좋은 호스트 되는 법

주는 것의 힘에 대해 내가 알고 있는 사실을 당신도 안다면, 당신은
한 끼 식사도 어떤 식으로든 나누지 않고는 배기지 못할 것이다.

- 석가모니

호스피탈리티와 호스팅의 개념 확장하기

호스피탈리티와 호스트 같은 말은 대체로 좁은 범위의 노력에 적용
된다. 사실 메리엄-웹스터*Merriam-Webster* 사전은 호스피탈리티를 '호텔
이나 음식점, 술집 등에서 게스트에게 서비스를 제공하는 행위 또는 비
즈니스'로 정의하며, 호스트는 '게스트를 사회적, 상업적, 또는 공식적으
로 환영하거나 즐거움을 주는 사람'으로 정의한다. 하지만 에어비앤비

에서 호스팅은 전통적으로 호스피탈리티 산업으로 여겨지는 정의를 넘어서 장기간 실시되는 정서적 유대감 조성 행위를 나타낸다.

에어비앤비의 CEO이자 공동 창업자인 브라이언 체스키는 "호스트는 영웅이다"라는 제목의 연설을 통해 이런 식으로 호스팅의 영웅적 요소에 대해 말했다.

> 에어비앤비에서 저희의 핵심 가치, 어쩌면 가장 중요한 핵심 가치는 '호스트가 되는 것'입니다. 호스팅은 사람들이 존재했던 기간만큼 우리 주변에 있었습니다. 수천 년 전 낯선 사람들과 다정한 표정을 짓고 있는 사람들로 둘러싸인 따뜻한 불 주위에 호스팅이 있었습니다.

체스키는 호스팅이 역사적으로 의의가 있을 뿐 아니라 현대 비즈니스 세계에서도 점점 더 중요해지고 있다고 주장했다.

> 기술 기업이 사람들의 작업 방식과 생활 방식에 지장을 준다는 이야기가 많습니다. 하지만 기술은 호스팅에 전혀 지장을 주지 않을 겁니다. 작가 톰 프리드먼*Tom Friedman*은 직업에는 세 가지 종류가 있다고 합니다. 손으로 하는 일, 머리로 하는 일, 마음으로 하는 일. 기술은 보통 손으로 하는 일에 먼저 영향을 끼치고 그다음, 머리로 하는 일에 영향을 줍니다. 하지만 마음으로 하는 일에는 영향을 줄 수 없습니다. 호스피탈리티는 마음으로 하는 서비스입니다.

이 장에서 우리는 에어비앤비가 '좋은 호스트 되는 법'이라는 기업 가치를 어떻게 지지하는지 살펴볼 것이다. 그리고 호스트 커뮤니티가 마음을 담아 서비스를 전달할 수 있도록 에어비앤비가 커뮤니티를 어떻게 지원하는지도 알아볼 것이다. 더 나아가 우리는 여러분이 여러분의 서비스를 받는 사람들을 어떻게 부르든(고객, 의뢰인, 환자, 사용자 등) 에어비앤비의 노력이 여러분의 비즈니스에 어떻게 적용될 수 있는지 분명히 할 것이다. 따지고 보면 여러분의 웹사이트나 앱, 물리적 공간을 방문하는 사람들이 여러분의 '게스트'인 셈이다. 여러분도 예외없이 에어비앤비처럼 여러분의 게스트를 호스트하여(정서적인 유대감을 조성하고) 그들을 환대하고(마음을 다해 서비스를 제공하고) 싶어 하기 때문이다.

대부분의 기업들에 비하면 에어비앤비는 감동을 주는 마음을 담은 서비스라는 점에 있어서 이 회사만의 고유한 도전 과제에 당면해 있다. 특히 에어비앤비 경영진은 회사의 웹 플랫폼에서 발생하는 서비스 경험만 통제할 수 있다. 하지만 에어비앤비 팀원들은 에어비앤비에 다시 연결되는 게스트 경험을 전달하는 수백만 독립 사업자들의 행동에도 영향을 주어야 한다.

에어비앤비 플랫폼에서 예약한 고객이 일관성 있고 정서적으로 관계를 맺는 서비스를 받도록, 에어비앤비는 호스트가 게스트-호스트 생태계 안에서 성공을 거둘 수 있게 돕는 차원에서 직접적인 훈련 기회와 자원을 제공한다. 호스트의 성공을 위해 에어비앤비 경영진은 다양한 고객 서비스 재능을 지닌 개인들이 숙소와 체험이 예약으로 바뀌는 방법을 배울 수 있도록 도와야 한다. 게스트의 성공을 위해 에어비앤비는 에어비앤비 플랫폼에서 추천과 예약이 반복되도록 만든다.

에어비앤비만의 고유한 서비스 과제는 호스트, 상호 작용 및 지형을 따라 여기저기 퍼져나가는 세상의 작용을 이해하는 것이다. 하지만 모든 우수한 고객 경험 제공자들은 전체 이해 관계자 생태계의 욕구들 사이에서 균형을 지켜야 한다. 예를 들어 여러분의 팀원이 긍정적인 고객 경험을 추구하기 위해 비합리적인 부담을 지게 되면, 시간이 지나면서 그 경험은 유지될 수 없을 것이다. 반대로 팀원의 삶을 더 편하게 하게 만들기 위해 고객이 과도한 노력을 하게 된다면 그들은 여러분을 떠날 것이다.

우수한 고객 경험 전달에 전념하는 리더들은 대부분 먼저 고객을 만족시키고 궁극적으로는 정서적으로 고객을 사로잡아 거래 반복과 추천이라는 결과를 얻으려 한다. 기대치의 변화를 고려해 나는 서비스 제공자들이 내가 고객 경험 도전 과제*The Customer Experience Challenge*라고 부르는 것을 만족시켜야 한다고 주장한다. 서비스 제공자들이 이 과제를 성공적으로 해결하려면 다음과 같은 내용을 지켜야 한다.

- 고객이 원하는 것
- 고객이 원하는 때
- 고객이 원하는 장소
- 수월하게
- 즉각적으로

- 일관성 있게

- 개인화하여

- 그리고 가능한 기억에 남도록

　　호스트가 기본적인 서비스를 통해 게스트를 만족시킬 수 있도록 에어비앤비가 그들을 어떻게 돕는지 알아보자. 앞으로 이 장에서 우리는 고객을 진심으로 사로잡고 긍정적인 기억과 충성심, 추천을 만드는 데 필요한 고급 스킬도 다루게 될 것이다.

기본적인 서비스를 통한 만족

　　칩 콘리의 저서《일터의 현자*Wisdom at Work*》의 서문에서 에어비앤비의 브라이언 체스키는 에어비앤비가 시작 당시, 호스피탈리티 비즈니스가 어떻게 작동하는지 완전히 이해하지 못한 회사였다는 점을 인정했다. 그는 콘리와의 협업을 통해 에어비앤비가 수백만 '소규모 사업가들에게 힘'을 실어주기 시작했다고 단언했다. 그리고 이렇게 말했다. "솔직히 말해서 초창기에 저희는 호스피탈리티를 '지저분한 단어'로 여겼습니다. 호스피탈리티는 호텔업에서 하는 일이었어요. 호텔은 게스트를 '선생님'이나 '사모님'이라고 부르고 모든 것이 교류가 아닌 거래인 곳이죠." 체스키는 덧붙였다. "칩은 저희 에어비앤비가 호스피탈리티를 달리할 수 있다는 사실을 알게 해 주었습니다. 호스트는 게스트를 자기 집에 초대해 그들을 알아가고, 그들의 이야기를 듣고, 심지어 평생지기가 되기도 함으로써 호스피탈리티에 인간미를 부여합니다."

호스트가 호스피탈리티의 새로운 기준을 설정하는 데 에어비앤비가 어떤 도움을 주었는지 이해하려면 여러분이 남는 방을 공유해 추가 수입을 올리고 싶어 한다고 상상해 보라. 또 여러분이 호스피탈리티 경험도 없고 고객 서비스와 관련된 일도 한 적이 없다고 가정해보자. 이 시나리오에서 여러분은 실질적인 에어비앤비 호스트가 되는 여정을 어떻게 시작할 것인가?

홈스 호스트 전 부문장 로라 챔버스는 이렇게 말한다. "저희는 호스트가 성공적인 사업가가 되기를 바랍니다. 그래서 호스트가 플랫폼에 숙소를 올리면 비즈니스와 호스팅에 대한 조언을 담은 이메일을 받게 되죠. 이메일은 월별로 계속 발송되며 신규 호스트가 온라인과 오프라인에서 이루어지는 커뮤니티 지원과 이어지도록 도움을 줍니다. 온라인 지원에는 에어비앤비 커뮤니티 센터가 있고 오프라인 활동에는 에어비앤비가 지원하는 호스트 그룹이 있습니다. 저희의 노력은 호스트의 성공과 훌륭한 게스트 경험을 만들어 내기 위해 디자인되었습니다."

호스트는 서비스 우수성을 얻기 위해 노력하도록 권장된다. 예를 들어 에어비앤비 웹사이트의 호스피탈리티 페이지*hospitality page*(호스트만 사용 가능한 수단)에서 에어비앤비는 "저희는 당신이 숙소를 공유할 때마다 예상되는 것을 파악하고 별 5개짜리 숙박을 제공할 수 있도록 명확한 지침을 제공하고자 합니다."라고 말한다. 매번 별 5개짜리 게스트 후기를 받는 것은 원대한 포부다. 그러한 목표를 달성하기 위해 에어비앤비는 호스트가 다음 영역에 초점을 맞추도록 돕고 있다.

- **즉각적인 반응:** 즉각적인 게스트 서비스 및 의사소통 제공하기 - '그들이 원할 때'
- **편의성:** 편리한 경험 제공하기 - '게스트가 원하는 방식'
- **욕구 충족:** 끊임없이 게스트의 욕구 충족시키기 - '그들이 원하는 것을 그들이 원하는 방식으로 제공'

'매번 별 5개짜리 숙박'을 제공할 수 있도록 에어비앤비가 호스트에게 제공하는 안내서를 살펴보기 전에, 변화하는 고객 행동과 호스피탈리티 전달이 여러분의 비즈니스에 어떤 영향을 미치는지 생각해 보자.

브랜드 경험 디자인 가이드

1. 게스트 호스팅은 여러분의 비즈니스와 어떤 관계가 있는가? 마음을 담은 서비스를 제공하는 호스피탈리티에 있어서 여러분의 현재 강점과 기회에 대해 팀 회의를 해 보라.
2. 여러분의 서비스 생태계에서 긍정적인 고객 경험 때문에 팀원이 턱없이 많은 부담을 지고 있지는 않은가? 반대로 팀원의 삶을 좀 더 편하게 만들기 위해 고객들이 과도한 노력을 해야만 하는 부분이 있지는 않은가?
3. 여러분이 고객 경험 과제를 해결하는 데 어떤 기회가 도움이 되는가? 고객들에게 그들이 원하는 것을 원하는 때에, 원하는 장소에서, 수월하고, 즉각적으로, 일관성 있게, 개인화하여, 가능한 기억에 남을 수 있게 제공하기 위해 더 잘할 수 있는 부분은 무엇인가?

즉각적인 반응

여러분이 제품이나 서비스를 구매하고 싶어 한다고 상상해 보라. 여러분은 구매 결정을 하기 전에 더 자세한 정보를 얻기 위해 판매자에게 이메일을 보낸다. 그런데 대답을 듣기 위해 기다리고 또 기다린다고 상상해 보라. 받은 편지함도 확인하고 스팸함도 확인한다. 이 시점에 여러분이 할 수 있는 유일한 결정은 신랄한 비판을 담은 후기를 더 능숙한 서비스 제공자를 찾아보기 전에 쓸 것인지 아니면 찾고 난 후에 쓸 것인지가 될 것이다.

모바일 기술로 인해 이 행성의 어느 곳에서나 즉각적인 교류가 가능해져서 소비자들은 자신의 의문과 욕구를 즉시 채워줄 수 없는 기업을 피하게 되었다.

《서비스 문화 안내서The Service Culture Handbook》의 저자 제프 토이스터Jeff Toister는 이메일이나 트위터 다이렉트 메시지, 페이스북을 통한 질문에 대한 응답의 적시성에 관한 고객 기대치를 살펴보는 연구를 수행했다. 토이스터는 "한 시간의 이메일 응대는 여러분의 고객 89퍼센트의 기대를 만족시켜줄 것이다"라고 말했다. 이메일과 페이스북 답변 모두 "세계적 수준의 고객 서비스를 목표로 하는 회사들은 15분 이내에 답변해야 한다."라고 그는 주장했다. 트위터의 다이렉트 메시지의 경우에도 토이스터는 이와 비슷한 경고를 했다. "15분이 넘으면 많은 수의 고객을 실망하게 하는 위험을 안게 되는 것입니다."

반응성이라는 그림에서 촉박한 시간은 커다란 부분을 차지한다. 하지만 그것이 전체 그림은 아니다. 토이스터는 "신속하게 응대해야 한다는 압박으로 인해 많은 사람이 동료들이 보낸 이메일을 대충 훑어본다. 그러면 불완전한 응답을 하게 되므로 불필요하게 이메일이 많이 오가는 상황이 발생한다. 한 연구에 따르면 직장의 평균적인 이메일 대화에 4.5개의 이메일이 포함된다고 한다."라고 한다. 본질적으로, 즉각적인 의사소통은 단지 커뮤니케이션의 긴급성에 관련된 것이 아니다. 기업이 즉각적으로 반응하려면 자신의 의사소통 및 서비스의 전달 속도뿐만 아니라 반응의 품질도 추적해야 한다.

경영 컨설턴트 피터 드러커*Peter Drucker*는 이렇게 쓴 적이 있다. "측정할 수 있는 것은 개선될 수 있다." 하지만 진정으로 일이 되게 하려면 사람들이 측정된 것에 책임을 지기도 해야 한다. 많은 리더가 응대 속도와 같은 서비스 요소 측정의 중요성을 알지 못한다. 그리고 그것을 아는 리더 중 일부는 측정된 것의 성과에 책임이 있는 개인들에게 책임을 묻지 않는다.

전 AT&T 회장 C. 마이클 암스트롱*C. Michael Armstrong*은 내가 '떨림 효과*tremble effect*'라고 칭한 것을 통해 비즈니스 책임에 대한 최고의 시장 사례를 공유했다.

고대 로마인들에게는 다음과 같은 전통이 있었다. 엔지니어들은 아치를 지을 때마다 갓돌이 제자리로 올라갈 때, 가장 심오한 방식으로 자신의 작업에 대한 책임을 졌다. 아치 아래에 서 있는 것이었다.

암스트롱의 주장을 뒷받침할 역사적인 기록이 실제로 존재하는지 모르겠지만, 그가 제시한 사례는 최종적으로 자신의 능력을 증명하는 의식을 기다리며 긴장으로 마음을 떨고 있는 건축가의 모습이 떠오르게 한다. 또한, 그것은 최고의 건축가만 살아남는다는 다윈의 병적인 진화론적 성향을 드러낸다.

에어비앤비는 우리가 이 장에서 앞으로 살펴볼 다양한 온라인 및 오프라인 교육 수단을 통해 의사소통에 있어 즉각적인 응대의 중요성을 강조한다. 또한, 경영진은 의사소통 속도를 측정하기 위한 지표를 창안하고, 공개적으로 공유되는 성과 지표와 편집되지 않은 고객 피드백을 통해 다윈적 책임감을 자신들의 버전으로 환기한다.

에어비앤비는 호스트가 즉각적인 반응과 신속한 의사소통 행위를 만드는 투명한 지표에 책임을 지도록 한다. 에어비앤비는 호스트 프로필마다 의사소통 속도에 대한 두 가지 종류의 정보를 제공한다. 하나는 호스트가 질문을 받고 24시간 이내에 응답하는 전반적인 비율이고 또 다른 하나는 최근 호스트의 평균 응답 시간을 가리킨다. 예를 들어 우리가 소통한 호스트 대부분은 100퍼센트의 응답률을 보이며 1시간 이내에 질문에 답을 주었다.

호스트와 게스트가 공개적으로 게시된 응답률과 응답 속도에 대한 데이터에서 얻을 수 있는 가치를 잠시 분석해 보자. 호스트는 기본적인 에어비앤비 서비스 기준 대비 자신의 성과를 추적하는 데 도움이 되는 피드백을 얻는다. 그 데이터는 또 에어비앤비 검색 알고리즘의 인자가 된다. 즉각적으로 응답하는 호스트는 장래의 고객이 의사소통 능력을 고려할 때 혜택을 본다(예를 들어 예약 시간이 촉박한 경우, 여러분은 아마 일반적으로 응답이 늦는 호스트는 건너뛸 것이다). 또한, 게스트는 의사소통 시간에 대한 정보를 보고, 질문에 응답을 받을 시간에 대해 현실적인 기대를 할 수 있다.

칩 콘리는 에어비앤비 초기에 호스트의 호스피탈리티 스킬을 지원하려던 노력을 설명했다. "저희는 호스피탈리티에 있어서 호스트가 놓치고 있는 것이 무엇인지 이해할 수 있도록 도와야 한다는 사실을 깨달았습니다. 호스트들은 보통 서비스 우수성의 모든 중요한 영역에서는 아니지만, 대부분 높은 평가를 받습니다. 그래서 저희는 즉각적인 응대와 같은 영역에 존재하는 기회를 바탕으로 유의미하고 유용한 정보를 담은 이메일을 보냈습니다." 에어비앤비 호스트인 여러분이 체크인 프로세스 같은 기회의 영역에서 평점을 높일 수 있도록 도움을 주는 것을 목적으로 한 조언을 담은 이메일을 받았다고 상상해 보라. 그러한 이메일은 에어비앤비 경영진이 모든 게스트가 경험하기를 바라는 것과 일치하는 고객 맞춤 서비스의 실례가 될 것이다.

그리스 아테네의 에어비앤비 슈퍼호스트 해리는 에어비앤비 커뮤니티 포럼에 올린 게시물을 통해 신규 호스트에게 '최대한 즉시 응답'해야 한다고 조언한다. 그는 이어서 "저는 4, 5분 이내에 메시지에 답장을 보내면 게스트가 놀라워한다는 걸 알았습니다. 여러분이 게스트에게 별로 할 말이 없더라도 '관심을 가져주셔서 감사합니다. 저는 지금 운전 중이니 1시간 이내에 자세한 정보를 가지고 최대한 빨리 다시 연락드리겠습니다.'라고 쓰세요."라고 말했다.

응답률과 응답 시간에 대한 정보와 아울러 에어비앤비는 각 호스트의 전반적인 의사소통 관련 평가 데이터를 게시한다. 4장과 5장의 내용을 보면 게스트들은 에어비앤비 경험마다 평점을 매기고 의사소통을 비롯한 6가지 하위 카테고리에 대한 피드백을 제공해달라는 요청을 받는다. 그리고 의사소통 평점에서는 처음 연락 시점부터 예약 과정을 거치면서 겪은 전반적인 의사소통 효율성을 평가하도록 한다. 더 나아가 의견 섹션에서 게스트는 호스트의 응답 시간과 효율성을 설명할 수 있다. 장래의 게스트는 호스트에 대한 의견 섹션 위에 있는 검색란에 '즉각적인 반응'과 같은 키워드를 입력해 의문과 관련된 정보를 모두 찾아볼 수 있다.

즉각적으로 응대하는 것도 중요하지만 종종 고객이 응답을 요청하는 것 보다 고객의 욕구를 예상하고, 미리 조치해두는 것이 더 낫다. 예를 들어 고객 편의성에 초점을 둠으로써 에어비앤비는 호스트에게 게스트가 문의를 하지 않고도 예약하는 기회를 제공한다. 그러므로 즉각적인 호스트의 응답이 필수적인 것은 아니다. 이러한 유형의 고객 편의성에 대해 알아보기에 앞서 편의성이 고객 경험 차별화 요소로서 어떤 역할을 하는지 살펴보자.

편의성

셉 하이켄Shep Hyken은 자신의 저서 《편의성 혁명The Convenience Revolution》에서 "편의성은 여러분의 회사가 어떤 종류이든 관련이 있다. 여러분이 고객들에게 '충분히 편리하다'고 추정하는 것은 전략적인 대재앙이나 다름없다. 그리고 여러분이 고객에게 제공하는 것을 약간 더 편리하게 만드는 것은 어쩌면 엄청난 시장 이점일 수 있다."라고 썼다.

고객의 삶을 좀 더 편하게 만들고 여러분의 서비스 전달을 보다 편리하게 만드는 것은 전에 없던 새로운 비즈니스 개념이 아니다. 에어비앤비의 핵심적인 성공은 창업자들이 어떻게 사람들이 이용 가능한 공간을 찾고 공유할 수 있는 편리한 방법을 생각해냈는지와 연결되어 있다. 2010년 〈하버드 비즈니스 리뷰〉의 "여러분의 고객을 기쁘게 하려는 노력을 멈춰라Stop Trying to Delight Your Customers"라는 제목의 글을 쓴 매튜 딕슨Matthew Dixon과 카렌 프리먼Karen Freeman, 니콜라스 토먼Nicholas Toman은 브랜드가 '거래를 하기 쉬워지는 것'이 중요하다고 강조했다. 이 저자들은 경영진이 고객 노력 지수CES, Customer effort score를 통해 고객의 노력을 추적할 것을 장려했다.

CES는 어떤 제품이나 서비스를 사용하는 데 필요한 노력이 얼마나 되는지를 묻는 한 가지 질문에 대해 고객이 응답한 평균값이다. 응답자들은 매우 쉬움부터 매우 어려움까지의 5점 범위의 점수로 답변을 한다. 연구 결과에 따르면 CES가 고객의 미래 구매 행위 및 미래 지출을 예측하는 가치 있는 도구라는 점이 입증되었다. 고객 경험 컨설턴트로서 나는 내 고객에게 고객 참여와 충성심, 지지도가 포함된 지표로 고객 노력customer effort을 평가할 것을 권할 것이다.

에어비앤비는 예약 여정을 따라 존재하는 중요한 순간에 고객 수고를 없애고 편의성을 높이는 방법을 끊임없이 모색하고 있다. 에어비앤비 홈스의 전 사장 그렉 그릴리는 자신이 에어비앤비의 사명 때문에 에어비앤비에 합류하기 위해 아마존 프라임Amazon Prime의 부사장 자리를 떠난 이유 중 하나를 말하면서 고객 편의성에 대한 의지를 드러냈다. "에어비앤비는 게스트의 편의와, 편의를 제공하는 호스트를 끊임없이 격려하고 보상하는 어마어마한 양의 혁신의 기회를 지니고 있습니다."

예를 들어 에어비앤비는 호스트에게 예약 프로세스의 한 단계를 제거하는 기회를 제공한다. 호스트는 장래의 게스트가 숙소의 사용 가능일을 확인한 다음, 예약 요청(호스트의 응답과 수락을 요청하는)을 하지 않고 숙소를 즉시 예약할 수 있는 옵션을 제공하도록 선택할 수 있다. 게스트가 '즉시 예약instant booking'을 클릭하면 요청이 즉시 승인되고 예약이 확정된다. 에어비앤비 플랫폼의 장래의 게스트는 호스트가 즉시 예약 옵션을 선택해 둔 숙소만 볼 수 있도록 자신의 검색을 필터링할 수 있다. 에어비앤비 블로그의 한 게시물은 즉시 예약이 게스트가 검색하는 동안 호스트의 상태를 긍정적으로 보는 데 어떤 영향을 주는지에 대해 설명하고 있다.

검색 알고리즘의 중요한 목적은 예약을 수월하게 하는 것입니다. 그리고 에어비앤비를 통해 예약하고 여행을 하면서 우수한 경험을 한 게스트는 미래에도 에어비앤비를 사용하게 될 가능성이 큽니다. 이는 여행자와 호스트 모두에게 똑같이 도움이 됩니다. 수년 동안 저희는 여행자들이 예약을 쉽게 할 수 있고, 호스트의 답변을 기다리는 시간을 건너뛸 수 있으며, 어쩌면 거절당할 수도 있는 상황을 피할 수 있다는 이유로 다른 조건이 모두 같은 경우 즉시 예약을 선호하는 것을 봤습니다. 즉시 예약을 선택하면 호스트와 게스트의 높은 예약 성공 결과로 여러분의 숙소가 검색 결과에 더 많이 노출될 수 있습니다.

즉시 예약이 모든 호스트에게 요구되는 것은 아니다(어떤 호스트들은 게스트와 먼저 소통을 하고 나서 자기 집에 들이는 것을 원하기 때문에). 호스트에게 선택권을 줌으로써 에어비앤비는 호스트-게스트 생태계의 미묘한 균형을 유지하고자 노력한다. 우리와 이야기를 나눈 즉시예약을 사용하는 호스트는 이렇게 말했다. "전 에어비앤비의 '어디서나 내 집처럼 편안하게'와 신뢰 구축, 그리고 고객의 삶을 최대한 편리하게 만든다는 에어비앤비의 비전을 실현하기 위해 전념하고 있어요. 게스트가 즉시 예약을 할 수 있게 함으로써 저는 모든 사람을 수락하고 게스트 편의성을 증대시키고 있습니다. 게스트가 숙소를 예약하면 저는 에어비앤비 플랫폼을 통해 그와 연락을 취해 그가 방문하기 전에 미리 친밀한 관계와 신뢰를 쌓기 시작합니다. 지금까지 즉시 예약은 모든 면에서 성공입니다."

에어비앤비 게스트 드루 존슨은 이렇게 한마디 했다. "전 즉시 예약과 예약 전에 호스트와 소통하는 것 모두 좋아요. 가끔은 급하게 단기 예약을 확실하게 해야 할 때가 있어요. 그때는 그 자리에서 즉시 예약을 하고 싶죠. 하지만 푹푹 찌는 한여름 동안 유럽으로 여행을 떠나면서 숙소 전체에 에어컨이 갖춰졌는지 확인하고 싶을 때는 숙소 예약을 하기 전에 장래의 호스트와 연락을 취했어요." 고객과 서비스 제공자들을 위해 옵션을 만드는 것은 종종 서비스 생태계의 당사자들 모두의 편의성을 극대화하는 최고의 방법이 됐다.

여러분의 비즈니스에서 팀원에게 서비스 전달의 부담을 주지 않으면서 고객 편의성을 향상한 부분은 어디인가? 편의성을 높이기 위해 고객의 옵션을 합리적으로 확장할 수 있을 것 같은 부분은 또 어디인가?

에어비앤비가 편의성 추구에 전념한다는 사실은 개인들이 숙소를 얼마나 쉽게 사이트에 올릴 수 있는지에도 반영되어 있다. 신규 호스트는 숙소를 목록에 올리는 과정에 연달아 등장하는 다음 화면 안내 문구(사용자 친화적 템플릿)를 따라 이동함으로써 신속하게 에어비앤비에 승선한다.

- 숙소 설명하기
- 서비스 용품 목록 만들기
- 사진 찍기
- 게스트 요구 사항 설정하기
- 숙소 이용규칙 선택하기
- 즉시 예약 옵션 사용 여부 결정하기
- 예약 가능 달력 구축하기
- 최저, 중간, 최고 가격 설정하기(스마트 프라이싱*Smart Pricing*및 권장 도구 사용)
- 숙소 후기가 생성되도록 초기에 고객들의 숙소 예약 장려를 위한 특가 판매 고려하기

에어비앤비는 호스트와 게스트의 노력을 줄일 수 있는 시스템을 제공한다. 그리고 다음 질문을 통해 고객 경험의 성공을 촉진하고 있다. 우리 서비스를 받는 사람들, 즉 직원, 고객, 다른 이해 관계자들이 이 시스템을 더 쉽게 사용하려면 어떻게 해야 할까? 물론 그러한 질문에서 나온 아이디어는 즉시 예약과 온보딩onboarding(새로 합류한 사람이 빠르게 문화를 익히고 적응하도록 돕는 과정)과 같은 후속 조치가 따라야만 한다.

호스트가 게스트에게 더 편안한 경험을 전달하도록 돕는 혁신적인 방법을 찾는 에어비앤비의 노력은 에어비앤비가 호스트에 접근하는 전반적인 방식에서 시작된다고 로라 챔버스는 말한다. "저희는 3단계의 접근법을 취함으로써 호스트 커뮤니티를 돕는 것에 초점을 맞추고 있습니다. 첫 번째 단계는 커뮤니티와의 쉴 새 없는 의사소통과 적극적인 대화입니다. 두 번째 단계는 호스트의 욕구 개선을 우선순위에 두고 그에 따라 조처를 하고 약속한 바를 일관성 있게 지킴으로써 신뢰를 구축하는 것입니다. 마지막으로 저희는 매우 창의적이고 개인화된 방식으로 호스트와 저희의 경험을 간소화하려고 노력합니다." 이는 여러분의 서비스를 받는 사람들이 바라는 방식대로 접대하는 것이 중요하다는 사실을 나타낸다.

욕구 충족

《스타벅스 웨이》에서 나는 다른 무엇보다도 서비스 제공자는 기능적인 욕구를 충족시켜야 한다고 주장한다. 이를 확인하기 위해 나는 매리츠 리서치Maritz Research(직원 인식 및 보상 프로그램, 고객 충성도 프로그램을 설계하고 운영하는 영업 및 마케팅 서비스 회사)의 부회장 로저 산트*Roger Sant*의 말을 인용했다. 그는 다음과 같이 말했다. "기능적인 욕구를 충족시키지 못하고서는 아무도 서비스 상호 작용을 시작할 수 없다. '난 아무것도 원하는 게 없어. 그냥 당신이 좋은 사람인지 아닌지 보고 싶을 뿐이야.' 이렇게 말하는 사람은 아무도 없다. 그런 일은 그냥 일어나지 않는다." 게스트는 호스트가 친절하기를 바라지만 기본적 관심은 자신의 기능적 욕구를 채워주는 깨끗한 숙소를 확보하는 것이다.

에어비앤비 경영진은 기능적 욕구 충족을 강조하며 호스트가 사진과 같이 청결하고 깔끔한 숙소를 제공하도록 이끈다. 에어비앤비 웹사이트의 호스트 섹션에 게재된 조언과 호스트 커뮤니티를 위해 작성한 글들을 통해 에어비앤비는 호스트가 다음 게스트를 맞을 준비를 확실히 할 수 있도록 다음 예약까지 시간을 충분히 가질 것을 권장한다. 회사는 호스트들이 청소 도구를 구매하고 전문 청소 인력을 고용하도록 청소비를 청구하는 것을 고려해 볼 것도 권한다. 에어비앤비는 이러한 우선순위가 높은 서비스 행위들에 대응하여 다음과 같은 내용을 호스트에게 상기시킨다. "게스트는 여러분 숙소의 청결도를 평가할 기회가 있습니다. 그리고 여러분의 평균 평점은 숙소 페이지에 표시됩니다. 청결도에서 낮은 평점을 계속 받으면 불이익을 받게 될 수 있습니다."

에어비앤비의 초대 글로벌 호스피탈리티 및 전략 부문장인 칩 콘리는 정서적인 욕구는 호스트의 소통 스킬이나 '소프트웨어'를 통해 충족되는 반면, 게스트의 기능적인 욕구의 많은 부분은 숙소의 '하드웨어'를 통해 해결된다고 한다. 에어비앤비가 게스트를 만족시키는 데 필요한 적당한 하드웨어나 서비스 용품을 전달하는 것과 관련된 안내를 어떻게 제공하는지 알아보자.

에어비앤비는 휴지나 비누, 침구, 시트, 게스트당 최소 타올 1장 그리고 베개 등 회사가 '필수 서비스 용품'이라고 일컫는 물품을 제공하도록 호스트에게 요구했다. 이러한 필수용품들을 제공하지 못하는 호스트들은 플랫폼에서 숙소가 삭제되는 것을 포함한 불이익을 받게 된다.

에어비앤비는 자사 블로그 사이트*blog.atairbnb.com*의 한 섹션 전체를 환대에 대한 정보와 게시물에 할애하고 있다. 거기에 포스팅된 게시글 중 하나는 다음과 같은 내용으로 호스트를 장려하고 있다.

여러분이 조금만 더 힘을 쓰면 게스트가 훨씬 더 즐겁게 머물 수 있을 텐데 왜 가장 기본적인 것에서 멈추시나요? 초보자 분들은 더욱 주목받을 만한 환대로 도약하는 발판으로써 필수품을 사용하세요. 게스트에게 멋진 샤워젤이나 목욕 소금, 그리고 동네 시장에서 구한 비누를 제공해 비누에 대한 기준을 높여 보세요. 그리고 방금 빨아놓은 시트의 마지막 손길로 베개 위에 사탕을 올려놓는 건 어떨까요? 여러분은 화장실 휴지로는 점수를 더 딸 일이 없다고 생각할 수도 있지만, 저희 생각은 좀 다릅니다. 몇 초 정도 시간을 내 두루마리 휴지 첫 장의 귀퉁이를 접거나 [화장실 휴지] 접기를 배우면 사람들이 이렇게 말하게 할 수 있습니다. "여보, 이리 와서 이것 좀 봐요!"

에어비앤비는 호스트에게 기본보다 약간 이상의 것을 하도록 제안하는 것과 아울러 게스트가 몹시 원하는 서비스 용품을 제공하고 숙소 설명에 그것을 작성해 놓을 것을 장려한다. 이러한 서비스 용품에는 와이파이, TV, 헤어드라이어, 다리미 같은 물건이 있다. 에어비앤비가 다른 하드웨어 보강을 위해 제안한 사항은 방대하다. 웰컴 바구니를 만들거나 물이나 전기 주전자, 커피 메이커, 세심하게 고른 차와 커피가 준비된 숙소 내 음료 스테이션을 설치하는 것 같은 단순한 아이디어이다.

에어비앤비는 욕구 충족과 서비스 용품, 청결도, 편의성을 에어비앤비 플러스라는 또 다른 수준으로 올려놓았다. 1장의 내용을 기억해 보면 에어비앤비 플러스는 정확한 기준과 100가지 이상의 품질 점검 기준에 부합하는 높은 평점을 받은 호스트가 참여할 수 있는 프로그램이다. 에어비앤비 플러스의 숙소는 모든 것이 잘 갖춰져 있다. 예를 들어 에어비앤비 플러스 숙소의 주방은 아래와 같은 물품이 준비되어 있어야 한다.

- 취사용 식칼, 과일용 칼
- 도마
- 조리기구 네 가지(포크, 나이프, 수저가 포함된)
- 접시, 볼, 유리잔, 머그잔 각각 네 개씩
- 크기에 상관없이 냄비 2개와 프라이팬 2개
- 주걱
- 스펀지 또는 청소 솔

- 주방 세제
- 쓰레기봉투와 쓰레기통
- 화장실 휴지 최소 1개
- 병따개 및 와인 오프너

또한, 에어비앤비 플러스 숙소는 우수한 디자인에 유지 관리가 철저하고 '금고나 키패드, 경비, 스마트락, 인근에 호스트 존재' 중 한 가지를 통해 어려움 없이 체크인할 수 있어야 한다.

추가적인 권장 전략으로, 에어비앤비는 다양한 소셜 미디어 사이트에 우수한 기본 서비스와 서비스 용품을 제공하는 슈퍼호스트를 소개한다. 또한, 경영진은 에어비앤비 블로그의 호스피탈리티 탭에서 이러한 호스트 유형을 자세히 설명한 글로 이들을 강조하기도 한다.

청결도와 기본적인 서비스 용품뿐 아니라, 편리함을 더해 주는 서비스 용품의 존재는 에어비앤비 서비스의 필수 요소다. 하지만 그것들만으로는 게스트 경험이 마음에 녹아들 거라는 보장은 할 수 없다. 에어비앤비 경영진이 어떻게 정서적으로 마음을 끌고 기억에 남는 여행 경험을 전달하도록 호스트 커뮤니티를 고취하는지 알아보기 전에 먼저 에어비앤비의 기본적인 서비스 접근법이 여러분에게 어떻게 적용되는지를 생각해 보자.

브랜드 경험 디자인 가이드

1. 여러분은 의사소통 속도와 품질뿐 아니라 즉각적인 응대에 대한 책임을 어떻게 측정하고 그에 대한 책임을 지는가?

2. 회사의 편의성 수준을 평가하는 데 있어 고객 노력 지수CES를 사용할 것을 고려하라. 여러분은 고객이 거래하는 것에 들이는 노력과 관련해 오늘날 평균 몇 점을 받는다고 생각하는가(매우 쉬움 1점, 매우 어려움 5점)?

3. 여러분은 '어떻게 하면 서비스를 받는 사람들에게 더 쉽게 서비스를 제공할 수 있는가?'에 대해 끊임없이 질문하고 그 질문에 대해 행동을 취하고 있는가?

4. 고객의 기본 욕구와 관련해 최소한의 서비스 기준을 세워 두었는가? 그리고 계속 그러한 기준에 부합하지 못하는 팀원을 어떻게 대하는가?

서비스 행위 그 이상

긍정적이었던 서비스 경험을 떠올려 보자. 왜 그러한 교류가 기억에 남는지 생각해 보면 그 서비스가 여러분에게 준 느낌 때문일 가능성이 크다. 기억 형성에 있어 감정의 중요성은 종종 마야 안젤루가 말한 것으로 잘못 알려지기도 한 문구 "그들은 여러분이 한 말을 잊어버릴 수 있지만, 여러분이 준 느낌은 잊지 않을 것이다."에 함축되어 있다. 사실 그것은 1971년에 칼 W. 부에너Carl W. Buehner가 한 말이다.

부에너가 감정의 역할을 발견한 이후 지금까지 수십 년 동안 연구자들과 행동 경제학자들은 기억 형성에 있어 감정의 역할을 입증해왔다. 차이 M. 팅*Chai M. Tyng*과 동료들은 학술지 〈심리학 프런티어*Frontiers in Psychology*〉에 쓴 글에서 다음과 같이 주장했다.

> 감정은 인식과 관심, 학습, 기억, 추리, 문제 해결을 비롯한 인간의 인지 과정에 중대한 영향을 끼친다. 감정은 특히 주의력에 강한 영향을 끼친다. 그리고 행동과 행위의 동기화뿐 아니라 주의력의 대상 선택 조절에 영향을 미친다. 주의를 끄는 것과 관련된 이러한 고급 제어는 학습 과정과 밀접하게 연결되어 있다.

감정이 기억을 강화한다는 점을 고려해 볼 때 양질의 서비스 전달 과정에서 긍정적인 감정을 어떻게 이해하고 끌어들일 수 있을까? 직업상 나는 고객이 느끼기 바라는 감정이 무엇이며 자기 회사가 어떤 식으로 고객의 기억에 남기를 바라는지 탐구하는 시간을 가져온 경영진과 일을 해 왔다. 나는 이러한 탐구의 부산물을 고객 최적의 정서적 경험을 정의하는 '우리가 서비스를 제공하는 방식*way we serve*' 진술서라 부르게 되었다.

예를 들어 스타벅스의 경우에는 그러한 바람직한 감정적 상태가 다음의 '우리가 서비스를 제공하는 방식' 진술서에 반영되어 있다. "우리는 고객의 하루에 영감으로 가득 찬 순간을 선사한다*We create inspired moments in each customer's day.*" 메르세데스 벤츠의 '우리가 서비스를 제공하는 방식'은 《환희를 향한 열정Driven to Delight》의 제목에 담겨 있다. 메르세데스 벤츠는 환희를 전하고 싶고 스타벅스는 영감으로 넘치는 순간을 선사하고 싶어 하는 것이다.

스타벅스의 '우리가 서비스를 제공하는 방식' 진술서는 영감이라는 감정뿐 아니라 교류의 순간에 영감을 전달하는 것의 중요성에도 초점을 맞춘다. 이러한 접근은 댄Dan과 칩 히스Chip Heath의 저서 《순간의 힘》 속의 기억과 감정의 연구 개요와도 일치한다. 댄과 칩은 이러한 '짧은 교류'를 '플래그십 모멘트Falgship Moment'라고 칭했다.

> 논쟁의 여지 없이 우리는 자기 경험을 평가할 때 매분 겪은 느낌을 평균으로 내기보다는 오히려 플래그십 모멘트가 가장 고조되었던 순간, 가장 바닥이었던 순간, 느낌이 변하는 순간을 기억하는 경향이 있다. 이것은 음식점부터 병원, 콜센터, 스파까지 전적으로 성공이 고객 경험에 달린 서비스 산업 종사자들에게 매우 중요한 교훈이 되었다.

본질적으로, 서비스에 대한 우리의 기억은 브랜드나 서비스 제공자와 소통할 때 존재하는 정점, 골짜기, 과도기, 종착점의 감정을 바탕으로 한다.

닐 개블러Neal Gabler의 저서 《월트 디즈니: 미국적 상상력의 승리The Triumph of the American Imagination》로부터 일부 영향을 받은 브라이언 체스키는 최적의 에어비앤비 경험에 담긴 정서적 본질을 '마법 같은'이라는 한 단어에 담았다. 에어비앤비의 '우리가 서비스를 제공하는 방식' 진술서는 기억에 남는 마법 같은 경험 전달에 반영될 수 있다. 예를 들어 〈포춘〉과의 인터뷰에서 체스키는 이렇게 말했다. "저희는 이 모든 것을 '마법 같은 여행'이라 부릅니다. 그것은 기본적으로 그냥 기억에 남는, 끊임없이 이어지는 멋진 경험이죠. 이것이 바로 저희가 다음 10년 동안 계속하고 싶은 것입니다."

이러한 경험을 고취하기 위해 에어비앤비는 웹 세미나를 개최하고 호스트를 현지 교육 행사와 워크숍에 초대한다. 그리고 교육과 네트워킹을 전 세계에서 참석한 호스트들에게 제공하는 세 가지 에어비앤비 오픈Airbnb Open 행사도 수행해 왔다. 최근에 열린 에어비앤비 오픈은 100여 국에서 수천 명의 호스트가 참여했다.

에어비앤비는 중국(에어비앤비는 2018년 3월에 중국에 만 명이 넘는 슈퍼 호스트를 보유하고 있다고 발표했다)과 같은 일부 시장에 공식 호스팅 프로그램을 만들었다. 예를 들어 에어비앤비는 중국의 에어비앤비 호스트 아카데미AHA, Airbnb Host Academy를 신설했다. 경영진은 AHA를 '관련 교육 콘텐츠를 호스트들에게 제공하기 위한 온라인과 오프라인상의 노력을 강화하는 혁신적 프로그램'이라고 설명한다. 2018년 AHA가 시작되기에 앞서 에어비앤비는 베이징과 상하이, 청도, 광저우에서 오프라인 모임을 가졌다. 이러한 워크숍 활동 기간 동안 에어비앤비 직원들은 호스트 대면 교육을 했다. 에어비앤비는 AHA를 계속 발전시키며 이렇게 설명했다. "저희는 오프라인 워크숍과 공식 에어비앤비 호스트 위챗Host WeChat 계정을 통한 실시간 채팅, 영감을 주는 교육 동영상 시리즈를 제공합니다." 에어비앤비 경영진은 AHA를 통해 이렇게 말했다. "호스트들은 호스트 여정의 여러 단계에 맞춰 교육을 받습니다. 또 에어비앤비 호스트 아카데미의 오프라인 프로그램은 커뮤니티의 다른 호스트들에게 접근해 값진 네트워크를 만드는 기회를 제공하기도 하죠."

칩 콘리는 자신이 '환대라는 보편적 정신'이라고 부르는 것을 호스트들이 제공할 수 있도록 도움을 주었던 에어비앤비의 초기 여정에 대해 내게 알려주었다. "초기에 저는 2시간짜리 워크숍을 진행하기 위해 26개나 되는 시장을 찾아 연달아 장거리 여행을 했습니다. 그야말로 전 세계를 누비고 다녔던 거죠. 그 여행으로 각각의 시장에 존재하는 수백 명의 호스트가 보유한 환대 스킬에 더 깊이 빠져 볼 수 있게 되었죠."

콘리와 에어비앤비가 환대라는 보편적 정신에 빠져들면서, 〈관광 경영의 전망*Tourism Management Perspectives*〉 저널 속 "관광객의 기억에 남는 환대 경험 탐구: 에어비앤비의 관점"이라는 글에 드러난 기억에 남는 개인화된 게스트 경험이라는 유형이 생겨났다. 이 글에서 연구원 이로즈 샤피트*Erose Sthapit*와 야노 히메네즈-바레토*Jano Jiménez-Barreto*는 에어비앤비 숙박을 진정으로 기억에 남게 만드는 요소들을 탐구한다.

요즘에는 기억에 남는 경험 제공이 경쟁 우위를 차지하는 데 중요한 역할을 한다. 기억에 남는 관광 경험*Memorable tourism experience, MTE*이 최근 연구자와 사업가들의 주의를 끌어왔다. MTE는 관광 후 긍정적으로 기억에 남아 상기되는 관광 경험을 의미한다. 몇몇 연구들은 MTE가 관광객의 미래 행위에 대한 가장 훌륭한 예측변

수라는 점을 시사했다.

이 연구자들은 에어비앤비 게스트를 인터뷰하고, 그들의 응답을 코드화한 다음 분석해 에어비앤비 숙박을 기억에 남게 하는 요소를 찾아냈다. 샤피트와 히메네스 바레토는 다음과 같은 결론을 내렸다.

> 기억에 남는 에어비앤비 경험이 호스트와의 허물없는 사회적 상호 작용, 호스트의 태도, 숙소의 위치와 관련이 있다는 점을 고려해 이 연구는 에어비앤비 호스트의 역할이 저렴한 숙소 임대인에서 기억에 남는 경험의 공동 창출자로 바뀌어야 한다고 주장한다. 에어비앤비 호스트는 상호 작용을 게스트가 여행지에서 시간 사용을 최적화하고 그 가치를 높일 수 있도록 돕는 자원으로 여겨야 한다. 그리고 더욱 기억에 남는 경험을 제공하려면 게스트가 머무는 내내 친근하게 대해야 한다. 아울러 호스트는 게스트가 예기치 못한 문제에 부딪혔을 때 그것이 무엇이든 해결해 주어야 한다.

에어비앤비는 호스트가 경험의 공동 창출자라는 정신으로 최고의 실천 사례를 공유하도록 장려한다. 예를 들어 이 글을 쓰는 당시, 에어비앤비는 유튜브 채널 https://www.youtube.com/airbnb에 호스트에게 조언을 해주는 수십 편의 동영상을 올려놓았다. 그뿐만 아니라 에어비앤비의 소셜 미디어 채널 곳곳의 호스트 전용 인터뷰에는 수없이 많은 또 다른 조언들이 존재한다. 이러한 동영상에는 "여러분의 게스트의 숙박을 특별하게 만들어라"라는 제목의 활동 특화 동영상뿐 아니라 에어비앤비 호스트 패널들이 가진 최고의 환대 관련 통찰을 공유하도록 요청하는 브라이언 체스키와의 Q&A 시간이 포함되어 있다(이 동영상들은 *airbnbway.com/book-resources*에서 볼 수 있다). 후자의 예시로, 에어비앤비 호스트 조이는 오리건주 포틀랜드의 한 에어비앤비에 머무는 동안 그녀의 호스트가 현지 분위기를 느낄 수 있는 여러 가지 즐거운 일을 제공해 기억에 남는 여행이 되었다고 말했다. 조이는 이렇게 덧붙였다. "저는 그곳에 머물면서, 에어비앤비에서 저도 똑같은 일을 하기로 결심했어요. 같은 지역에서 사업하는 친구가 몇 명 있거든요. 그래서 전 때때로 그 친구들에게 접대를 맡깁니다."

호스피탈리티 리더들과의 만남, 웹 세미나, 블로그, 워크숍, 지역 교육, 공식 호스피탈리티 프로그램, 동료 간 공유, 에어비앤비가 바라는 기억에 남는 마법 같은 경험이라는 명료한 표현을 통해 에어비앤비는 정서적 참여가 무엇이며 어떻게 이루어지는지 규정했다. 여러분의 비즈니스에서는 이와 같은 일을 어떻게 할 수 있을까?

7장에서 에어비앤비 호스트는 게스트에게 별 5개짜리 호스피탈리티를 어떻게 전달하고 있는지 공유한다. 또 에어비앤비 게스트는 숙박과 체험을 기억에 남게 하는 것이 무엇인지 알려줄 것이다. 여러분은 에어비앤비의 서비스가 어떻게 마음을 담은 서비스로 격상되는지 보게 될 것이다. 그리고 가장 중요한 것은 누구나 서비스 경험을 기억에 남는 마법 같은 것으로 만들 수 있는 방법이 간략하게 제시될 거라는 사실이다.

여러분이 호스트가 되고자 할 때 생각해 볼 것

- 호스팅은 수천 년 동안 행해져 왔으며 수천 년은 더 계속될 가능성이 크다. 호스팅은 기술의 방해에도 끄떡없을 것이다.
- 환대는 특정 비즈니스 영역을 초월한다. 그리고 '마음을 담은 서비스'를 의미한다.
- 기본적인 서비스는 고객의 만족을 가져온다. 기본적인 서비스에 정서적 참여가 더해지면 충성심과 추천을 낳는다.
- 기본적인 서비스는 즉각적인 응대와 편의성 제공, 욕구를 충족하는 것이다.
- 서비스 속도에 대한 고객의 기대치가 크게 높아지면서 즉각적인 커뮤니케이션과 행위를 측정하고 그에 대한 책임을 지우려는 요구가 생겼다.
- 고객 노력은 고객이 어떤 비즈니스에 얼마나 편리하게 참여할 수 있는지를 나타내는 지수다.
- 서비스 경험에 대한 고객의 기억은 해당 브랜드와의 여정을 따라 존재하는 정점, 골짜기, 과도기, 종착점에 의해 형성된다.
- 기억에 남는 경험은 종종 반복되는 거래와 고객들의 추천을 낳는다.
- 마음이 담긴 서비스는 웹 세미나나 블로그, 워크숍, 교육 아카데미, 동료 간 공유를 포함한 다양한 수단을 통해 촉진될 수 있다.
- 성공적인 브랜드는 자신의 최적화된 고객 경험을 규정하고('우리가 서비스하는 방식' 선언서), 팀원들이 어떻게 그러한 경험을 매번 모든 고객에게 전달할 수 있고, 전달해야 하는지 이해하도록 도와준다.

7장

기억에 남는
마법 같은 경험 만들기

때로 당신은 어떤 순간이 하나의 기억이 되기 전에는 그 가치를 알지 못한다.

- 테오도르 수스 가이젤*Theodor Seuss Geisel*("닥터 수스"),

아동 작가 겸 만화가

6장에서 우리는 에어비앤비가 즉각적인 응대와 편의성, 욕구 충족, 개인화된 보살핌을 통해 기억에 남는 마법 같은 여행 경험을 전달하는 서비스 생태계를 어떻게 지원하는지 알아보았다. 이 장에서는 에어비 앤비 호스트가 어떻게 마음을 담아 서비스를 전달하는지 알아보겠다. 하지만 호스트의 스토리로 들어가기 전에 우수한 호스피탈리티를 맥락 속에서 살펴보도록 하자.

1980년대 중후반에 텍사스A&M대학교의 소매 및 마케팅 분야 교수들(A. 파라슈라만*A. Parasuraman*과 렌 베리*Len Berry*)과 듀크대학교의 마케팅 교수 발레리 A. 자이사믈*Valarie A. Zeithaml*은 우수한 서비스 경험과 관련된 10가지를 정의하는 서비스 탁월성에 대한 포괄적 모델을 개발했다.

1. 신뢰성
2. 응답성
3. 역량
4. 접근성
5. 예절
6. 의사소통
7. 신용도
8. 안전성
9. 고객에 대한 이해
10. 유형

후속 연구를 통해 이들 마케팅 및 소매 분야의 이론가들은 이 10가지 동인을 서비스 우수성의 5가지 관점으로 압축했으며, 이를 다음과 같이 기술했다.

- 응답성: 즉각적인 서비스 제공으로 고객 지원
- 신뢰성: 효과적으로 약속 지키기

- 유형성: 눈에 보이는 실제 물리적인 숙소와 장비, 사람, 제품, 의사
   소통의 형태
- 확실성: 예절 및 지식, 사려 깊음, 정서적 욕구 예측
- 공감성: 개인화된 보살핌

이들 관점 중 처음 세 가지는 6장에서 개괄적으로 서술한 서비스 요소(반응성, 편의성, 욕구 충족)와 밀접하게 연관되어 있으며, 마지막 두 가지는 기억에 남는 마법 같은 경험을 하는 데 필요한 정서 또는 마음과 관련된 요소이다.

5가지 관점에 걸친 고객 인식을 측정하면서 파라슈만과 자이텀, 베리는 그들이 서브퀄*SERVQUAL*이라 부르는, 다음 모델로 서비스 품질을 측정하는 도구를 개발했다.

$$SQ = P - E$$

여기서 SQ는 서비스 품질*Service Quality*,

P는 제공된 서비스에 대한 개인의 인식*Perception*,

E는 해당 서비스에 대한 개인의 기대*Expectation*다.

SERVQUAL은 서비스 경험 품질을 응답성과 신뢰성, 유형성, 확실성, 공감성에서 보았을 때 제공자가 그에 대한 고객의 기대를 얼마나 잘 충족시켰느냐 또는 넘어섰는가를 계산한다. 격차가 크면 고객 만족 및

참여가 낮아진다. 고객 기대치를 충족하거나 넘어서면 고객 참여 및 만족이 높아진다.

다음 페이지에서 우리는 에어비앤비 호스트가 어떻게 응답성(즉각적인 의사소통 및 서비스), 신뢰성(약속한 대로 제공하기), 유형성(물리적 요소를 통해 욕구 충족하기), 확실성(예절 및 사려 깊음), 공감성(개인화 및 니즈의 예측)을 바탕으로 게스트 기대치를 넘어서는 경험을 제공하는지 살펴볼 것이다. 응답성과 신뢰성, 유형성은 요즘 서비스의 '최소한의 기본 요소table stake'이므로 우리는 게스트 및 고객과의 관계를 예측하고 개인화하는 데 필요한 행위에도 초점을 맞출 것이다. 더 중요한 것은 우리가 여러분과 여러분의 팀원이 서비스를 받는 사람들에게 기억에 남는 마법 같은 경험을 제공하는 서비스 품질을 어떻게 만들어 낼 수 있는지 살펴볼 것이라는 점이다.

신속한 의사소통과 약속 지키기

뛰어난 에어비앤비 호스트들은 서비스의 집요함과 정확성의 중요성을 이해하고 있다. 그들은 오늘날 비즈니스에서 시간이 돈이라는 사실을 인정한다.

고객은 대부분 자기가 지불하는 돈뿐 아니라 상품과 서비스를 받는데 얼마나 많은 시간과 노력을 들어야 하는지를 토대로 경험의 비용을 계산한다. 에어비앤비 호스트들은 서비스 속도가 가치를 전달하고 게스트 신뢰를 유지하는 데 중대한 요소라고 말한다. 이 호스트들은 게스트가 자신이 잊히는 것을 걱정하기 이전에 의사소통을 하고 조치해야 한다고 주장한다. 슈퍼호스트 피터 콴은 이렇게 말한다. "게스트가 예약 요청에 대한 답변을 호스트로부터 오래 기다려야 하면 나중에 필요한 것에 대해서 응대가 늦을 것이라고 예상해요. 사람이 일단 의심을 하기 시작하면 거기에 온 마음을 빼앗길 수 있어요." 어떤 산업에서든 고객들은 응답이 늦으면 그것을 서비스 역량 부족이나 태만, 자신이 애용하는 것에 대한 감사의 마음 결핍과 연결한다. 많은 경우, 그렇게 인식된 태만은 고객이 떠나는 결과로 이어질 수 있다.

게스트 브룩 애슐리 존슨은 이렇게 말했다. "저희는 에어비앤비에 많이 머물렀는데 한 번만 빼고 멋진 경험을 했어요." 그 한 번의 경우란 브룩과 그녀의 남편이 베를린에서 2박을 예약했던 때였다. 부부가 체크인하자마자 와이파이에 문제가 생겼다. 그리고 브룩은 업무를 마치기 위해 와이파이가 필요한 상황이었다. 브룩은 덧붙였다. "호스트는 도와달라는 요청에 답을 하지 않았어요. 그래서 우린 기분이 언짢아지기 시작했죠. 게다가 우연히도 에어컨도 작동하지 않았어요. 저희가 에어컨 문제로 호스트에게 연락하기도 전에 호스트가 제대로 응답하지 않을 거라는 예감이 들었죠. 안타깝게도 그 예감은 틀리지 않았어요. 그녀는 미안하다고만 하고 아무런 조치도 취하지 않았어요."

와이파이와 에어컨도 없이 하룻밤을 보낸 후 부부는 다른 숙소를 찾아보기 시작했다. 브룩은 이어서 말했다. "다행히도 저희는 에어비앤비 고객 서비스에 연락했어요. 그들은 저희가 이튿날 밤 예약을 해지할 수 있도록 도와주었고 서비스 복원으로 모든 일을 훌륭하게 처리했어요.

에어비앤비가 저희를 도와주지 않았더라면 저희가 에어비앤비를 계속 사용했을 거라고 장담할 수 없어요. 그들이 문제를 처리하는 방식을 보고 에어비앤비를 더 많이 좋아하게 된 것 같아요." 브룩은 그 호스트가 '게스트의 요구를 충족시키는 쪽으로 한 단계 나아가도록' 하기 위해 호의적이지는 않지만 솔직한 후기를 남겼다. 그리고 다른 사람에게 이 호스트가 기대치에 맞는 서비스를 전달하지 않았다고 경고하기도 했다.

에어비앤비의 24/7 고객 센터는 브룩과 같은 여행자들이 적시에 의사소통이나 서비스를 받지 못하고 있다고 느끼는 경우 중요한 역할수행을 한다. 그러나 궁극적으로 에어비앤비는 서비스 복원이 필요치 않도록 즉시 응대하는 신뢰할 수 있는 호스트들에 의존해야만 한다.

비즈니스를 하는 많은 개인들이 그렇듯이, 에어비앤비 호스트도 게스트를 편하게 해 주는 변화라도 거기에 저항을 표할 수 있다. 예를 들어 슈퍼호스트 캐시 피터맨은 6장에서 논의한 바 있는 즉시 예약 기능을 수용하는 데 얼마나 시간이 오래 걸렸는지 이렇게 말했다. "전 사람들이 우리 집에 오기 전에 그들을 한 명 한 명 검증하고 있었기 때문에 즉시 예약 옵션을 허용하기 꺼려졌어요. 마침내 전 즉시 예약이 어떤 효과가 있는지 알아보려고 한 달간 사용하기로 했죠. 그리고 그때 이후로 옵션을 꺼둔 적이 없어요." 캐시는 이제 이렇게 말하면서 게스트에게 즉시 예약과 에어비앤비가 제공한 다른 편의 기능을 사용하라고 권한다. "전 게스트마다 휴대 전화에 에어비앤비 앱을 받아 두라고 권합니다. 그렇게 하면 게스트가 머무는 동안 앱을 통해 저와 의사소통을 할 수 있고, 제가 게스트의 손끝에서 움직이는 컨시어지 같은 역할을 해 드릴 수 있기 때문이죠."

네트워킹 및 리소스 기업 호스트투호스트*Host2Host*의 공동 창업자인 데비 허터트*Debi Hertert*는 다음과 같이 말한다. "대개 호스트들은 게스트의 생활을 더 편안하게 해 주었을 때 자기 생활도 더 편해진다는 사실을 깨닫고 있습니다." 그녀는 덧붙였다. "경험이 많은 호스트 대부분은 여러분이 신속하게 의사소통하고, 약속한 것을 지키며, 게스트 노력을 줄여줘야 한다는 사실을 알고 있어요. 그러한 것들이 성공적인 숙박의 기본 요소인 거죠. 또한, 에어비앤비 플랫폼은 그러한 영역에서 저희가 어떻게 하고 있는지에 대해 풍부한 피드백을 제공하기도 합니다. 기본 서비스 기대치가 충족되지 않으면 그것이 평점과 후기에 드러나죠."

고객 피드백의 투명성에 대한 데비의 관점을 뒷받침하기 위해 응답성과 편의성에 관련된 기대치가 충족되지 못하거나, 충족되거나, 초과 충족된 경우의 솔직한 게스트 후기를 소개하겠다.

충족되지 못한 경우

저희가 저녁 6시에 체크인했을 때 에어컨이 작동하지 않았습니다. 침대 옆에 있던 선풍기도 작동하지 않았어요. 에어컨이 숙소에서 제공하는 물품 중 하나였고 아파트가 너무 더웠기 때문에 저희는 [호스트에게] 연락을 취했어요. 그는 창문용 에어컨이 지하실에 있고 아래층에 다른 선풍기가 있다고 했어요. 그는 저희가 알아서 그것을 설치해도 되고, 밤 10시 30분이나 11시에 자기가 집에 도착하면 설치하겠다고 했어요.

저희는 감사하다고 말한 다음 저녁을 먹으러 나갔죠. 그 사람에게 창문용 에어컨을 설치하러 올 시간을 주려고요. 전 밤 11시에 우리가 약 30분 안에 숙소에 돌아갈 것이며 그때 설치해 달라는 문자 메시지를 보냈습니다. 그는 한 11시 30분쯤 30분 내로 오겠다고 답장을 했어요. 결국에 기다리다 지친 제 약혼자가 밤 12시 30분 경에 에어컨을 직접 설치했는데 스크린이 펴지지 않았어요. 12시 50분에 약혼자가 호스트에게 전화를 걸었어요. 이때는 꽤 화가 났었죠. 호스트는 사과도 하지 않고 이제 차를 세웠다고 말했어요. 마침내 문제가 해결된 게 밤 1시가 지나서였어요.

충족된 경우

처음에 소음 문제가 좀 있었는데 호스트가 즉시 해결해 주었고 이후엔 아무 문제도 없었습니다.

초과 충족된 경우

처음부터 의사소통이 직접, 자주 이루어졌어요. [저희 호스트는] 멋진 것들을 추천해 주었고 더할 나위 없이 따뜻하게 대해 주었어요. 체크인했을 때 집과 방은 나무랄 데 없이 깨끗하고 멋지게 꾸며져 있었고 편리하게 배치되어 있었어요. 그들은 저희가 필요로 하는 것 이상을 제공했어요. 이 숙소를 추천할 말을 더는 못 찾겠네요. 저희는 무조건 여기 다시 올 거예요!

서비스 제공자가 즉각적인 의사소통이나 조치에 대해 집요함이 부족하면 종종 고객들은 기대치와 현실 사이의 격차를 경험한다. 이와 유사하게 서비스 종사자들이 고객들의 삶을 더 편하게 해 주는 것의 중요성을 망각하면 고객들은 다른 선택을 고려한다. 제공자들이 즉시 응답하고 편의성을 전달하면 종종 그들 자신의 삶은 더 편해지며 이렇게 말하는 고객들을 많이 보게 된다. "저희는 무조건 여기 다시 올 거예요."

물리적 요소를 통해 욕구 충족시키기

사회학자 마사 베크*Martha Beck*는 사람들에게 '손으로 만질 수 있는 물건에 대한 집착을 버리고 여러분에게 감동을 주는 것들에 신경 쓰기 시작'하라고 장려한다. 그녀의 말에는 고객에게 정서적인 감동을 주는 연결이 중요하다는 사실이 반영되어 있지만, 그렇다고 그것이 여러분 비즈니스의 손댈 수 있는 요소인 서비스의 유형성에 초점을 두는 것이 중요하지 않다는 것은 아니다.

스마트폰의 확산 덕분에 결함이 있는 서비스의 유형성이 종종 소셜 미디어에 게시된다. 2017년 〈마이리오*Mylio*〉에 실린 글에서 에릭 페렛 *Eric Perrett*은 소비자들이 매년 1조 2천억 개가 넘는 디지털 사진을 찍고 있다고 추산했다. 소비자들은 식당에서 먹은 형편없는 식사나 어수선한 대기실, 고객 서비스 실수를 스냅사진으로 찍을 준비가 되어 있다.

어떤 경우에는 사진 하나가 너무 많이 공유되고 재게시되기도 해서 부정적인 입소문이 나게 된다. 미셸 챈이 찍은 사진이 그러한 경우다.

그 사진은 '오렌지게이트orangegate'로 알려진 사건을 불러일으켰다. 그녀의 웹사이트 worldofvegan.com의 한 블로그에 미셸 첸은 캘리포니아주 오클랜드의 홀 푸드 마켓Whole Foods Market(미국의 유기농 식품 슈퍼마켓 체인점)에서 "플라스틱 독방에 들어앉은 깐 오렌지들을 봤다"라고 설명했다. 미셸은 이렇게 말했다. "전 멈춰 서서 휴대 전화로 사진을 찍어 페이스북에 올릴 수밖에 없었어요."

얼마 안 가 미셸의 사진은 수천 번 공유되었다. 플라스틱 오염 연대Plastic Pollution Coalition이 사진을 트위팅했고 하루가 지나자 홀 푸드 마켓은 플라스틱으로 포장된 오렌지를 매장에서 완전히 치워버렸다. 이후 곧 미셸의 사진은 널리 퍼져, 텔레비전과 인쇄물, 웹사이트 곳곳에서 세계적 뉴스거리 중 하나가 되었다. 미셸은 이렇게 결론지었다. "뭔가 잘못된 일을 알게 되면 어떤 행동이라도 하세요! 목소리 하나, 사진 한 장, 이메일 한 개, 트윗 하나, 행동 한 번으로도 충분히 세상을 변화시킬 수 있습니다."

홀 푸드 마켓은 트위터로 사과를 전했다. "분명히 저희 잘못입니다. 저희는 사진 속의 이것들을 모두 치우고 여러분의 말씀대로 오렌지를 원래 포장인 자연 상태의 껍질 안에 그대로 두었습니다." 홀 푸드 마켓은 잠재적인 PR 문제를 노련하게 관리해 이 사진의 부정적인 영향을 피했지만, 유나이티드 항공*United Airlines* 같은 다른 브랜드는 고객이 찍은 사진과 동영상으로 인해 심각하게 나쁜 결과를 보기도 했다. 2017년, 오버부킹된 비행기에서 끌려 내려가는 승객이 피를 흘리며 다친 장면이 온라인 동영상으로 퍼지자 유나이티드 항공의 주식 가치는 14억 달러나 하락했다.

에어비앤비 슈퍼호스트 웬디 니디는 이 같은 현상을 이렇게 설명한다. "전 게스트가 숙박을 하면서 겪은 재미난 일을 사진이나 동영상으로 찍어 올렸으면 좋겠어요. 그들이 부정적인 사진을 공유하려고 카메라를 들고 싶을 만큼 어떠한 불쾌한 일도 접하거나, 맛보거나, 보거나, 듣지 않도록 하는 게 제 일이죠. 전 세세한 것까지 신경을 쓰기 때문에 게스트가 그런 것을 게시할 거라고는 걱정하지 않아요."

소셜 미디어에 마법 같은 그리고 전혀 마법 같지 않은 서비스의 실체들을 보여주는 에어비앤비 고객의 사진과 동영상이 넘쳐나는 가운데, 서비스의 유형적 요소가 포함된 실제 후기를 바탕으로 여러분 자신의 기대치가 충족되지 못한 이미지와 충족된 이미지, 기대치를 능가한 이미지를 떠올려 보자.

충족되지 못한 경우

첫인상은 계속돼요. 전 방으로 가는 길에 더럽고 칠이 벗겨진 문과, 문고리 대신 사용하려고 문에 걸어놓은 철제 옷걸이를 보고 너무 놀랐어요. 침대 옆의 러그는 원래는 깨끗한데 그냥 얼룩만 진 건지 몰라도 아주 더러워 보였어요. 창문과 문틀, 그리고 몰딩은 벗겨져 있거나 더러워 보였고, 방이 너무 더러워서 가능하면 그 방에 있고 싶지 않았습니다.

충족된 경우

깨끗해요. 세심하고 완벽합니다. 공간도 넓었고요. 침대는 정말 편했어요. 그리고 방마다 개인 냉장고가 있어요!

능가한 경우

방갈로 크기가 정말 넓어요. 방갈로 안에는 정말로 아름답다고 느꼈던 미술품과 물건들이 있어요. 깨끗한 방갈로에는 산뜻한 침구가 있었고 침실은 청결했어요. 그리고 거울이 달린 현대적이고 멋진 벽이 좋았어요. 머무는 동안 수건도 아주 충분했어요. 게스트가 사용할 수 있는 작은 헤어드라이어와 다리미도 있어요. 물을 가득 채워 둔 작은 냉장고도 있고 커피 메이커도 있어요. TV로 케이블과 넷플릭스를 다 볼 수 있어요. 옆문으로 방갈로에 들어갈 수 있어서 사생활 보호도 되네요. 숙소는 친절하고 조용한 동네에 있고 골프 코스가 보이는데 뷰가 너무 좋아요! 호스트와 의사소통도 효율적이고 개방적이었어요. 정말로 다시 묵고 싶어요. 별 5개에요. 편안하고, 별도의 출입구도 있고, 주차도 쉬웠어요. 여러분도 실망하지 않을 겁니다.

고객이 사진을 올리거나 후기를 게시하면 서비스 제공자들은 고객 피드백이라는 선물을 받는다. 때때로 '선물'이 받아들이기에 공평하지 않고 가혹하게 보일 수도 있다. 호스트 아만다 랭크포드는 이렇게 말한다. "저는 게스트의 말을 귀담아들음으로써 높은 기준을 세우고, 그것을 유지하고, 문제가 발생하기 전에 반드시 게스트와 의사소통하는 것의 중요성을 배웠습니다." 아만다는 화로에 약간 균열이 생겨서 즉시 대체품을 주문했다고 설명한다. "그리고 저는 다음 게스트에게 그들이 도착하기 전에 부품이 도착하지 않을 수 있다는 사실도 알렸습니다. 그들이 따뜻한 불을 쬘 거라 기대했다면 기대를 다시 설정하거나 화로가 있는 다른 곳을 찾아볼 수 있도록 돕고 싶었어요."

호스트 앤드루 펜티스는 〈밸류 펭귄Value Penguin(금융 및 재정전문 사이트)〉에 쓴 글에서 게스트들에게 피드백을 요청하고 그들의 후기를 진지하게 받아들임으로써 많은 것을 배웠다고 했다. 서비스의 유형적 요소 개선에 대해 앤드루는 다음과 같은 내용을 열거했다.

- 작은 휴지통을 침실에 둔다. 우리는 게스트가 쓰레기를 만들어 낼 거라는 사실과 예의 바른 게스트가 침실 바닥에 휴지를 남기는 걸 편치 않아 할 거라는 사실을 생각하지 못하는 실수를 했다.

- 침실에 멀티탭을 비치한다. 침실에는 콘센트가 네 개밖에 없다는
  점을 고려해 방문자들이 멀티탭을 이용해 기기 7개를 연결할 수 있
  도록 했다. 전기 요금이 올라가지만 그들의 만족도도 올라갔다.

- 체크인 전에 욕실을 말끔히 청소한다. 여러 게스트들이 욕실 상태
  에 대해 불평을 했다. 그들을 좀 더 편안하게 해주기 위해 우리는
  샤워실을 소독하고 변기를 깨끗이 닦고 있다. 할 일이 더 많아졌지
  만 게스트들이 그걸 알아줬다.

앤드루는 고객에게 귀를 기울이고 그들로부터 배웠다. 추가로 일을
더 하기도 했지만, 고객 불편 사항을 해결하거나 부정적인 후기에 대응
해야 하는 일로부터 해방되는 보상을 얻었다.

기본적인 서비스 스킬이 도전 과제에 직면했을 때, 실천과 문제 해결
기술, 인내심이 요구된다. "일이 더 쉬워지길 바라지 말고 여러분이 더
나아지길 바라라. 문제가 줄어들기를 바라지 말고 더 많은 스킬을 갖길
원해라. 과제가 줄어들기를 바라지 말고 더 많은 지혜를 바라라." 라는
비즈니스 철학자 짐 론Jim Rohn의 지혜로운 말이 꼭 들어맞는다. 이러한
짐의 이야기에, 나는 훌륭한 서비스 브랜드들은 개선이나 지혜, 스킬을
바라는 것 이상을 한다고 덧붙이겠다. 그들은 실천한다.

여러분의 서비스 기본과 관련해 실행 가능한 개선 목록을 계획하는
시간을 가져 보자.

브랜드 경험 디자인 가이드

1. 여러분의 고객들은 어떠한 의사소통 속도를 기대하는가? 여러분은 그러한 기대에 어떻게 부응하는가?
2. 고객이 여러분과 함께 여행하는 동안 만나게 되는 가장 중요한 유형의 서비스는 무엇인가? 어느 부분에서 고객이 만든 동영상이나 이미지의 부정적인 입소문을 타기 쉬운가?
3. 여러분은 품질 기준에 맞는 성과를 내기 위해 어떤 프로세스를 개발했는가?
4. 서비스 전달의 개선을 이끄는 고객의 목소리를 어떻게 활용하는가? 고객 피드백으로 인해 구체적으로 어떤 특정 서비스 요소 또는 유형의 서비스를 바꾸었는가?

니즈를 예측하여 정서적으로 연결하기

아마존의 CEO 제프 베조스는 최상의 고객 경험은 '고객이 당신을 부를 일이 없고, 당신과 이야기를 나눌 일이 없을 때, 그냥 일이 잘 돌아갈 때' 생긴다고 주장한다. 우수한 에어비앤비 호스트들은 모든 것이 게스트를 위해 작동하도록 하려면 게스트의 요구를 예측하는 단계를 거쳐야만 한다는 점을 이해하고 있다. 종종 이러한 예측은 배려하는 마음을 필요로 한다.

워싱턴주 벨뷰의 슈퍼호스트 소냐 아후자는 게스트가 여행을 하는 도중에 깜박할 수 있는 것들에 대해 생각해 보려고 한다고 말한다. 그녀는 칫솔이나 치약 같은 개인용품을 항상 게스트의 손닿는 곳에 구비해 둔다. 소냐는 이렇게 말한다. "제 게스트는 이런 물건들을 사러 가게로 달려가지 않아도 된다며 고마워해요." 게스트들은 종종 여행하면서 어쩔 수 없는 일들을 겪게 되기 때문에 소냐는 '오랜 비행을 하고 늦은 밤에 체크인한 고객들이 굶주린 채 잠자리에 들지 않도록' 차가운 음료와 건강한 스낵을 준비해 둔다.

에어비앤비 체험 게스트들도 자신이 말하지 않은 요구가 예측되었을 때를 알아차린다. 예를 들어 염색 체험을 한 한 게스트는 호스트가 '매우 아름답고 편안하고 친근한 분위기'를 조성했다고 말했다. 그녀는 이어서 말했다. "전 정말로 처음부터 끝까지 체험을 즐겼어요! 그들은 제가 체크인할 때부터 저를 잘 보살펴 주었죠. 그리고 맛있는 수제 글루텐 프리 잭프룻 케이크를 차와 함께 대접해 주었죠! 매우 추천합니다. 시간이 더 있다면 다른 클래스에도 참가했을 거예요."

에어비앤비 호스트 겸 단골 게스트인 아만다 랭크포드는 알래스카 페어뱅크스의 한 호스트 부부가 자신의 신체적 안락함에 대한 욕구를 어떻게 예측했는지에 관해 공유한다. 아만다는 "저는 미리 따뜻한 옷을 가져왔지만, 친절하게도 호스트들은 제가 따뜻하게 지낼 수 있도록 특별한 방수, 방풍 기능이 있는 장갑과 신발을 제공했어요. 이건 그들이 베푼 호의의 작은 예시에 불과해요. 그들의 친절은 제가 지난 4년 동안 약 5번 정도 알래스카에 있는 그들의 숙소로 돌아오게 만들었죠." 아만다의 이야기는 고객의 니즈를 예측할 때 종종 반복적인 비즈니스를 얻을 수 있다는 것을 증명한다.

에어비앤비 호스트는 게스트가 에어비앤비를 방문하기 전과 후에 부딪히게 될 가능성이 있는 것이 무엇인지 생각해 봄으로써 물리적 요구를 예측하는 것 이상을 수행한다. 슈퍼호스트 데비 허터트는 이렇게 말했다. "저는 제가 사는 포틀랜드의 에어비앤비 팀과 직접 일해 봤을 뿐 아니라 샌프란시스코와 파리, 로스앤젤레스의 에어비앤비 콘퍼런스에 가 보기도 했어요. 그런 경험과 다른 호스트들과의 교류를 통해 게스트가 저와 함께 하는 시간만이 아닌 그들의 여행을 처음부터 끝까지 생각해 보게 되었어요."

데비의 말과 일맥상통하게 게스트들은 종종 후기에서 호스트로부터 교통수단이나 길 찾기, 다른 여행상의 고려 사항과 관련해 어떤 배려를 받았는지 강조한다. 한 게스트는 이렇게 대답했다. "저희 호스트는 공항을 오고 가는 교통편을 마련해 주었어요. 그리고 저희가 자동차에 가방을 두고 내렸을 때 전화로 즉시 그 회사에 연락해 운전사가 돌아오게 해 줬죠. 정말 상상을 초월한 서비스였어요."

시티 투어 체험에 참여한 한 부부는 호스트에 대해 이렇게 말했다.

[그녀는] 에어비앤비 메신저로 아주 효율적인 의사소통을 했어요. 우리는 빠르게 만날 수 있었고 그녀는 매우 친절했어요. 투어를 시작하기 전에 그 지역에 비가 내리고 있으니 우산을 가져오라고 일러 주었죠. 또한, 그녀는 저희를 배려해 사진을 찍을 것인지, 마실 게 필요한지 이런저런 걸 계속 물어봤어요. 그리고 한 시간 더 서비스를 제공해야 하는 것도 개의치 않아 했어요. 음식 이야기

를 나누고 그녀에게서 차이나타운 역사에 대해 들으면서 친해졌어요. 그녀는 점심 먹기 좋은 식당을 찾는 것도 도와줬어요. 저희는 채식주의자거든요. 음식은 저희 식단에 딱 맞았고 맛도 있었어요. 전체적으로 대만족이에요. 정말로 친구들에게 추천하고 싶어요!

슈퍼호스트 캐시 피터맨은 손으로 메시지를 작성하고 자신만의 방식으로 표식을 사용한다. "전 기호로 물건을 개인화하려고 해요. 예를 들어 게스트를 환영하는 기호에 그들의 이름을 사용해요. 그리고 게스트가 숙소 규칙이나 물건 사용법을 알아야 때 도움을 주기 위해 놓아 둔 메시지에 개인적인 손길을 더하려고 해요. 우리 집 문 앞에 오면 '문 앞에 여러분의 걱정과 신발을 내려놓고 들어오세요.'라는 메시지를 보게 될 거예요."

슈퍼호스트 데비 허터트는 이렇게 말한다. "제가 여행을 하고 있다면 필요한 게 무엇일지에 대해 생각해 보고 게스트가 특별히 부탁하지 않더라도 그러한 물건을 제공하려고 노력해요." 데비의 관점은 애플의 스티브 잡스의 생각과 일맥상통한다. 그는 이렇게 말했다. "여러분의 고객에게 평소보다 더 가까이 다가가세요. 그렇게 해야 그들이 자신에게 필요한 게 무엇인지 깨닫기 전에 그것을 알려줄 수 있습니다."

여러분은 배려하는 마음을 얼마나 잘 보여주고 고객들의 무언의 욕구를 얼마나 잘 예측하고 있는가? 그들이 자신의 욕구를 알아차리기도 전에 그들이 필요로 하는 것을 제공할 수 있도록 고객에게 가까이 다가가 있는가?

그들이 어떻게 느끼기를 바라는가?

6장에서 우리는 스타벅스나 메르세데스 벤츠, 에어비앤비 같은 주요 고객 서비스 브랜드들이 모든 상호 작용에서 매번 고객들이 갖기를 바라는 경험을 어떻게 정의하는지 알아보았다. 에어비앤비에 있어서 바람직한 경험은 기억에 남는 마법 같은 여행을 전달하는 것이다. 사실 에어비앤비 호스트 개개인은 마이크로 비즈니스로서 에어비앤비 호스트 커뮤니티 내에서 브랜드를 대표한다. 슈퍼호스트 캐시 피터맨은 이렇게 말한다. "저는 에어비앤비가 모든 것을 돌봐 주길 기대하지 않고 제 자신을 한 사람의 사업가로 생각해요. 저는 그들의 플랫폼을 사용하면서 제 자신의 브랜드와 추종자들을 만들어 낼 수 있다는 걸 느껴요. 제 브랜드는 제 말과 사진, 게스트 후기 위에 세워지는 거예요."

캐시의 브랜드는 물론 모든 호스트의 브랜드도 게스트와의 상호 작용에서 고객이 느끼기를 원하는 방식(그들의 '우리가 서비스를 제공하는 방식' 진술서)을 정의해야 한다. 개별 호스트들의 '우리가 서비스를 제공하는 방식' 진술서는 서로 달라도 게스트들이 기억에 남는 마법 같은 에어비앤비 경험을 갖고 떠나도록 해야 한다는 점에서는 모두 똑같다. 캐시 피터맨의 '우리가 서비스를 제공하는 방식' 진술서를 살펴보고 슈퍼호스트 웬디와 도우 니디의 진술서와 비교해 보자.

캐시 피터맨은 오리건주 포틀랜드의 자기 집에 있는 침실 1개와 개인 욕실을 제공하는 슈퍼호스트다. 캐시의 에어비앤비 프로필에는 "저는 채식을 하는 '아주 포틀랜드적인 사람'으로 환경을 사랑하고, 저희가 대접하는 모든 멋진 음식을 사랑하며, 창의성과 다양성을 긍정적으로 포용합니다. 저는 간호사 매니저로 일하다 퇴직했고 지금은 블로그 운영에 빠졌어요. 전 미니멀리즘을 탐구하고 삶을 잘살아 보려고 하는 사람이에요!"라고 적혀 있다.

캐시는 모든 게스트가 '어수선한 기분 없이 기운을 되찾고 평화로움'을 느끼기 바란다고 말했다. 그녀는 모든 사람이 어떻게 사려 깊게 이 지구를 돌보는 좋은 사람이 될 수 있는지 그 본보기를 보여 주면서, 모든 게스트를 존중함으로써 기억에 남는 숙박을 제공하기 위해 노력한다. 아래의 몇몇 대표적인 게스트 후기에서 캐시가 자신이 바라는 경험을 효율적으로 전달하는 것을 보여주는 사례를 찾아볼 수 있다.

> 캐시의 집은 아주 평화롭고, 도시를 돌아다니고 나서 쉬기 완벽한 장소예요.

> 캐시의 집에서 머문 것은 선물이에요. 그녀의 집은 너무 평화롭고, 사랑스럽고, 먼지 하나 없이 깨끗하고, 편안했어요.

> 캐시는 따뜻하고 차분한 에너지를 만들어 냅니다. 그녀의 집에서 묵게 되어서 포틀랜드 여행이 훨씬 더 즐거웠어요.

웬디와 더그 니디는 미주리주 세달리아와 그린 리지 사이에 있는 곡물 저장고를 개조한 에어비앤비 개인 아파트를 공동으로 호스트하고 있다. 웬디는 이렇게 말했다. "저희는 모든 방문자가 우리 가족의 일원이 된 것처럼 느끼기를 원해요. 저희는 그들이 시골 생활의 즐거움을 맛보기를 바라죠." 더그는 덧붙였다. "방문객 중 많은 사람이 캔자스시티, 세인트루이스와 그 인근 지역에서 많이 오기 때문에 저희는 그들이 농장을 다시 느끼고 그들의 아이들이 고양이를 찾아서 낡은 헛간을 기어오르거나 저희가 염소젖을 짜는 걸 도와주면서 체험의 기쁨을 느낄 수 있게 해 주고 싶어요."

그들이 바라는 정서 상태를 전달하기 위해 웬디와 더그는 모든 게스트를 직접 만날 것을 약속한다. "저희는 게스트를 맞을 때 항상 농장의 대표를 데리고 옵니다. 어떤 때는 고양이를, 어떤 때는 염소나 작은 당나귀를 끌고 나가죠. 게스트들은 대개 먼 거리를 여행해 오기 때문에 신선한 먹거리나 마실 거리로 맞이하기도 합니다. 그리고 그들이 언제든 저희 본가에서 함께 시간을 보내는 것을 환영한다고 말하기도 해요."

게스트가 웬디와 더그와 한 가족이 된 것처럼 느끼고 농장 생활을 즐기며 기쁨을 맛보는 것은 분명하다. 다음은 그들의 숙소에 게시된 일반 게스트의 피드백이다.

에어비앤비를 사용하는 건 이번이 처음인데 여기 묵기로 해서 너무 행복했어요. 정말 너무 완벽했어요! 체크인할 때 웬디는 작고 귀여운 유리병에 신선한 레모네이드를 들고 나왔어요. 남자친구와 저는 염소에게 먹이도 주고 농장 고양이들과 함께 놀기도 했어요. 물고기도 많이 잡았죠. 남자친구는 정말 커다란 배스를 2마리나 잡았어요. 웬디는 다음날 냉장고에 아침 식사를 준비해 두기도 했어요(저희는 그걸 저녁으로 대신 먹었지만 하하하. 정말 맛있었어요!).
염소젖으로 만든 비누 향이 너무 좋아서, 다른 향기의 비누들도 너무 궁금해서 견딜 수 없네요. 웬디와 더그는 그렇게 멋진 사람들이에요! 여기는 아주 편안하고 너무 사랑스러운 곳이에요. 저희는 정말로 여기 다시 묵을 거예요. 한시라도 빨리 돌아가고 싶네요!

슈퍼호스트 캐시와 슈퍼호스트 웬디와 더그는 자기 게스트를 위한 최적의 경험을 확연히 다르게 정의하고 있으며 그러한 최적의 경험이 자신의 서비스를 받는 모든 이들에게 실현될 수 있도록 노력한다. 웬디는 이렇게 말한다. "에어비앤비 자원의 도움과 안내가 없었다면 불가능했을 거예요. 저희는 이러한 성공을 거둔 데 감사해요. 특히 게스트가 저희와 함께 보낸 시간에 대해 느끼는 방식에 대해서요." 이들 슈퍼호스트의 성공은 게스트들이 나눈 후기와 스토리에 살아 숨쉬고 있다.

여러분의 고객 후기는 여러분이 고객들이 갖기를 바라는 바람직한 경험과 일치하는가?

에어비앤비 호스트가 개인화된 보살핌을 어떻게 전달하는지 알아보기 전에 잠시 여러분의 비즈니스를 위한 '니즈의 예측'과 '우리가 서비스를 제공하는 방식' 진술서를 탐구해 보자.

마법과 추억 만들어내는 개인화

2장에서 나는 모든 비즈니스는 개인적이어야 하고 기술은 개인화된 정보를 제공할 수 있지만, 개인적인 보살핌을 제공할 수는 없다고 했다. 보살핌이 개인화되려면 보살핌을 받는 사람에 맞춰 제공해야 한다. 인간의 욕구는 대략 예측될 수 있지만(사람들이 배고프고 피곤하면 아마 물건을 잃어버릴지 모름), 개인화된 보살핌은 특정한 순간에 개인의 특정 니즈에 맞춰 서비스를 제공하는 것을 포함한다. 맞춤 서비스는 쉽게 계획할 수 있다(예를 들면, 워싱턴주 벨뷰의 소냐는 여분의 칫솔과 건강 스낵을 손닿는 곳에 둔다). 하지만 개인화된 보살핌은 공들여 준비해야만 한다.

미셸 로브슨이 자신의 '이유 없이 왼쪽으로 돌기Turning Left for Less'라는 블로그에 올린 게시물에 이런 식으로 공들여 준비한 간단한 사례가 나타나 있다. 미셸은 한 슈퍼호스트의 행동을 이렇게 설명한다. "[그녀는] 처음부터 매우 도움이 되었어요. 제가 아파트에 칵테일 쉐이커가 있는지 물어보려고 연락했더니 그녀는 아마존 링크를 보내 주면 하나 사 두겠다고 친절하게 제안했어요. 아니나 다를까 도착하니 새 칵테일 쉐이커가 있더군요."

개인화는 물건을 하나 구매하는 것과 같이 간단한 일일 수 있지만, 종종 고객과의 밀접한 협력이 수반되기도 한다. 슈퍼호스트 대브니 톰킨스와 앨런 콜리는 오리건주의 엄콰 국유림Umpqua National Forest 근처의 200평 규모의 사유지 안, 50평짜리 목초지 맨 꼭대기의 엄청나게 인기 있는 에어비앤비 숙소를 임대하고 있다. 이 숙소는 너무나 매력적인 곳이라 에어비앤비 게스트 2만 명의 위시리스트에 올라가 있으며 연간 숙박 캘린더가 열리면 몇 분 안에 모든 시즌의 예약이 완료된다. 이 숙소는 미국 산림청US Forest Service의 화재 감시탑을 본떠 매우 현대적으로 업그레이드한 것이다. 숙소를 전체적으로 현대화했음에도 불구하고 게스트들은 여전히 지면에서 주거 지역으로 가려면 지그재그로 놓인 계단 네 개를 올라가야 하고 화장실 시설도 초기 수세식 변기 수준이다.

제약이 있긴 하지만 현대적인 설비를 이용하지 않는다는 점과 평화로운 분위기는 이 탑의 가장 큰 매력이다. 개인화된 게스트 보살핌에 대한 대브니와 앨런의 헌신도 역시 중요한 유인 요소다. 대브니와 앨런은 언제든 게스트가 자신을 찾을 수 있도록 50평짜리 구역에서 지내고 있다. 휴대 전화 서비스는 기지국 사정에 달린 것이어서 대브니와 앨런은 양방향 무선 통신 기기를 제공해 게스트와 연락한다. 그들은 물품을 구하러 갈 때도 고객에게 알리고 숙소를 떠난다.

이 호스트들은 게스트가 머물기 전과 머무는 동안, 그리고 머물고 난 후에 적극적으로 그들과 의사소통한다. 그들은 게스트들을 돕기 위해 게스트와 협력할 때도 있다. 앨런의 말을 빌리자면 '바람이 나무에 들려주는 목소리에 귀 기울일 수 있도록 돕고, 평생 남을 기억을 만들기 위해서'이다.

대브니는 우리에게 이런 말을 했다. "제 기억으론 이 숙소에서 사람들이 12번이나 청혼을 했어요. 이곳은 아주 외딴 곳이라 매우 인기가 있거든요. 그리고 저희는 이곳을 방문하는 게 특별한 일이 되게 할 수 있는 일은 무엇이든 하고 싶고, 기꺼이 할 거예요." 앨런은 그러한 청혼 중 특별했던 사례와 그때 자신들이 그 경험을 개인화하기 위해 어떻게 협력했는지 들려주었다. 남자는 재방문을 위한 예약을 확정하자마자 자신의 청혼 계획에 호스트들을 포함했다. 게스트와 그의 여자친구가 도착했을 때를 앨런은 이렇게 회상했다. "저희는 탑 아래에서 그들을 만났어요. 지난번에 방문한 이후 숙소가 개조되었는데 중요하게 바뀐 곳을 둘러보겠느냐고 물어봤죠. 저희는 그러려면 생활공간으로 안내하기 전에 눈을 가려야 되는데 그래도 좋은지 물어봤어요. 그들은 동의했고 저희는 남자친구를 먼저 데리고 갔습니다."

"방은 이벤트에 맞춰 꾸며졌고 그는 손에 반지를 들고 무릎을 조용히 꿇었어요. 그때 저희가 여자친구를 안내해 들어가 안대를 벗겨 주었죠.

그리고 그녀의 놀란 모습과 청혼을 승낙하는 모습을 동영상으로 찍어 주었어요." 대브니는 덧붙여 말했다. "이벤트에 대해 의논하면서 저는 이렇게 물어봤어요. '이건 정말 사적인 순간인데 정말로 저희가 거기 있어도 되겠어요?' 그랬더니 게스트가 '여러분은 저에게 가족 같은 분들이에요.'라고 그러더군요. 그렇게 저희는 그 순간을 함께 하는 영광을 누리게 되었죠."

기억에 남는 개인화된 경험을 만드는 일에 헌신하는 에어비앤비 호스트들은 자신이 게스트와 강렬한 순간을 함께하고 있는 것을 자주 발견한다. 에어비앤비 슈퍼호스트 에이프릴 브레네만은 에어비앤비를 통해 아주 가슴 아픈 유대감을 경험했던 사례가 많다. 그녀의 스토리 중 하나를 들어보기 전에 에이프릴이 처음으로 에어비앤비 숙소를 임대했던 경험에 대해 알아보자.

에이프릴과 그녀의 남편 도널드는 자녀가 5명이다. 그중 막내 조쉬는 4살 때 유잉 육종Ewing sarcoma이라는 병을 앓았다. 아들이 진단을 받기 전 이 끈끈한 가족은 자기 집 목제 테라스에서 함께 잠을 자곤 했다. 에이프릴은 이렇게 말했다. "저희는 패드와 담요를 바닥에 깔고 제가 빌보 배긴스Bilbo Baggins(J. R. R. 톨킨의 소설《호빗The Hobbit》의 주인공이자, 《반지의 제왕The Lord of the Rings》의 등장인물) 파티 트리라고 부르는 조명이 매달린 이 나무를 목제 테라스 바로 옆에 두었어요. 저희는 책을 읽고 나서 전등을 끄곤 했죠."

조쉬가 암을 치료해 나가는 동안 많은 사람이 조쉬에게 소원을 물어보았다. 조쉬는 그때마다 '숲속의 집'에서 가족들과 함께 자고 싶다고 대답했다. 브레네만의 교회 사람들이 수고해 주는 가운데, 조쉬와 그의 누나 중 한 명이 가족의 뒷마당에 트리 하우스를 지을 계획을 세우는 것을 도왔다. 곧 자원자(일부는 친구, 일부는 낯선 사람들인) 중 한 호스트가 조쉬의 집을 지었다. 트리 하우스 건축 동영상은 airbnbway.com/book-resources에서 확인할 수 있다. '숲속의 집'은 조쉬가 회복을 위해 치료를 받는 동안 뿐 아니라 치료 후 고통과 계속 싸우는 내내 안전하고 신성한 장소가 되어 주었다.

조쉬가 나이가 들게 되면서 트리 하우스를 사용하는 게 뜸해졌다. 그래서 가족은 조쉬의 '숲속의 집'을 에어비앤비에 올려 재정적인 문제를 덜었다. 브레네만의 아이들이 성장해 집을 나가면서 집에 남는 다른 방들도 숙소 목록에 올라갔다.

에이프릴의 가장 개인적인 호스트 경험 중 대부분은 조쉬의 트리 하우스에 묵은 게스트들로 이어진다. 에이프릴은 이렇게 기억한다. "가장 소중한 게스트는 암에 걸린 어린 소녀였어요. 그 아이와 아이의 부모에게 조쉬의 '숲속의 집'에 머무는 것은 매우 중요한 일이었어요. 그리고 그 가족은 여기서 보낸 시간을 소중히 여겼죠. 슬프게도 1년쯤 후에 그들은 딸이 암 때문에 힘들어졌다는 소식을 전해 왔어요. 그때 아이는 트리 하우스로 돌아오고 싶어 했죠. 저희는 즉시 그 가족에게 트리 하우스를 무료로 내주었어요." 에이프릴은 그 가족의 곁에서 공감해 주고 그 특별한 공간을 제공하는 것 이상을 해 주고 싶었다고 내게 말했다. 그보다 더 기억에 남거나 개인적인 일은 없을 것이다. 그 이상의 일을 한다는 것은 상상하기 힘들다.

조쉬의 '숲속의 집'은 그 집을 지은 사람들의 너그러운 마음과 브레네만 가족의 고마운 호스팅 덕분에 특별하고 기억에 남는 장소가 되었다. 사실 모든 숙소나 제품, 서비스 상호 작용이 기억에 남을 수 있다. 하지만 불행하게도 상호 작용의 비즈니스 측면에서는 고객을 만날 때마다 '마음'을 녹이는 기회가 있다는 것을 잊고 서비스의 반복적이고 일상적인 측면에 안주하기 쉽다.

언젠가 내 멘토인 현대적 호텔 기업의 창업자 호르스트 슐츠*Horst Schulze*와 열띤 토론을 한 적이 있다. 호르스트는 '완벽한' 서비스 경험을 얘기하고 있는데 내가 끼어들었다. "완벽은 불가능하니까 우수성을 장려하면 안 되나요?" 호르스트는 대답했다. "만약 당신이 고객의 90퍼센트와 유대감을 형성하는 데 만족하고 그것을 우수하다고 한다면 나는 내 가족 중 한 명이 당신의 기업이 실망을 준 그 10퍼센트에 들지 않기를 바라요." 호르스트의 요점은, 기억에 남는 마법 같은 인간적 유대감의 문제에는 완벽함이 목표가 되어야 한다는 것이다.

미국의 자선가 멜린다 게이츠*Melinda Gates*는 이렇게 말한다. "깊은 인간적 유대감은 의미 있는 삶의 목적이자 결과다. 그리고 그것은 사랑과 관용, 인간미 넘치는 가장 멋진 행동을 이끌 것이다." 에어비앤비 호스트의 관점에서 보면 깊은 개인적 유대감은 게스트와 호스트 모두에게 영감을 주는 것이다.

여러분이 비즈니스 리더로서 고객과의 의미 있는 연결을 성취하려면 응답성과 일관성에 대한 기대치를 충족시켜야 한다. 여러분과 여러분의 팀원은 고객이 명시한 니즈를 해결하고 그들과의 상호 작용 전과 후마다 그들을 도울 방법을 예측해야 한다. 결국에는 여러분은 개인적이고 기억에 남는 마법 같은 서비스를 통해 경쟁자들과 자신을 차별화할 것이다. 여러분이 이러한 서비스 전달의 구성 요소를 모두 익힐 때 사랑과 관용, 인간미가 넘치는 고객 연결이 조성된다. 서비스 전달의 실제적이고 정서적인 요소에 주의를 기울임으로써 여러분의 비즈니스는 계속 성공하고 성장하며 사람들의 삶에 의미를 주게 될 것이다.

여러분이 기억에 남는 마법같은 경험을 만들 때 생각해 볼 것

- 파라슈라만, 발레리 A. 자이사믈, 렌 베리는 우수한 서비스 경험과 관련된 다섯 가지 요소인 신뢰성, 응답성, 유형성, 확실성, 공감성에 초점을 맞춘 서비스 우수성의 포괄적 모델을 개발했다.
- 이들은 서비스 품질을 그들의 5가지 요소에 걸쳐 평가하기 위해 서브퀄SERVQUAL이라는 도구를 개발했다. 이 도구는 고객의 기대치와 실제 서비스에 대한 인식 간의 격차를 측정한다.
- 응답성과 신뢰성, 유형성은 오늘날 서비스의 기본 요소로 서비스 전달의 기초를 나타낸다.
- 확실성과 공감성은 개인화와 고객 니즈의 예측 같은 서비스 경험 행동과 연결될 수 있다. 이런 행동들은 고객과의 정서적 연결을 낳는 높은 수준의 경험 창출 기술을 대표한다.
- 고객은 대부분 지불하는 돈의 금액뿐 아니라 제품이나 서비스를 받는 데 써야 하는 시간과 노력의 양을 바탕으로 경험의 비용을 계산한다.
- 고객 경험 우수성에는 고객이 자신의 니즈가 충족되지 않을까 봐 걱정하기 전에 미리 고객의 의사소통 니즈와 서비스 요청을 처리하는

것이 포함된다.

- 산업 분야와 관계없이 고객들은 늦은 응대를 역량 부족과 태만, 그들의 구매에 대한 감사 부족과 연결 짓는다. 이렇게 태만이 인식되는 많은 경우, 고객 이탈이 발생할 수 있다.
- 충족되지 않은 기본 서비스 기대치는 고객의 평점과 후기에 종종 드러난다.
- 스마트폰 카메라의 확산 덕분에 서비스의 유형성과 관련된 문제가 소셜 미디어 게시물에서 현저히 많아졌다.
- 고객들이 자신의 니즈가 충족되지 못했다고 느끼는지, 충족되었거나 초과 충족되었다고 느끼는지는 후기를 보면 쉽게 판단할 수 있다.
- 고객 피드백과 온라인 게시물은 변혁적인 서비스 개선을 돕는 선물로 보아야 한다.
- 비즈니스 사상가 짐 론은 이렇게 충고했다. "일이 더 쉬워지길 바라지 말고 여러분이 더 나아지길 바라라. 문제가 줄어들기를 바라지 말고 더 많은 스킬을 갖길 원해라. 과제가 줄어들기를 바라지 말고 더 많은 지혜를 바라라." 훌륭한 서비스 브랜드들은 개선이나 지혜, 기술을 바라는 것 이상을 한다. 이는 실천이다.
- 아마존의 CEO 제프 베조스가 말하길, 최상의 고객 경험은 '고객이 당신을 부를 일이 없고, 당신과 이야기를 나눌 일이 없을 때, 그냥 일이 잘 돌아갈 때' 발생한다.
- 그냥 제대로 돌아가는 제품과 서비스와 더불어, 고객들 대부분은 서비스 제공자가 자신의 니즈를 예측하는 추가적인 한 단계를 더 바라기도 한다. 배려심만 있으면 충분히 예측이 가능한 경우가 많다.
- 니즈 예측에는 종종 허기나 갈증, 휴식, 위로와 같은 문제가 포함된다.

또 니즈를 예측하려면 고객이 서비스 상호 작용에 들어왔다 나가는 과도기에 대해서도 생각해야 한다.

- 스티브 잡스는 이런 말을 했다. "고객에게 어느 때 보다 더 가까이 다가가세요. 아주 가까이 가서 그들이 스스로 깨닫기 전에 그들에게 필요한 것을 알려 주세요."

- 고객 후기를 읽으면 여러분이 고객들이 갖기를 바라는 경험(여러분의 '우리가 고객에게 서비스를 제공하는 방식' 진술서)을 얼마나 잘 전달하고 있는지 알아보는 데 종종 도움이 된다.

- 인간적인 욕구는 대략 예측될 수 있는 반면에(사람들이 배고프고 피곤하면 아마 물건을 잃어버릴지 모름), 개인적인 보살핌은 여러분이 특정 순간에 서비스를 제공하고 있는 개인의 특정 니즈에 대한 맞춤 서비스를 수반한다.

- 개인화되고 기억에 남는 경험을 만드는 데 전념하는 서비스 제공자들은 자주 자신들이 고객들과 강렬한 순간을 공유하고 있는 것을 발견한다.

- 멜린다 게이츠는 이렇게 말한다. "깊은 인간적 유대감은 의미 있는 삶의 목적이자 결과다. 그리고 그것은 사랑과 관용, 인간미 넘치는 가장 멋진 행동을 고취할 것이다." 그러한 유대감은 비즈니스의 성공뿐 아니라, 기억에 남는 마법 같은 경험을 낳는다.

CHAPTER 4

역량 강화

8장

영향력
극대화하기

기회의 균등과 경제적 자율권의 향상은 도덕적으로 옳고 선한 경제학이다.

- 윌리엄 J. 클린턴*William J. Clinton*, 미합중국 제42대 대통령

이전 장에서 나는 에어비앤비 경영진이 얼마나 열정적으로 소속감과 신뢰, 환대를 형성하고 싶어 하는지 대략적으로 설명했다. 우리는 에어비앤비가 어떻게 '기술의 도움을 기반으로 한 사람 중심의 비즈니스'로 자리를 잡고 누구나 어디서나 내 집처럼 편안하게 지낼 수 있는 세상을 만든다는 사명에 헌신하는지 탐구했다. 또 우리는 우버나 리프트보다 먼저 달성한 수익성으로 증명된 에어비앤비의 엄청나게 빠른 재정적 성공에 대해서도 검토해 보았다.

자본주의에 대한 신랄한 비평가들은 에어비앤비 같은 회사는 빠른 경제적 성공을 거둘 수 없으며, 인간적인 포용심과 소속감을 염려하는 고귀한 사회적 사명을 진정으로 추구할 수 없다고 주장할 수 있다. 홀 푸드 마켓의 CEO 존 매키*John Mackey*와 라즈 시소디아*Raj Sisodia* 교수는 그들의 저서 《돈, 착하게 벌 수는 없는가*Conscious Capitalism*》에서 "자본주의와 기업은 모두 너무나 자주 나쁜 녀석들이라고 비난받으며, 사실상 포스트모던 비평가들이 세계에 대해 싫어하는 모든 것에 대해 욕을 먹는다. 자본주의는 가난한 자들이 아닌 부자들을 이롭게 하고, 사회를 획일화하고, 공동체를 해체하고, 환경을 파괴함으로써 노동자들을 착취하고, 소비자들을 기만하고, 불평등을 발생시키는 것으로 그려진다."라고 말한다.

이 장에서 우리는 에어비앤비 경영진이 어떻게 '수익성을 쫓는' 기업들의 부정적인 자화상에 도전하고 있는지 탐구할 것이다. 10장에서는 에어비앤비가 어떻게 공동체를 강화하고, 환경을 보호하고, 인도주의적 구호 활동을 하려고 노력하고 있는지 보여줄 것이다.

이 장은 에어비앤비의 기업가 정신과 경제적 기회, 직원 고용을 강화하기 위한 노력을 알아보는 장이므로 사회적 시장경제의 맥락에서 논의의 틀을 잡아 보자. 소셜 캐피탈 리서치 앤 트레이닝*Social Capital Research and Training*의 창업자 트리스탄 클래리지*Tristan Claridge*는 사회적 시장경제를 '고전 자본주의자들의 개념인 자본 축적에 초점을 맞추기보다는 사회적 개선을 목적으로 하는 자본주의의 사회적 사고 형태. 사회적 목적을 지닌 자본주의의 공리주의적 형태'로 정의한다.

앞으로 우리는 에어비앤비가 직원과 호스트 커뮤니티의 경제적 기회를 어떻게 개선해 왔는지의 관점에서 이 회사의 '사회적 목적'을 살펴볼 것이다. 9장에서는 본인의 역량을 강화해 오며 다른 사람들의 역량을 강화한 에어비앤비 호스트와 직원들의 이야기를 들어볼 것이다.

그렇다면 '역량 강화empowerment'는 무엇을 의미하는가? 능력을 주다 empower라는 말의 기원은 1400년대까지 거슬러 올라가고 존 밀턴John Milton의 1667년 고전 시 〈실낙원Paradise Lost〉에서 찾아볼 수 있다. 긴 역사에도 불구하고 역량 강화의 개념이 더 넓은 사회적 맥락에서 영향력을 갖기 시작한 지는 50년도 안 되었다. 작가 나네트 페이지Nanette Page와 셰릴 추바Cheryl Czuba는 〈저널 오브 익스텐션Journal of Extension〉의 "역량 강화: 그것은 무엇인가?"라는 글에서 그것을 이렇게 정의했다.

역량 강화는 공동체 개발, 심리학, 교육학, 경제학, 사회 운동 및 조직 연구, 기타 여러 분야와 같은 지식 분야와 사회의 여러 영역에서 공유되는 하나의 구성 개념이다. 이 용어, 역량 강화의 의미는 종종 설명되거나 정의되기보다는 추정된다.

하지만 일반적인 정의에서 우리는 역량 강화를 사람들이 통제감을 가질 수 있도록 돕는 다면적인 사회적 프로세스라고 말한다.

이는 사람들이 중요하다고 규정하는 문제에 대해 행동을 취함으로써 자기 자신의 삶과 자신이 속한 공동체와 사회에서 사용할 수 있는 힘을 갖게 되는 과정이다.

우리의 논의를 위해 공유 경제 속의 경제적, 사회적 역량 강화 요소를 간단히 짚어본 후, 에어비앤비에서 경영진이 에어비앤비의 서비스를 받는 사람들의 역량을 강화하는 과정을 어떻게 발전시켰는지 살펴보겠다. 또한, 여러분 비즈니스의 경제적 역량 강화와 직원 역량 강화도 다루게 될 것이다.

이익, 자산 그리고 기회를 공유하기

1장에서는 공유 경제를 기업 대 기업이든 개인 대 개인이든 간에 상품이나 서비스를 온라인 시장을 통해 제공하는 것으로 정의했다. 공정하게 말하면 공유 경제는 한 문장에 담아내기에는 너무나 복잡하다. 공유 경제는 실제로 '긱 경제gig economy', '플랫폼 경제', '피어 경제peer economy', '온디맨드 경제on-demand economy'와 같은 설명이 수반되는 여러 다양한 비즈니스 종류를 나타낸다. 세계 경제 포럼의 한 기사에서 공유 경제에 대한 조언가 에이프릴 린April Rinne은 이 영역을 다음과 같이 설명했다.

대개 기술 플랫폼을 통해 유휴 자산을 공유하여 경제적, 환경적, 사회적, 실질적 혜택을 만들어내는 것. 소유보다 공유가, 사람들과 점점 늘어나는 기업들이 돈을 절약하고, 돈을 벌고, 탄소 발자국을 줄이고, 사회 자본을 늘리고, 공동체를 활성화하고, 새로운 사람들을 만나고, 신뢰를 구축하고, 선택지를 늘리고, 편의성을 제공하도록 돕는다. 실제로 다른 비즈니스 모델들이 한꺼번에 이렇게 많은 혜택을 줄 수 있다고 주장할 수 있는 경우는 얼마 되지 않는다. 이는 개인과 기업, 사회에 대해 믿을 수 없을 만큼 강력한 제안이다.

이러한 영향력을 고려해 논평가들과 연구자들은 공유 경제의 이점과 위험성을 연구한다. 마찬가지로 정책 입안자들은 이런 급성장하는 시장에 대한 대응과 규제를 시도한다.

2015년 프라이스 워터하우스 쿠퍼스*PwC* 보고서는 미국의 공유 경제와 관련된 참여와 영향, 트렌드를 조사했다. 당시 응답자의 19퍼센트가 공유 경제 거래에 참여해 본 적이 있다고 답했다. 공유 경제 비즈니스를 운영해 본 적이 있는 응답자들은 그로 인해 삶이 더 여유로워졌고(86퍼센트), 편의성과 효율성이 증가하였고(83퍼센트), 공동체가 강화되었고(78퍼센트), 공유 경제는 환경에 이롭다(76퍼센트)고 답했다.

PwC는 5가지 핵심적 공유 시장(여행, 교통, 콘텐츠 스트리밍, 채용, 금융)의 전 세계 매출이 2015년 150억 달러에서 2025년에는 3,350억 달러로 정점을 찍을 것이라고 예상했다. PwC의 예측이 정확하다면 2025년도 공유 경제는 소매 부문 전체의 매출과 맞먹는 매출을 창출할 것이다. 이러한 예측을 뒷받침하면서 PwC는 소비자들이 '소유'보다 '접근성'을 얼마나 선호하는지 강조했다.

소비자 2명 중 1명만이 "물건을 소유하는 것이 자신의 사회적 지위를 보여주는 좋은 방법이다"라는 말에 동의한다. 소비자 5명 중 4명은 때때로 소유보다 임대에 실질적인 이점이 있다는 데 동의하며 접근성이 새로운 소유권이라고 말하는 18세에서 24세 성인들의 경향이 25세 이상의 성인보다 거의 2배 가량 더 높다. 행복에 관한 연구에 따르면 구매 행위보다 경험이 만족감을 훨씬 더 높여주며 내재한 것에 대한 젊은이들의 이해가 경험 경제에 활기를 불어넣는다고 했다.

제품 및 서비스 공유 쪽으로 향하는 늘어난 경향은 멈출 것처럼 보이지 않지만, 공유 경제에 대한 비판도 끊이지 않는다. 이 분야에 부정적으로 말하는 사람 중 많은 이들은 공유 경제로부터 위협을 받는 기존 비즈니스 출신들이거나 의도하지 않은 결과나 관리할 수 없는 부정적 영향을 두려워하는 사람들이다. 〈저널 오브 클리너 프로덕션Journal of Cleaner Production〉의 "공유가 해결책인가? 공유 경제의 사회적 수용성 탐구하기Sharing the Solution? Exploring public acceptability of the sharing economy"라는 제목의 글에서 연구자 캐서린 E. 체리Catherine E. Cherry와 닉 F. 피전Nick F. Pidgeon은 공유 경제 플랫폼들이 "규제의 허점을 이용하고, 노동자의 권리를 약화하고, 이익은 거의 없고, 위험 대부분을 그 시스템을 이용하는 개인들에게 전가하는 바닥 치기 경쟁(정부의 과한 규제 완화 또는 비용 절감을 통한 개체 간의 경쟁으로 편익이 감소하는 상황-역주)을 조장한다며 반복적으로 비판받아 왔다"라고 말하며 공유 플랫폼에 대해 제기되는 우려를 요약했다.

공유 경제의 혜택과 부채에 대한 포괄적인 검토는 《공유학*Shareology*》 과 《공유 경제의 부상*The Rise of the Sharing Economy*》과 같은 책에서 찾아볼 수 있다. 대신 우리는 에어비앤비가 회사 플랫폼의 경제적, 사회적 혜택 을 어떻게 극대화하려 했는지와 그러한 역량 강화 노력이 공유 시장 내 외부에서 운영되는 기업들과 어떻게 관련될 수 있는지에 대해 초점을 맞추겠다. 에어비앤비의 경제적 역량 강화 노력을 살펴보기에 앞서 에 어비앤비 예약으로 발생하는 매출이 어떻게 배분되는지 이해하는 것이 중요하다.

호스트가 에어비앤비 플랫폼에 숙소나 서비스를 등록할 때는 등록 비가 청구되지 않는다. 숙소의 요금은 호스트가 설정한다. 호스트마다 에어비앤비의 스마트 프라이싱 시스템 사용을 선택할 수 있다. 에어비 앤비에 따르면 호스트는 스마트 프라이싱을 통해 유사한 숙소들에 대 한 수요 변동에 맞춰 자동으로 가격을 올리거나 내릴 수 있다. 스마트 프라이싱은 숙소의 유형 및 위치와 계절, 수요 및 다른 요소들을 바탕으 로 한다. 게스트가 요금을 내면 에어비앤비는 호스트로부터 3퍼센트에 서 5퍼센트의 수수료를 수금한다. 달리 말하면, 호스트는 예약 요금의 95퍼센트에서 97퍼센트까지 가져간다. 에어비앤비는 신용 카드 처리 나 회사가 제공하는 백만 달러 규모의 보험을 들기 위한 추가 수수료를 받지 않는다.

에어비앤비의 보상 구조는 호스트가 마케팅이나 결제 처리, 고객 서 비스 지원에 대한 추가적인 높은 비용 없이 비즈니스에 참여할 수 있도록 디자인되어 있다. 에어비앤비의 매출은 기본적으로 게스트가 다양한 가격 포인트와 원하는 여행지와 가장 가까운 위치에 있는 숙소와 체험을 손쉽게 이용할 수 있는 데 대해 지불한 수수료에서 나온다(에어비앤비에 따르면 숙소 대부분이 호텔 구역 외곽에 위치한다).

숙소에 대한 게스트 서비스 수수료는 예약 소계(숙박비에 적용 가능한 경우, 청소비와 추가 게스트 요금이 더해짐, 에어비앤비 수수료 및 세금은 제외)의 0퍼센트에서 20퍼센트 사이의 범위에서 정해진다. 이 수수료는 예약 소계와 숙박 기간, 숙소 특징을 포함한 다양한 요소를 사용해 계산되며 대개 예약금이 높아지면 서비스 수수료는 낮아진다. 게스트들은 예약을 하기 전에 확인 페이지에서 이 수수료를 볼 수 있다.

서비스 수수료와 관계없이, 게스트들은 에어비앤비를 사용한 덕분에 호텔에서 숙박했다면 감당하지 못했을 여행을 할 수 있었다고 자주 말한다. 가족들과 직장에서 온 팀들은 호텔에서 여러 객실이나 층에 흩어지는 일 없이 집 전체를 빌릴 수 있어서 팀 빌딩과 친목을 도모하는 이점도 있다고 했다.

숙소 공유 시장은 호스트와 게스트 양쪽에 제공하는 옵션과 혜택을 바탕으로 계속 성장한다. 결과적으로 에어비앤비는 시장의 건강을 지원함으로써 이득을 얻는다. 에어비앤비가 어떻게 호스트 커뮤니티를 지원하는지 살펴봄으로써 경제적 역량 강화를 계속 탐구하자.

에어비앤비 안건과 그 영향

개인이 자신의 관심사와 집에 투자해 재정적 안녕을 이루도록 돕는 데 있어 에어비앤비는 말 그대로 안건을 가지고 있다. 2017년 에어비앤비는 '에어비앤비 경제적 역량 강화 안건Airbnb Economic Empowerment Agenda'이라 불리는 새로운 계획을 호스트에게 안내했다. 에어비앤비 호스트 웹사이트인 '에어비앤비 시티즌Airbnb Citizen'에 게시된 안내는 먼저 사회적 경향을 개괄적으로 안내했다. 그다음 에어비앤비가 호스트에게 주는 재정적 영향에 대한 데이터를 인용해 에어비앤비의 새로운 계획이 가진 목적을 설명했다.

에어비앤비 경제적 역량 강화 안건의 구성 항목을 살펴보기 전에 에어비앤비가 새로운 목표를 시작하게 된 것과 관련된 사회적, 경제적 트렌드를 어떻게 요약하고 있는지 알아보자.

경제적인 불평등이 나날이 증가하고 있는 현재, 에어비앤비는 자본주의를 민주화하고, 중산층에 경제적 기회를 안겨 주고, 기술을 활용해 우리의 커뮤니티를 대체하는 것이 아닌 연결하고 역량을 강화하는 데 도움을 주고 있다. 우리의 대면 플랫폼은 평범한 사람들이 자신의 집을 활용하여 대개 그들의 가장 큰 지출을 차지하는 식비와 임대료, 자녀 교육과 같은 비용으로 쓸 추가 수입을 창출할 수 있도록 했다.

에어비앤비 홈스의 전 사장 그렉 그릴리는 대화를 나누던 중 이를 이렇게 설명한다. "커뮤니티는 에어비앤비의 가장 우선적이고 가장 중요한 기반입니다. 호스트들은 에어비앤비를 시작하기로 결정한 저마다의 이유가 있어요. 어떤 이들은 사람들을 만나거나 돕고 싶어서이고, 또 어떤 사람들은 월세를 내기 위해서죠. 이유야 어떻든 저희는 자본주의를 민주화하고 저희 플랫폼에 존재하는 모든 사람의 삶을 풍부하게 만들고 싶습니다."

에어비앤비는 자본주의를 민주화하고 경제적 기회를 만들겠다는 목표를 뒷받침하기 위해, '에어비앤비 시티즌'에서 2017년 통계치를 공유했다. 에어비앤비는 전 세계적으로 다음과 같은 성과를 이뤄냈다.

- 예약률이 높은 200개의 도시에서 어림잡아 73만 개의 일자리(네라 이코노믹 컨설팅NERA Economic Consulting의 연구에 언급됨)에 기여.
- 네라 이코노믹 컨설팅의 연구에서 평가한 200개 도시에서 600억 달러 이상의 생산량 증대에 기여.

2007년 북미 지역에서 에어비앤비는 다음과 같이 보고했다.

- 플랫폼에 있는 미국 호스트는 매년 평균 6,100달러를 벌었다.
- 미국 호스트의 62퍼센트는 숙소 공유가 자기 집을 장만하는 데 도움을 준다고 했다.
- 북미 지역 호스트의 12퍼센트가 숙소 공유로 압류나 퇴거 조치를 면하게 되었다고 했다.

그리고 2017년에 에어비앤비는 이러한 내용을 발표하기도 했다. "아프리카계 미국인, 라티노, 다른 소수민족 공동체는 미국 도시 중에서 가장 빠르게 성장하고 있는 에어비앤비의 호스트 영역이다." 당시 에어비앤비 뉴욕 커뮤니티 관련 연구에서는 "도시 전체의 에어비앤비 게스트 수는 50퍼센트 성장한 데 비해 흑인 거주자 비율이 가장 높은 30개 구역에서는 그 수가 매년 78퍼센트 성장한 사실이 밝혀졌다." 시카고와 워싱턴 DC의 주류와 비주류 공동체의 유사한 연구를 보면 성장률이 그보다 훨씬 더 높다는 것을 알 수 있다.

에어비앤비 경제적 역량 강화 안건 발표의 토대 마련의 일부로 에어비앤비는 이민자가 많은 대도시 뉴욕과 로스앤젤레스, 시카고에 사는 호스트들이 에어비앤비에 집을 공유함으로써 2천 4백만 달러가 넘는 돈을 벌었다는 사실이 드러난 연구를 공유했다. 그 지역에서는 1년 미만 활동한 숙소 중 65퍼센트의 성장률을 보여준 곳도 있었다.

이러한 사실에도 불구하고 에어비앤비 경영진은 경제적인 문제를 겪고 있는 민족 공동체들과 여성, 노인층을 돕기 위해 이뤄낸 발전에 만족하지 않았다고 한다. '더 많이 실천'하고자 하는 그들의 욕구는 에어비앤비 경제적 역량 강화 안건의 탄생을 촉진했다. 그리고 이 안건은 다음 2가지 이니셔티브를 갖고 시작되었다.

- 생활 임금 서약*Living Wage Pledge*
- 소수자들이 많은 지역의 도시 호스트를 위한 공격적인 성장 목표

2017년 생활 임금과 관련된 것으로, 에어비앤비는 2020년까지 '인적 자원을 통해 미국 에어비앤비에 상당한 양의 업무를 제공하는 모든 도급업체와 공급업자에게' 시간당 최소 15달러를 지불하기로 약속했다.

생활 임금 서약을 도급업체와 공급업자들로 확대한 것과 더불어 에어비앤비는 호스트 커뮤니티도 그들의 직원과 공급업자들에게 이에 맞춰 비용을 지불하도록 장려했다. 예를 들어 에어비앤비는 호스트들이 숙소 청소 인력에게 시간당 최소 15달러를 지불할 것을 요구했다. 이를 약속한 호스트들은 본인의 숙소 목록에 생활 임금 서약을 지지한다고 게시할 수 있다. 이것으로 장래의 고객들은 숙소를 예약할 때 생활 임금을 제공하는 호스트의 약속을 고려할 수 있다. 9장에서 여러분은 이 약속을 한 호스트들의 이야기를 듣게 될 것이다.

소수 집단들이 사는 지역(종종 '소수 집단이 다수집단인*majority-minority*' 지역으로 일컬어지는)에 대한 에어비앤비의 약속에 관해 경영진은 다음과 같은 내용을 발표했다. "저희는 앞으로 2년 내 도시의 '소수 집단이 다수인' 구역과 미국 전역의 서비스나 자원의 수급이 불충분한 지역의 호스트 커뮤니티의 규모를 2배로 늘리겠다는 목표를 세우고 있습니다. 저희는 국가 및 지역 조직들과 협력하고, 현지에서 대면 행사를 개최하며, 호스팅으로 생기는 경제적 기회에 대해 더 많은 사람에게 알리는 교육을 하는 등 새로운 노력을 기울여 이 목표를 달성할 것입니다." 그리고 이러한 협력 관계 중 하나는 전미 유색 인종 지위 향상 협회*National Association for the Advancement of Colored People, NAACP*와 함께 이루어졌다.

NAACP 웹사이트는 에어비앤비와의 협력을 이렇게 알리고 있다.

[저희는] 더 많은 사람이 자신의 집을 활용해 추가 수입을 올릴 수 있도록 돕기 위해 유색 인종 공동체를 지원하는 활동을 합니다. 이 협력 관계는 유색 인종 공동체를 방문하는 여행자를 늘림으로써 관광업의 경제적 혜택을 확산시킬 것입니다. 여기에는 고유한 매출 공유 모델 역시 포함되어 있습니다. 에어비앤비는 NAACP와의 협력으로 발생하는 수입의 20퍼센트를 공유할 예정입니다. NAACP와 에어비앤비는 에어비앤비의 공급업체 다양성 목표를 지원할 뿐 아니라 인력 다양성을 위한 에어비앤비의 지속적인 노력을 지지하는 일련의 프로젝트에서도 협력해 나갈 것입니다.

경제적인 곤란을 겪고 있는 지역에 기회를 늘리기 위해 측정 가능한 목표를 세움으로써 에어비앤비는 경제 협력 개발 기구*Organisation for Economic Co-operation and Development, OECD* 내 국제 개발처*Department of International Development*가 '빈곤을 줄이고 삶의 질을 향상하는 데 가장 강력한 도구'라고 설명한 것과 맥을 같이 하는 행동을 취하고 있다. 그러한 지역의 에어비앤비 직원들은 자신이 새로운 경제적 기회를 제공하는 데 도움을 주고 있다는 점과 호스트 성장 목표를 달성하면 해당 지역에 소규모 사업가의 활동과 관광 매출이 증대하는 선순환이 생긴다는 사실을 이해하고 있다.

1948년 UN은 전 세계 개인들의 인권을 서술하고 그것을 옹호하는 세계 인권 선언*Universal Declaration of Human Rights*을 발표했다. 그 문서에 상세히 기술된 권리 중 하나는 다음과 같다. "모든 노동자는 자신과 그

가족이 인간적으로 존엄을 지키고 살아갈 수 있도록 정당하고 유리한 보수를 받을 권리가 있다. 또 이러한 보수가 부족할 때는 필요한 경우, 여타 사회 보호 수단을 통한 부조를 제공 받을 권리가 있다." 1990년대 후반 이후, 다국적 대기업들은 생활 임금이라는 개념을 수용해 직원과 체결하는 사회적 계약의 일환으로 합당한 보상의 제공을 약속했다. 스웨덴의 세계적인 제약 회사 노바티스*Novartis*는 회사 웹사이트에서 생활 임금을 보장한다는 약속과 그에 대한 프로세스를 밝혀 두었다.

2000년에 노바티스는 모든 직원에게 생활 임금을 지불하겠다는 약속을 실행하는 최초의 다국적 회사 중 하나였습니다. '생활 임금'은 노바티스의 함께 하는 동료에 대한 이니셔티브이자 약속입니다. 그리고 '생활 임금'은 대개 최저 임금 요구치보다 더 높게 책정됩니다. 매년 노바티스는 매년 인플레이션과 식료품 물가, 기타 시장 상황에 맞춰 생활 임금을 갱신합니다. 법적인 최저 임금은 개인의 빈곤 수준에 초점을 두는 경향이 있지만 생활 임금은 조합원들과 그들의 가족의 기본 생계 욕구를 충족시키는 데 초점을 맞추고 있습니다.

매년 노바티스 그룹의 회사들은 모든 조합원의 급여를 검토하고 생활 임금 수준 아래로 떨어진 급여를 조정합니다.

생활 임금 네트워크*Living Wage Network*(공인 대리 기관)는 2,500개의 중

소기업도 이 약속을 지키고 있다고 보고한다. 이 네트워크는 회사들이 직원의 경제적 성장과 삶의 질을 추구해야 하는 두 가지 근본적인 이유에 초점을 맞춘다. 경제적 안녕의 관점에서 생활 임금 네트워크는 다음과 같이 말한다.

소비자들이 제품을 사면 회사와 회사의 노동자들에게 수익이 생기고 경제가 성장합니다. 하지만 아주 많은 수의 가족들에게 부가 제한되면 재화와 서비스를 살 수 없습니다. 광범위하게 퍼진 불평등은 소비자 수요가 결핍되는 경제 상황을 낳습니다. 이러한 수요 부족은 경제 성장을 더디게 하고 그로 인해 전반적인 경기 침체와 하락이 야기됩니다.

짐 콜린스Jim Collins는 자신의 저서《좋은 기업을 넘어 위대한 기업으로Good to Great》에서 변화의 순간이 미래의 변화를 위한 동력이 되는 '플라이휠 효과flywheel effect'에 대해 말한다. 직원과 비즈니스 파트너들이 생활 임금을 수령하면 유사 플라이휠 효과가 발생한다. 의미 있는 보상은 소비자의 지출과 노동자의 생산성이라는 축을 돌리는 플라이휠이 굴러가게 한다. 생활 임금 네트워크에 따르면 생산성 향상은 다음 항목을 통해 이루어진다.

- 노동자의 도덕성 향상
- 직원 건강 증진

- 서비스 품질 개선
- 이직률 하락

　고용주들의 생활 임금 지급 약속과 더불어 생활 임금 네트워크와 같은 조직들은 소비자에게 직원들에게 지속 가능한 임금을 지불하는 기업의 물건 구매를 약속하도록 장려한다.

　에어비앤비의 경제적 역량 강화 안건은 에어비앤비가 호스트 커뮤니티 구성원과 그들과 함께 일하는 사람들의 삶을 향상하겠다는 약속을 공개적으로 선언한 것이었다. 이 안건은 에어비앤비가 이러한 중요 사회 문제에 초점을 맞추고 있으며 소수 집단이 많이 거주하는 공동체의 경제적 성장을 도모하는 이니셔티브의 청사진을 가지고 있다는 사실을 게스트에게 알리는 추가적인 이점을 가지고 있다.

　생활 임금을 지급하고 소외 계층의 경제적 안녕을 촉진하려는 한 회사의 의지는 사회적으로 책임 있는 행위 이상을 의미한다. 그것은 밀레니얼 세대 노동자들의 관심을 끄는 데 있어 중요한 요소 중 하나다. 2017년 어치브*Achieve*가 수행한 연구 〈밀레니얼 세대 영향 보고서 *Millennial Impact Report*〉는 다음과 같은 내용을 언급하고 있다.

- 밀레니얼 세대는 소수 집단이나 소외 계층, 권리를 찾지 못하는 단체나 사람들에게 영향을 주는 자선 활동에 대해 상당히 높은 관심을 보였다.
- 밀레니얼 세대는 공정함과 평등, 기회를 촉진하는 자선단체에 가장

관심을 많이 가진 세대다.

- 밀레니얼 세대는 자기와 자기가 속한 그룹 외부의 문제를 계속해서
주의한다.

이러한 문제에 대해서 에어비앤비 또는 여러분의 회사가 수익 창출을 넘어선 비즈니스 이니셔티브를 분명히 하면 일련의 간접적인 경제적 혜택이 발생한다. 그 혜택으로는 소비자 수요의 증가와 노동자 도덕성 향상, 직장 생산성 증대, 빈곤 감소, 떠오르는 세대의 입사 유인이 동반된 전반적인 경제적 성장이 있다. 에어비앤비가 역사적으로 소외되어 온 집단의 역량 강화를 어떻게 적극적으로 추진하고 있는지 살펴보기 전에 잠시 여러분의 경제적 역량 강화 기회에 대해 생각해 보자.

브랜드 경험 디자인 가이드

1. 여러분은 생활 임금 서약을 채택하거나, 비즈니스 파트너에게 같은 내용을 서약할 것을 권장하고 있는가? 여러분의 임금 구조는 인재의 관심을 끌거나 인재 유지율을 높이거나, 노동자의 건강을 향상하거나, 서비스 품질을 개선하는 데 어떻게 도움을 주고 있는가?
2. 여러분은 자신의 경제적 역량 강화 목표를 공개적으로 공유하는가? 만약 그렇다면, 어떻게 공유하고 있는가(예, '경제적 역량 강화 안건' 또는 웹사이트상의 생활 임금 서약 공개)?
3. 여러분의 비즈니스 공동체의 경제적 성장을 이루기 위해 어떤 목표를 설정했는가?

여성의 비즈니스 성장 지원하기

에어비앤비는 여성 기업가의 활동을 앞장서 지원한다(여성이 호스트 전체 인원의 55퍼센트를 차지한다). 2008년부터 2017년 3월까지 에어비앤비 플랫폼에서 여성들은 누적 100억 달러의 수입을 올렸다. 2018년 3월까지 기간을 늘리면, 여성의 총매출은 200억 달러로 치솟는다. 다시 말해, 여성 에어비앤비 호스트들은 이전 9년간 벌어들인 금액(100억 달러)을 2017년에서 2018년 사이 단 1년 만에 벌어들인 것이다(에어비앤비의 급성장이라는 맥락에서 에어비앤비 데이터를 고려할 때 이것은 교훈을 주는 사례가 되어야 한다).

많은 경영진에게 있어서 여성의 경제적 역량 강화는 마땅히 해야 할 옳은 일이다. 이는 세계 경제에 대해 엄청난 금융적, 사회적 의미를 갖는다. 쿠엔틴 워든*Quentin Wodon*과 베네딕테 드 라 브리에르*Bénedicté de la Brière*가 작성한 〈실현되지 않은 잠재성: 수입에 있어서 성 불평등이 치르는 높은 비용*Unrealized Potential: The High Cost of Gender Inequality in Earnings*〉이라는 제목의 2018년도 세계 은행 그룹*World Bank Group*의 보고서는 남성들이 전 세계 자본의 62퍼센트를 차지하고 있는 데 비해 여성들은 겨우 38퍼센트를 차지하고 있다는 사실을 보여주었다. 이러한 불공평한 격차는 중하위 정도의 수입을 가진 국가와 개발 도상 국가에서 더 크게 벌어진다. 연구자들은 여성이 남성과 똑같이 급여를 받아야 한다고 가정할 때, 연구에서 분석한 141개국에서의 기존 소득 불균형은 160조 2천억 달러의 인적 재산 손실을 발생시키고 있다고 추정했다. 대략 전 세계 GDP의 2배에 가까운 숫자이다.

보고서에서 우돈과 브리에르는 비즈니스 리더들이 여성의 역량 강화를 위해 취할 수 있는 몇 가지 단계를 간략하게 설명한다. 여기에는 비즈니스 네트워크에 대한 접근 제공, 교육 시스템 개발 및 소셜 네트워크를 통한 연결 장려가 포함되어 있다. 보고서의 내용은 다음과 같다.

비즈니스 협회와 네트워크, 멘토, 롤 모델은 비즈니스 교육과 현금 지원, 농업 확장 등이 주는 개입의 효과를 보완하고 강화하면서 여성 기업가들과 농업 종사자들 양쪽을 위한 약속을 지킨다. 이 상호 보완은 정보와 사회적 지원을 모두 획득한 데서 나오는 것처럼 보인다. 특히 자조 집단self-help group들은 동료 간의 연대를 증대시키고, 독립적으로 재정 관련 의사 결정을 더 많이 내리며, 여성들이 그들의 가정과 공동체 안에서 더 존중받는 분위기를 조성한다.

세계 은행 그룹의 보고서와 맥을 같이 하여 에어비앤비는 전 세계 여성 기업가들의 활동을 촉진하기 위해 남아프리카 공화국 케이프타운 랑가Langa Province of Cape Town의 이카야 르 랑가ikhaya le Langa와 인도 농촌 지역의 여성 자영업 노동자 연합SEWA, Self Employed Women's Association과 같은 프로그램을 통해 '사업적, 사회적 지원'을 제공한다.

이카야 르 랑가 NPC(태양의 집)는 아프리카 웨스턴 케이프에서 가장 오래된 유서 깊은 흑인 마을에 봉사하는 비영리 단체다. 이카야 르 랑가 웹사이트에 따르면, 이 단체는 '약 7000명이 거주하는 500가구의 13개 거리로 구성된 랑가 쿼터Langa Quarter 지역을 재생'하고 있으며, 랑가 공동체는 여러 해 동안 케이프타운의 인종 차별적 사회경제 질서의 밑바닥에서 고통받아 왔다고 한다. 에어비앤비는 이카야 르 랑가와 협력해 랑카 쿼터 지역의 여성들에게 관광업을 교육한다. 이 교육은 여성들에게 호스팅 스킬 뿐 아니라 마을의 역사를 가르침으로써 에어비앤비 호스트가 될 준비를 시킨다.

이와 유사하게 에어비앤비 경영진은 여성 자영업 노동자 협회와도 협력을 맺고 있다. SEWA의 사명은 '노동자들이 투쟁과 개발 전략을 통해 정규직 및 자립이라는 목표를 이룰 수 있도록 조직화하는 것'이다. SEWA는 "개발 행위들은 여성의 구매력을 강화하고 그들에게 새로운 대안을 이야기한다. 반면, 투쟁은 사회와 경제가 그들에게 지운 많은 제약과 한계에 맞서는 것이다."라고 말한다.

에어비앤비는 인도 시골 지역의 여성들에게 에어비앤비 호스트가 되는 교육을 함으로써 개발 노력을 후원한다. 〈방콕 포스트*Bangkok Post*〉에 실린 톰슨 로이터 재단*Thomson Reuters Foundation*의 기사에서 SEWA의 이사 리마 나나바티*Reema Nanavaty*는 이렇게 말했다. "처음에 저희는 여성들이 일을 잘 해낼지, 사람들이 이들의 지역에서 홈스테이를 할 것인지 확신할 수 없었습니다. 하지만 일단 게스트가 생기기 시작하자 여성들은 집을 개선하는 데 투자하고 게스트와 의사소통을 하기 위해 구글 번역을 사용하기 시작했죠. 이제 이것은 그들에게 주요한 수입의 원천이 되었습니다." 에어비앤비는 아프리카와 인도 양국에서 여성의 역량 강화를 위해 활발히 활동하고 있는 단체들과 협력함으로써 영향력을 극대화했다. 모든 기업이 SEWA나 이카야 르 랑가 NPC와 같은 글로벌 조직에 투자할 수는 없으나 지역 에이전시와 협력하는 것은 모든 리더가 할 수 있다.

에어비앤비는 다른 많은 집단이 사용하지 않는 공간을 경제적 원천이자 소규모 사업으로 전환하는 데 도움을 준다. 예를 들어 에어비앤비는 특히 종종 고정된 수입으로 힘겹게 사는 노인들에게 초점을 맞춘다.

노인들을 돕기

2007년에서 2010년까지(에어비앤비가 호응을 얻어 가고 있던 시기) 미국에서는 부동산 담보 대출 위기가 가중되고 있었다. 그 위기 이후, 로리 트라윈스키*Lori Trawinski*는 미국은퇴자협회 산하 공공 정책 연구소*AARP Public Policy Institute*를 대표하여 〈중심가의 악몽: 노년의 미국인과 모기지 시장의 위기*Nightmare on Main Street: Older Americans and the Mortgage Market Crisis*〉라는 제목의 보고서를 발간했다. 그녀는 이 보고서에서 이렇게 밝혔다. "이것은 부동산 담보 대출 위기의 진행 상태와 이 상태가 50세 이상에게 미치는 효과를 최초로 연구한 것이다. 미국의 노인층은 젊은층보다 주거가 더 안정되어 있지만 수백만 명의 노인들이 전보다 더 많이 부동산 담보 대출을 빚을 지고 있으며 3백만 명 이상이 자기 집을 잃게 될 위기에 처해있다. 부동산 담보 대출 위기가 계속됨에 따라 수백만 명의 미국 노인들은 자신의 재정 상태를 유지하기 위해 고군분투하고 있다." 이어서 그 보고서는 노인층의 주택 상실, 특히 역모기지(고령자들이 보유하고 있는 주택을 담보로 제공하고 금융기관에서 매월 일정액을 연금 형식으로 받는 대출상품)에 대한 노년층의 채무불이행이라는 맥락에서 그에 대해 염려를 계속 이어갔다.

점점 더 많은 미국의 노인층과 전 세계의 그들과 같은 처지인 사람들이 자신의 집을 지키고 공과금을 내는 데 도움을 주는 에어비앤비로 돌아오고 있다. 에어비앤비에 따르면 노인층(60세 이상)은 인구 통계학상 가장 빠르게 성장하고 있는 호스트다. 2017년 7만8천 명의 노인들이 미국에서 집을 공유했다(이는 이전해보다 45퍼센트 증가한 수치였다). 미국에 사는 노인 호스트는 2017년에 평균 7천 달러를 벌어들였다. 그들 중 거의 절반은 호스팅으로 인한 수입을 매달 생활비에 보탰다고 밝혔다. 그리고 41퍼센트는 에어비앤비 플랫폼에서 발생한 매출이 자기 집을 지키는 데 도움이 되었다고 했다.

에어비앤비는 노인층을 위한 호스팅의 이점 관련 연구를 수행하고 그 내용을 정책 입안자와 노인 단체의 지도자, 미디어와 공유한다. 또 이 내용을 '에어비앤비 시티즌' 사이트에 게시하기도 하고, 노인 호스트의 스토리를 요청하는 미디어에 제공하기도 한다. 이러한 콘텐츠는 흔히 AARP 같은 노인 단체에 의해 수집된다. 그 대가로 에어비앤비는 많은 수의 노인 숙소 호스트와 체험 호스트를 얻는다. 2018년에 에어비앤비는 자신의 관심사나 지식, 열정을 토대로 에어비앤비 체험을 호스팅하는 노인의 수가 그 전해에 비해 1,100퍼센트 증가했다고 보고했다. 9장에서 우리는 에어비앤비 노인 호스트들을 만나 그들이 일궈낸 경제적, 사회적 혜택에 대해 읽어 볼 것이다.

에어비앤비 플랫폼과 호스트 교육 프로그램, 생활 임금 서약, '소수 집단이 거주하는 지역'의 호스트 커뮤니티들을 성장시키겠다는 목표는 모두 세계적인 경제적 역량 강화에 중요한 역할을 하지만, 모든 기업이 에어비앤비와 같은 규모로 사회적 변화에 영향을 미칠 수 있는 것은 아니다. 하지만 여러분과 여러분의 회사는 사원 모집 및 채용, 보상 그리고 여성과 소수 집단의 승진을 통해 경제적 불평등을 해결할 수 있다. 다음 장에서 우리는 에어비앤비가 이러한 노동력 관련 행위를 어떤 식으로 다루고 있는지 살펴보게 될 것이다.

기업의 경영진으로서 여러분도 직원들의 참여와 자발적 노력, 충성심을 조성하는 의사 결정을 통해 그들의 역량을 강화할 수 있다. 갤럽의 연구에 따르면, 미국 노동자 중 겨우 34퍼센트만이 자신의 일터에 몰두해 있고, 열정적이며, 헌신적이기 때문에 직원 참여에 효과적으로 접근한다면 경쟁력 있는 노동력을 얻는 혜택을 받게 될 것이라고 한다. 따라서 우리는 에어비앤비 경영진이 직원의 자율성과 참여의 문화를 어떻게 조성했는지 검토하면서 이 장을 마무리하겠다.

에어비앤비의 포용성과 다양성

미국 기술 기업의 여성 및 소수 집단의 과소 표시*underrepresentation*는 잘 문서화되어 있다. 2018년 〈와이어드〉지에 실린 블랑카 마이어스*Blanca Myers*의 "숫자로 본 기술 기업의 여성과 소수 집단*Women and Minorities in Tech, By the Numbers*"이라는 제목의 기사는 2014년의 "페이스북 직원 중 여성은 겨우 31퍼센트다. 애플도 마찬가지다. 이러한 이유

중 하나는 아마 회사들이 재능 있는 직원을 모집하기 위해 노력하는 방식에 있을 것이다. 스탠퍼드의 연구자들이 관찰한 결과, 채용 담당자들이 성적인 농담에서부터 오로지 남성 후보자의 것만을 주목하는 프레젠테이션에 이르기까지 명백히 여성 후보자들을 소외시키는 방식을 쓰고 있다는 것을 알게 되었다."라는 사실을 인용하고 있다. 마이어스에 따르면 과학이나 기술, 엔지니어링, 수학 분야에서 일하는 여성과 소수 집단은 상당히 적은 보수를 받는다. 여성들은 남자들보다 평균 1만 6천 달러를, 소수 집단은 백인들보다 1만 4천 달러를 덜 벌었다.

데이터 과학 같은 직종에서의 다양성을 높이려는 에어비앤비의 노력이 영향을 미치고 있다. 예를 들어 2015년경 에어비앤비의 전 데이터 과학 부문 수장인 엘레나 그레월Elena Grewal이 공동으로 쓴 〈미디엄〉의 기사에는 이런 내용이 있다. "우리 회사의 신규 데이터 과학자 중 여성은 겨우 10퍼센트였습니다. 저희는 이런 팀을 구축하고 싶지 않았죠. 획일성은 다양한 아이디어를 낳지 못하고, 소수 집단에 속한 인재를 유인하고 유치하는 게 더 어려워지는 악순환을 가속화 합니다." 온갖 노력을 통해 에어비앤비는 무의식적인 편견의 뿌리를 뽑아내고자 했다. "결과는 놀라웠습니다. 채용 인원의 47퍼센트가 여성이었죠. 저희 팀 전체의 여성 데이터 과학자 비율도 15퍼센트에서 30퍼센트로 두 배가 되었습니다."

더 많은 여성과 소수 집단을 기술직에 영입하려는 노력과 더불어 에어비앤비는 전체 노동력에 더 큰 다양성을 부여하고 그들의 경제적 역량을 강화하는 방법을 찾았다. 다음은 그러한 노력 중 몇 가지다.

- 채용 관리자가 후보를 선택하기 전에 제시되는 에어비앤비의 모든 개방형 채용 부문의 후보자 명단에 여성과 소수 집단이 포함되어야 한다는 다양한 후보 명단*Diverse Candidate Slate* 규칙 실시
- 흑인, 라틴계 그리고 여성 학생들이 많은 대학으로 채용 활동 확대
- 소수 집단의 직업 개발 및 성 평등 향상을 추구하는 조직들과 협력 관계 구축
- 여성 및 소수 집단에 대한 편견 방지를 위한 면접, 채용, 성과 검토, 경력 개발 정책의 개선

에어비앤비는 매년 다양성 목표를 설정하고 성과를 측정한다. 예를 들어, 2017년에 에어비앤비는 미국 전체 직원 중 지위가 낮은 집단 출신의 비율을 9.97퍼센트에서 11퍼센트로 늘리기 위해 노력했다. 에어비앤비는 소수 집단 인구 비율 11.31퍼센트를 달성하며 목표치를 초과 달성했다. 또 같은 해, 전체 직원의 41.15퍼센트가 여성으로 구성되었다고 발표하기도 했다.

2016년 9월 1일부터 2017년 12월 1일까지 에어비앤비의 아프리카계 미국인 직원은 46퍼센트, 라틴계 직원은 43퍼센트 증가했다.

에어비앤비는 사회적 지위가 낮은 집단을 가족으로 맞이하는 데 상당한 진전을 이루고 있다. 이러한 진전에도 불구하고 에어비앤비의 비즈니스의 벽 안에는 더 큰 다양성을 증대시킬 기회가 아직 많이 있다. 리더들이 포용성을 증대하는 경우에 그러하듯, 에어비앤비도 더 폭넓은 역량과 다양한 관점, 진화하는 시장에 대한 예민한 감각, 한층 강화

된 혁신을 확보하려고 애쓴다. 모든 직원을 참여시키고 그들의 역량을 강화하려는 에어비앤비의 노력을 살펴보기 전에 직원 포용성에 대한 여러분의 디자인에 대해 생각해 보자.

브랜드 경험 디자인 가이드

1. 여러분은 '획일성'을 피하기 위한 노력을 하고 있는가? '획일성'은 혁신적인 사고를 줄이고, 소수 집단 내에 존재하는 인재를 유치하고 유지하는 것이 더 어려워지는 악순환을 가속화한다.
2. 여러분은 어떻게 직원 포용성을 실현하고 있는가? 사회적 지위가 낮은 계층의 채용을 돕기 위해 어떤 파트너십을 맺고 있는가?
3. 노동력의 균형을 위해 어떤 목표를 세웠는가? 그리고 목표를 향해 어떻게 나아가고 있는가?

직원의 자율성과 참여

우리는 이제까지 이 장에서 경제적 역량 강화에 대해 집중적으로 탐구했다. 돈은 직원 만족과 세계 금융 안녕의 기본이기 때문이다. 비즈니스 전문 작가이자 행동 과학자 다니엘 핑크*Daniel Pink*는 자신의 저서 《드라이브*Drive*》에서 회사의 재정적 기반 위에서 이루어지는 직원의 역량 강화의 중요성을 강조한다. 다니엘의 주장은 이러하다. "사람들은 생활비를 벌어야 한다. 월급, 계약금, 일부 복리 후생, 몇몇 비금전적 혜택들은 '기본적인 보상'이다. 기본적인 보상이 적절치 않거나 공평하지 않으면 사람들은 자신이 처한 부당한 상황과 환경에 대한 분노에 초점을 맞출 것이다. 여러분은 전혀 동기가 생기지 않을 것이다. 돈을 활용해 동기를 부여하는 가장 좋은 방법은 사람들이 돈을 걱정하지 않아도 될 만큼 충분히 급여를 주는 것이다."

차이홍 장Caihong Zhang과 찬치우 종Canqiu Zhong과 같은 연구자들은 〈오픈 저널 오브 소셜 사이언스Open Journal of Social Science〉지에서 이렇게 주장했다. "직원의 역량 강화를 추진하는 경영진은 혁신, 성과, 고객 서비스 수준, 직원 만족에 있어서 상당한 혜택을 누린다. 역량 강화는 관리자들이 부하 직원들에게 권한을 위임하는 힘의 분리로부터 나온다. 이것은 리더들이 의사 결정 권한을 직원들에게 위임하고, 직무를 확대하고, 사용 가능하고 유용한 정보와 자원을 더 많이 일반 직원들에게 맞게 변형함으로써 직원들에게 권한을 부여하는 것을 의미한다." 이러한 리더십 행위를 통해 직원들은 자신의 업무를 가치 있게 여기게 되고 거기에 더 많은 투자를 하고 싶어진다.

에어비앤비의 경영진은 전통적인 인사부서를 '직원 경험 부서'로 대체한 것을 비롯해 다양한 직무 강화 전략을 실현해 왔다. 직원 경험 부서는 사람을 금융이나 물리적인 물자와 같은 '자원'으로 보지 않고, 직원들의 삶을 보살피고 향상할 수 있는 모든 것에 초점을 맞춘다. 〈포브스〉지에 HR 저널리스트 진 마이스터Jeanne Meister가 쓴 글에서 에어비앤비의 전 글로벌 직원 경험 부문장 마크 레비Mark Levy는 이렇게 말한다. "에어비앤비의 직무 강화에 대한 접근은 직원을 채용하고 발전시키는 방식, 그들과 함께 만드는 직장 환경 그리고 함께 먹는 음식을 비롯해 회사가 직원과 관계를 맺는 방식의 모든 측면에 걸쳐 기억에 남는 직장 경험을 만드는 것을 포함합니다."

에어비앤비의 물리적 환경은 직원들이 암스테르담, 교토, 부에노스 아이레스, 자이푸르*Jaipur*(인도 라자스탄주의 주도)의 다양한 도시 테마와 소재에서 영감을 받아 다양한 물리적 공간에서 업무를 볼 수 있게 하며 직원 경험을 높인다. 특수 업무 공간은 진짜 숙소 같은 느낌을 주기 위해 실제 에어비앤비 숙소를 본떠 만들어졌다. 예를 들어 회의 및 업무 공간들은 멕시코식 통나무집의 환경과 포르티치*Portici*(이탈리아 남부 캄파니아주의 도시), 이탈리아, 리우 데 자이네루의 편안한 거실 환경을 본떠 꾸며져 있다. 마크 레비의 말에 따르면 에어비앤비 직원들은 혼자 일할 수도 있고 '폐쇄적인 큐브나 사무실, 지정된 책상에서 일하기보다 소속감을 느끼며 함께 일하는 동료들과 모여서' 일할 수도 있다.

에어비앤비 경영진은 직원들을 참여시키는 방식을 끊임없이 혁신하고 있다. 에어비앤비의 가치 및 문화 부문 수석 관리자 데이브 오닐은 이렇게 말한다. "저희는 직원들이 호스트와 게스트 양쪽의 경험과 연결되어 양쪽 다 이해할 수 있기를 기대합니다. 그래서 분기별로 500달러 상당의 여행 크레디트를 제공하죠. 또한, 저희는 끊임없이 커뮤니티 스토리를 들려주기도 합니다. 그리고 여행 크레디트를 포상의 한 형태로서 활용합니다. 현재 저희는 200명이 넘는 경영진 팀 전체가 정기적으로 숙박과 에어비앤비 체험을 경험하고 그에 대한 게시물을 올리도록 하는 파일럿 프로그램을 운영하고 있습니다."

에어비앤비 직원들의 커뮤니케이션 개방성의 관점에서 보면, 다음과 같은 정보 공유의 노력이 포함되어 있다.

- 월간 월드앳World@ - 샌프란시스코에서 실황으로 개최되며 라이브 스트림을 통해 전 세계가 함께 한다.
- 지역 및 글로벌 수준에서 열리는 정기적인 팀 회의
- 모든 직원에게 즉시 제공되는 주간 에어비앤비 임원 회의 기록
- 개별 직원 정보와 팀 페이지가 관리되는 에어비앤비 내부 네트워크. 직원 참여 팀으로부터 자료를 제공받는 이 인트라넷은 행사나 생일, 기념일, 기타 축하할 내용을 게시한다.

에어비앤비 경영진은 업무 관련 의사 결정에도 직원의 적극적인 참여를 장려한다. 그 방식에는 다음과 같은 사례가 있다.

- 에어비앤비는 목표 설정, 전략, 구현에 팀 기반으로 접근한다.
- 직원들에게 직장 문화 개선 방법에 대한 아이디어를 요청한다.
- 직원들의 의견은 에어비앤비가 회사의 사명과 비전, 가치관을 강화하는 데 반영된다.
- 매달 4시간의 유급 봉사 시간을 어떻게 사용할지 직원들이 직접 선택할 수 있다.
- 직원들이 분기별 여행 보조금으로 어디에 머무르며 사용할지 직접 선택한다. 여행 보조금은 에어비앤비가 글로벌 시티즌십과 에어비앤비 호스트 커뮤니티에 대한 적극적인 참여를 장려하기 위해 제공

하는 것이다.

에어비앤비의 직원 역량 강화 노력은 (1) 채용의 수월함, (2) 직원 추천, (3) 외부의 인정과 같은 주목할 만한 방식으로 보상을 받고 있다. 컬처 앰프*Culture Amp*(직원 참여도 평가 기업)에 따르면, 에어비앤비는 '900개의 직무에 180만 개의 CV*curriculum vitae*를 받을 수 있다.

리더들이 다양성과 경력 개발 프로그램을 관리할 수 있도록 도와주는 기술 기업 워킨*WERKIN*은 〈미디엄〉에 실린 기사에서 "에어비앤비 직원의 90퍼센트가 에어비앤비를 일하기 아주 좋은 회사로 추천했다."라고 말했다. 또한, 에어비앤비는 2016년과 2017년에 글래스도어*Glassdoor*(직장 및 상사 익명평가 사이트)의 가장 일하기 좋은 회사*Best Places to Work* 목록에 오르기도 했다(2016년에는 1위를 차지함). 에어비앤비의 CEO 브라이언 체스키는 글라스도어의 직원이 뽑은 최고의 CEO로 선택되었다. 그리고 퓨처 오브 오가니제이션스*The Future of Organizations*의 직원 경험 지수*Employee Experience Index*에서 250개 회사 중 6위를 차지하기도 했다.

에어비앤비가 이해 관계자들의 역량을 강화하면서 성공을 거두는 동안 많은 기업의 리더들은 유사한 길을 추구하지 않았다. 자신의 비즈니스를 생각하면서 직원들과의 양방향 대화에 얼마나 솔직하고 정기적으로 참여하고 있는지 자문해 보라. 여러분은 어떤 방식으로 직원들의 직장 생활을 풍부하게 하거나 팀원들을 비즈니스 의사 결정에 참여시키는가? 그리고 어떤 종류의 직원 경험을 제공하고 있는가?

마틴 루터 킹 주니어는 이런 말을 한 적이 있다. "사람은 자신의 개인적 관심이라는 좁은 범위의 관심사에서 벗어나 모든 인간이라는 더 넓은 관심사로 나아갈 수 있을 때 비로소 삶을 시작한다." 내 관점에서, 비즈니스는 리더가 수익성이라는 좁은 범위에서 벗어나 직원들의 삶의 질 향상이라는 더 넓은 문제를 다룰 때야 비로소 완전한 성공을 경험할 수 있다.

여러분이 영향을 극대화할 때 생각해 볼 것

- 수익에 초점을 맞추면 사회적 선을 위한 기업 활동의 중요성이 가려질 수 있다.
- 역량 강화라는 단어의 등장은 1400년대로 거슬러 올라가지만 넓은 사회적 맥락에서 많이 사용된 것은 불과 50년도 되지 않았다.
- 역량 강화는 사람들이 자기 삶의 중요한 영역에서 통제력을 가질 수 있도록 돕는 다면적인 사회적 프로세스로 생각할 수 있다.
- 에어비앤비의 경영진은 자신의 비즈니스가 자본주의를 민주화하고 중산층을 위한 경제적 기회를 창출하고 있다고 보고 있다.
- PwC의 연구에 따르면 미국 고객들이 공유 경제를 적절한 가격(86퍼센트), 편의성 및 효율성(83퍼센트), 공동체(78퍼센트), 자연 환경(76퍼센트)의 측면에서 긍정적으로 보고 있다고 한다.
- PwC는 2025년에 공유 경제의 글로벌 매출이 3천3백5십억 달러까지 상승할 것이라고 예측했다.
- 생활 임금 네트워크에 따르면, 직원들에 대한 보상은 그들이 제공하는 서비스 품질뿐 아니라 도덕성, 건강, 이직률과도 연결된다.

- 밀레니얼 세대들은 소수 집단이나 소외 계층, 권리 행사를 잘하지 못하는 사람들의 집단에 영향을 주는 자선 활동에 상당히 많은 관심을 보인다.
- 밀레니얼 세대는 공정성, 평등, 기회를 촉진하는 자선 활동에 가장 관심이 많다.
- 세계 은행 그룹이 전 세계를 대상으로 수행한 연구에 따르면, 남성이 자본의 62퍼센트를 차지하고 있는 것에 비해 여성은 겨우 38퍼센트를 차지한다. 이러한 여성과 남성 간의 격차는 160억2천 달러에 달하는 인적 재산의 손실을 낳고 있다. 이는 대략 전 세계 GDP의 2배에 달하는 수치다.
- 높은 직원 참여는 회사의 전반적인 성과와 혁신, 고객 서비스 수준과 상관관계가 있다.
- 고객 참여는 양방향 커뮤니케이션, 의사 결정 공유, 직장 환경 개선과 함수 관계를 이루며 증가한다.
- 기업의 리더가 수익성이라는 좁은 범위의 관심사에서 벗어나 직원 역량 강화와 포용이라는 더 넓은 관심사를 다루게 될 때 비로소 기업은 완전한 성공을 경험한다.

9장

구성원의 가치를 알리고 공유하기

많이 나누면 나눌수록 더 많이 갖게 될 것이다.

- 레너드 니모이*Leonard Nimoy*, 배우 겸 감독, 작가

8장에서 우리는 에어비앤비가 어떻게 호스트와 호스트 커뮤니티, 에어비앤비 직원들의 역량을 강화하는지 탐구했다. 역량 강화라는 개념에는 한 편(이 경우, 에어비앤비)이, 다른 편(예를 들면, 호스트)이 이전에 주장하지 않았던 힘을 사용할 수 있도록 한다는 개념이 암시되어 있다. 이 장에서 우리는 호스트들이 게스트에게 다양한 가치를 선사하는데 자신의 지식이나 관심사, 기술, 재산을 어떻게 투자하는지 알아볼 것이다. 그리고 호스트들이 다른 사람의 역량을 강화하기 위해 자신의 초소형 기업이 가진 경제적 힘을 어떻게 사용하는지도 살펴볼 것이다.

비즈니스 강화하기

비즈니스 코치 조쉬 카우프만Josh Kaufman은 자신의 저서 《퍼스널 MBA The Personal MBA》에서 어떤 비즈니스에나 존재하는 다섯 가지 부문을 다음과 같이 정의했다.

1. 가치 창출: 사람들이 필요로 하거나 원하는 것을 찾은 다음, 만들어 내기
2. 마케팅: 주의를 끌고 기업이 생산한 것에 대한 수요 구축하기
3. 판매: 장래의 고객을 구매 고객으로 전환하기
4. 가치 전달: 고객에게 약속한 것을 제공하고 확실히 만족시키기
5. 자금 조달: 비즈니스를 계속 유지하고 기업이 기울인 노력을 가치 있게 만들어 줄 충분한 자금 모으기

조쉬의 관점에서 보면 여러분이 이들 영역 중 하나라도 실패한다면 기업을 운영하고 있는 것이 아니다. 여러분이 매우 인기 있는 초콜릿 쿠키를 만드는데, 수익이 나지 않는다고 해 보자. 조쉬라면 여러분의 노력을 그저 취미라고 할 것이다.

에어비앤비는 여러 가지 방식으로 사람들의 취미나 사용하지 않는 물리적 공간을 진정한 기업으로 탈바꿈하도록 하고 있다. 이러한 트랜스포메이션 과정에서 에어비앤비가 영향을 미친 활동으로는 상품 프레젠테이션으로 사람들을 이끌고, 가격 책정을 돕고, 가치 전달을 지원하는 것이 포함된다. 또 에어비앤비는 마케팅 및 판매 과정이 수월하고 경

제적으로 진행되도록 한다.

하지만 호스트가 자신의 물리적 공간의 가치를 인식하지 못하거나 체험 호스트가 자신이 가진 지식의 가치를 인식하지 못한다면 에어비앤비는 존재하지 못할 것이다. 에어비앤비 슈퍼호스트 메리디스 칼레가리는 이에 대해 이렇게 설명한다. "저는 에어비앤비에 집을 올려놓기 전에 사람들이 여기 머물 가치를 발견하고, 제가 방에 숙박 요금을 부과해도 된다는 것을 알아야 했어요. 남편의 고향인 이탈리아에서 온 가족들을 맞이한 경험이 많긴 해도 저는 제가 유료로 게스트를 받아도 될 만하다고 믿는 쪽으로 생각을 바꿔야만 했어요."

많은 에어비앤비 호스트들은 체험이나 숙소를 목록에 올려도 될 만한 것인지 알아보기 위해 에어비앤비 플랫폼에서 실험을 했다. 친밀한 콘서트 체험을 제공하는 대런 구야즈는 이렇게 말한다. "첫 번째 콘서트에 아무도 등록하지 않을 것을 대비해 친구 네 명을 초대했던 기억이 나네요. 하지만 곧 제가 많은 청중에게 다가가는 데 에어비앤비가 도움이 될 거라는 게 분명해졌어요. 지금은 큰 성공을 거두고 있거든요. 그리고 꾸준히 발전하고 있어요."

위블리*Weebly*(웹사이트 만들기 사이트 및 운영회사)의 CEO 데이비드 루센코*David Rusenko*는 〈앙트레프레너*Entrepreneur*(미국의 기업가 정신, 소규모 사업 관리 및 사업에 관한 기사를 다루는 잡지)〉에 쓴 글에서 기업 소유자들이 자신의 아이디어나 제품을 시장에 내놓기 위해 반드시 극복해야만 하는 두려움의 유형과 관련해 그의 회사가 의뢰한 연구의 결과를 공유했다. 연구에 따르면 미국인의 3분의 1이 비행기를 타는 것보다 자기 사업을 시작하는 것을 더 두려워한다. 데이비드는 이러한 두려움이 1980년대 이후 새로운 비즈니스의 창업이 65퍼센트 감소하는 결과를 낳았다고 말하면서 이렇게 덧붙였다. "첫걸음을 뗄 용기를 갖고, 온 마음을 다해 본인의 생각에 몰두하면서 자신을 믿으세요."

한 사람의 가치를 주장하는 데 필요한 용기는 기업체 소유주들을 넘어서까지 확장된다. 모든 영업상의 대화에는 제품이나 서비스의 가치를 알리는 영업사원이 용감하게 구매 요청을 해야만 하는 결정적인 순간이 있다. 고객 서비스 제공업자들이 솔루션을 고객에게 제공하려면 본인 스스로 솔루션이 가치 있다는 생각을 확신해야 한다. 에어비앤비 체험 호스트는 이렇게 말했다. "처음에 저는 사람들이 제가 이끄는 활동에서 저처럼 즐거워할지 의심하기까지 했습니다."

〈우리는 동물원을 샀다*We Bought a Zoo*〉라는 영화에서 배우 맷 데이먼 *Matt Damon*이 연기한 인물 벤자민 미는 아들에게 이렇게 말한다. "미쳤다고 생각하고 용기를 20초만 내면 된단다. 그러면 멋진 일이 일어날 거야." 비즈니스에서 성공을 거두기 위해 용기를 내야 하는 시간은 20초가 넘지만, 훌륭한 비즈니스 성과를 이루려면 미쳤다고 생각하고 용기를 내야 한다는 개념에는 의미가 있다. 샌프란시스코에 사는 슈퍼호스트 린다 라이트하이저는 이렇게 말한다. "제가 모르는 사람들에게 방을 빌려줄 거라고 친구들한테 말했더니 저를 미쳤다고 생각하는 것 같았어요. 웃긴 건 그들 중 서너 명도 이제는 에어비앤비 호스트가 되었다는 거죠." 린다의 말은 어떻게 호스트 한 명의 용기가 친구나 가족들이 자기 집의 가치를 알아볼 수 있게 영감을 줄 수 있는지 보여준다.

에어비앤비는 호스트가 지인이나 이웃에게 호스팅의 힘에 대해 영감을 주고 그것을 교육할 때, 그들만이 줄 수 있는 영향에 대해 알고 있다. 이렇게 활용되던 네트워크 효과는 에어비앤비 커뮤니티 센터*Airbnb Community Center*와 에어비앤비 호스트 클럽*Airbnb Host Club*을 통해 제도화되었다. 에어비앤비 홈스 호스트 전 부문장 로라 챔버스는 이렇게 말한다. "저희는 온라인 및 오프라인 호스트 커뮤니티를 지원하려고 노력합니다. 온라인에서 호스트들은 에어비앤비 커뮤니티 센터를 비롯한 여러 곳과 페이스북 같은 온라인 커뮤니티에서 모임을 갖습니다. 저희는 에어비앤비 커뮤니티 센터에 깊숙이 관여하고 있습니다. 그리고 다른 온라인 그룹의 리더들에게도 가능한 한 많은 도움을 주고 싶어요. 저희는 모든 온라인 호스트 커뮤니티들의 역량이 강화되고 그들이 서로 연결되길 바라며, 훌륭한 성과를 내는 데 필요한 많은 수단과 통찰을 가질 수 있도록 돕고 싶습니다."

오프라인에 대해서 로라는 이렇게 말했다.

저희의 100명이 넘는 규모의 동원 팀*mobilization team*은 현지에 자리를 잡고 해당 지역의 우수 호스트들과 여러 커뮤니티와 함께 근무하고 있습니다. 이 팀은 에어비앤비 호스트 클럽을 통해 커뮤니티를 구축하는 걸 돕고 있어요. 에어비앤비의 호스트 클럽은 300개나 되는데 지역적인 열정과 관심사가 모두 달라요. 일반적으로 이 그룹은 정책 업무에 관여하기도 하고, 후기에서 별점 5개를 받는 방법을 공유하기도 하고, 자신의 커뮤니티에 이로운 활동에 참여합니다. 본래 저희 에어비앤비 커뮤니티 오거나이저*Airbnb Community Organizer*들은 지역 호스트들과 협력하여 지역 호스트 클럽의 성과를 성공적으로 이끌고 촉진하는 데 필요한 온라인 도구와 대면 교육을 제공하는 조직이에요. 전체적으로 보면 어떤 호스트들은 에어비앤비 커뮤니티 센터에서 활동하는 것을 좋아하고, 어떤 호스트들은 페이스북 그룹에서, 어떤 호스트들은 오프라인 모임에서 활동하는 걸 선호합니다. 저희는 호스트들이 자신에게 적합한 커뮤니티를 기반으로 삼을 수 있도록 도와주고 싶어요. 그리고 호스트들이 가장 강력하게 공동체 의식과 저희의 지원을 느낄 수 있는 곳에서 그들을 지원하고자 합니다.

에어비앤비 호스트 클럽은 자체적으로 관리되는 호스트 주도 조직으로 안전과 법률 준수, 호스피탈리티와 관련된 기존 커뮤니티 구성원의 기술을 향상하기도 하고 사람들이 용기를 내 자기 집 공유를 시작할 수 있도록 도와주고 있다. 클럽들은 주택 공유의 가치를 중심에 두고 결속력을 높이기 위해서 뿐 아니라 서비스 이니셔티브를 통해 자신의 이웃에게 더 나은 삶을 선사하기 위해 지역 호스트들이 모이는 공간이다. 클럽 대부분에는 여러 호스트 리더*Host Leader*들이 존재한다. 그들은 자발적으로 시간을 내서 지역 호스트 커뮤니티에 참여하고 모임의 활성화를 고취하는 헌신적인 호스트들로서, 에어비앤비 게스트이자 소기업 소유주, 관광 파트너들이기도 하다.

내가 만난 호스트 중 많은 이들은 적극적으로 자신의 지역 호스트 클럽 활동에 참여했다. 타스마니아 지역에서 첫 번째 에어비앤비 호스트 클럽이 생기는 것을 도운 슈퍼호스트 메리디스 칼레가리는 다음과 같이 말한다. "저는 항상 제가 사는 더 큰 공동체에 참가해왔어요. 그리고 저는 많은 사람을 만난답니다. 사람들 대부분이 제게 에어비앤비 호스트가 될 생각이 있다면서 도움을 요청해요. 저는 그들을 저희 호스트 클럽에 초대합니다. 그들은 거기서 숙소를 등록하는 데 도움을 받고, 숙소 공유에 대한 모든 것을 배우게 되죠."

에어비앤비 슈퍼호스트 로렐 밀러는 숙소 임대를 고려하고 있을 때, 에어비앤비 밋업*Airbnb Meetup*에 참석했다. 그녀는 이렇게 말한다. "전 매달 모임에 참석했고 집을 증축하던 일 년가량을 모임의 웹 페이지에서 활동했어요. 실제로 집을 목록에 올리기 훨씬 전부터 저는 숙소를 글과 사진으로 보여주는 방법을 배웠어요. 그리고 가구부터 침구까지 거의 모든 것의 공간을 설정하는 방법에 대한 유용한 정보도 얻었죠. 그 모임이 제게 얼마나 큰 힘이 되었는지를 말로 설명할 수가 없네요. 숙소를 목록에 올리고 1년 반이 지났는데도 저는 아직도 호스트 그룹에서 활동하고 있어요. 그때 배운 것을 꼭 나누고 싶거든요."

코칭은 에어비앤비와 다른 모든 비즈니스 환경에서 중요한 수단이다. 비즈니스 리더들은 보통 성공 코칭을 위한 기반 시설(기술 커뮤니케이션 플랫폼 및 관리 지원)만 마련하고, 그다음엔 참가자들이 자신의 동료 간 커뮤니티를 조성할 수 있도록 두어야 한다.

이 글을 쓰는 현재, 전 세계의 300개가 넘는 호스트 클럽에 3,000개 이상의 호스트 모임이 존재한다. 호스트 클럽의 약 40퍼센트는 미국 이

외의 지역에서 운영되고 있으며, 그들 중 다수는 오프라인뿐 아니라 온라인에서도 활발히 교류하고 있다. 워싱턴 D.C.의 숙소 공유 클럽*The DC Home Sharing Club*의 온라인 에어비앤비 커뮤니티 센터 페이지에서는 592명의 호스트가 800개 이상의 대화에 참여하고 있다.

버진*Virgin*(항공, 미디어, 관광 등 6개의 사업 부문과 20여 개의 법인으로 구성된 영국의 기업 집단)의 CEO 리처드 브랜슨*Richard Branson*은 "두려움을 이기는 것이 성공으로 가는 첫걸음이다."라고 말했다. 비즈니스에서 두려움을 극복하는 힘은 이미 첫발을 뗀 사람들이 건네는 격려와 안내로부터 나온다. 코칭과 동료 간의 지원 모임은 정보와 경험의 공유를 통해 기업가들에게 도움을 준다.

아는 것이 힘인가?

1597년 프랜시스 베이컨*Francis Bacon*은 라틴어로 "Nam et ipsa scientia potestas"라는 말을 했다. "아는 것이 힘이다."라는 뜻이다. 그 이후 수 세기가 흐르면서 사회 과학자들과 비즈니스 리더들은 아는 것 자체만으로는 충분하지 않다는 것을 깨닫게 되었다. 아는 것의 힘이 온전히 실현되려면 실천이 따라야 한다.

소셜 미디어 전략가 위안 셈플*Euan Semple*은 자신의 저서《조직은 트위터를 하지 않는다, 사람들이 한다*Organizations Don't Tweet, People Do*》에서 이렇게 말했다. "지식은 어딘가로 향하고 있어야만 가치가 있다. 즉, 지식이 어딘가로 흘러가 공유되는 경우에만 가치가 있는 것이다. 통화, 송금, 환전 등 우리가 돈의 이동을 표현하는 데 쓰는 온갖 단어를 생각해보라. 지식은 다른 모든 형태의 가치와 닮았다. 그것이 가치 있으려면 움직이고 있어야 한다. 우리는 모두 지나온 흔적을 남기면서 마음을 열고 생각을 많이 공유할수록, 더 많은 것을 배우게 될 것이다."

에어비앤비 호스트가 공유하는 정보의 유형은 게스트가 에어비앤비 체험을 예약하는지 또는 숙소를 예약하는지에 따라 크게 다르다. 에어비앤비 체험은 대체로 사회 심리학자들이 '쾌락 보상hedonic payoff'라고 부르는 것을 얻기 위해 이루어진다. 《실험 사회심리학의 진보Advances in Experimental Social Psychology》에 실린 "우리에게는 언제나 파리가 있다: 경험적, 물질적 투자에서 나오는 쾌락 보상We'll Always Have Paris: The Hedonic Payoff from Experiential and Material Investment"이라는 제목의 글에서 코넬대학교 교수 토마스 길로비치Thomas Gilovich와 박사 과정 학생 아미트 쿠마Amit Kumar는 이렇게 설명한다. "우리는 부의 커다란 증가가 그에 상응하여 삶의 행복을 증진하지 못하는 소비 사회에 살고 있다." 연구에 따르면 물질 구매(고급 의류나 보석, 가전제품과 같은)보다 경험 구매(휴가나 콘서트, 외식과 같은)가 주는 행복이 오랫동안 이어지는 경향이 있다.

경험의 쾌락 보상에 대한 길로비치 박사의 결론은 그가 〈패스트 컴퍼니〉에 제공한 논평에서 가장 잘 드러난다. 그는 "우리에게서 경험은 물질적 재화보다 더 큰 부분을 차지한다. 당신은 물질적인 것들을 정말 좋아하고, 심지어 그것들이 당신 정체성의 일부와 연결되어 있다고 생각할 수 있다. 하지만 물질은 당신과 분리되어 있다. 반면에 경험은 정말로 당신의 일부분이다. 우리는 우리가 한 경험의 집합체이다."라고 말한다.

경험은 행복의 연료가 되고 우리의 일부가 되기 때문에, 체험 호스트는 친구들에게 공유하거나 '말할 이야깃거리'를 종종 게스트에게 제공하는 것이 중요하다고 한다. 오리건주 포틀랜드의 에어리얼 트램*Aerial Tram*과 옥상 여행*Rooftop Excursion*을 호스팅하고 있는 벤저민 브레슬러는 "사람들은 시간에 대해 종종 압박감을 느낍니다. 그래서 어떤 활동에 시간을 투자할 때, 자신이 훌륭한 결정을 내렸다는 느낌을 받으면서 걸어 나오고 싶어 하죠. 제 일은 그들이 조금이라도 기분 전환을 할 수 있게 해 주는 거예요. 그건 아마 아는 게 더 많아졌다거나, 긴장을 풀고 쉬었다거나, 새로운 기술이나 통찰을 갖게 되는 것이 될 수 있겠죠."

에어비앤비 게스트가 얻는 쾌락 보상은 매우 다양하다. 어떤 체험들은 마드리드의 술집 투어에 참여하거나 상하이의 희극을 관람하는 것처럼 오락적 요소를 중요시한다. 하지만 많은 사람은 수업이나 워크숍, 예술이나 역사, 자연과 같은 부분에 대한 정보를 공유하는 입문 과정에 관심을 보였다. 에어비앤비 사이트에 올라와 있는 2만 개가 넘는 체험 중 두 가지 사례를 살펴보며 호스트가 에어비앤비 체험을 통해 통찰과 열정을 전달하는 방식에 대해 알아보자.

텐신 이토는 일본에서 붓과 잉크를 사용하는 서예 수업을 하고 있다. 그는 일본 서예의 최고 등급('시한' 또는 마스터)을 획득하는 데 걸린 45년간 연습에서 얻은 지식을 공유하고 있다. 수업 시간(2시간 30분)이 매우 짧음에도 불구하고 학생들은 오랫동안 자기 인식을 달리하게 되었고 계속 배우고자 하는 욕구가 일었다고 말했다.

예를 들어 한 학생은 이렇게 말했다.

> 텐신은 인내심 있고 친절하며 열정적인 사람입니다. 그는 일본 문화와 서예를 사람들에게 가르치는 걸 좋아하죠. 저는 화가도 아니고 서예에도 재주도 없었기 때문에 수업을 듣는 게 걱정이 됐습니다. 하지만 텐신은 인내심을 갖고 긍정적인 피드백을 주면서 제 마음을 더 편하게 해주고, 서예를 더 배우고 싶은 마음도 들게 해주었어요. 저는 서예만 배울 거라고 기대했는데, 텐신은 일본 문화와 속담도 가르쳐 주었어요. 나머지 열흘 동안 일본을 여행하면서 그것을 유용하게 사용했죠. 그는 훌륭한 사람이에요. 그의 모든 수업료는 베트남의 아동 에이즈 환자들에게 기부금을 전달하는 그의 비영리 단체로 전해지거든요. 마지막에 감정적으로 울컥하는 순간이 있었어요. 그것 때문에 이 체험이 일본 여행 열흘간의 하이라이트 중 하나가 되었죠. 그리고 텐신은 여러분이 체험을 영원히 간직할 수 있도록 서예 연습을 하는 사진도 찍어서 보내 준답니다.

텐신의 수업은 에어비앤비 사회 공헌 체험*Airbnb Social Impact Experience*으로, 모든 수업료가 비영리 단체에 전달되며 에어비앤비는 텐신이나 게스트 누구에게도 수수료를 부과하지 않는다. 우리는 10장과 11장에서 다루는 '공동체'라는 주제에서 사회 공헌 체험에 대해 더 이야기를 나누게 될 것이다.

매사추세츠주 서머빌의 다이안 윙은 '팟캐스트 만들기: 여러분 자신의 목소리를 찾으세요*Creat Podcast: Find Your Own Voice*'라는 워크숍을 비롯해 6가지 에어비앤비 체험을 제공한다. 다이안은 이렇게 말한다. "저는 부유하고 풍족한 삶을 살았어요. 2차 세계 대전 이후에 태어났고, 이제 72살이에요. 저는 에어비앤비라는 기회를 이용해 삶을 어떻게 살아야 하는지와 자신의 인생에 책임을 져야 한다는 사실을 깨닫는 방법의 기술을 가르칩니다." 피드백을 보면 게스트들은 다이안과 함께 시간을 보내며 중요한 삶의 기술을 배우게 되었다고 말했다.

경이로운 체험이었어요! 팟캐스트를 하는 방법에 대한 강의 그리고 생각과 욕구, 비전에 대한 멋진 토론이었죠. 또한, 다이안은 여러분이 팟캐스팅에 도전할 엄두를 내지 못하게 한 두 가지 중요한 문제를 극복하도록 도와줍니다. 그 두 가지는 (1) 필요한 물품, 소프트웨어 그리고 기타 도구가 무엇인지 모른다는 점과 (2) 의심이 들거나 확신이 부족해서 바로 뛰어들지 못하는 두려움이죠. 그녀는 여러분에게 필요한 것을 제공하고, 여러분이 이야기하고 싶은 한두 가지의 팟캐스트 에피소드를 만들어 낼 수 있게 도와주며, 비전을 키워줍니다. 저는 그녀가 마련한 이 체험에 참여하게 되어서 정말로 기쁩니다. 다른 팟캐스팅 입문 프로그램들에 참여했다면 팟캐스트 하는 걸 망설이게 됐거나 적어도 제 눈에는 제가 충분히 준비되지 않은 것처럼 보였을 수도 있거든요. 고마워요, 다이안! 조만간 제 작품을 보내 드릴 수 있길 바라요.

미국 인터넷 광고 협의회*Interactive Advertising Bureau, IAB*와 PwC의 연구에 따르면, 2017년 미국 팟캐스팅 산업의 매출은 전년보다 89퍼센트 증가한 3억1천4백만 달러였다. 누가 아는가? 다이안의 에어비앤비 체험이 그녀의 게스트들에게 매출을 일으킬 가능성을 열어 주었을지도 모를 일이다.

티아 L. 클라크는 사우스캐롤라이나주 찰스턴에 있는 자신의 고향에서 에어비앤비 체험을 호스팅하고 있다. 열정적인 게 낚시를 하는 티아는 게 낚시가 사람을 변화시킨다고 한다. "저는 몸이 안 좋아지면서 건강을 회복하려고 여러 가지 일을 시작했는데 그중 하나가 게 낚시에요. 담배를 끊고 게 낚시로 체중을 45킬로그램 넘게 감량했죠. 게 낚시는 정말로 인생을 바꾸는 운동이자 평화를 주는 제 삶의 일부랍니다." 에어비앤비 체험 호스트가 되기 전에, 티아는 온라인에서 게 낚시 모험 이야기를 자세하게 공유했다. 곧 그녀의 친구가 같이 하자는 제안을 했다. 하지만 티아는 주저했다. "게 낚시는 제 취미였어요, 그걸 공유하면 저만의 즐거움이 사라질 것 같았죠." 하지만 티아는 친구들과 함께 게 낚시를 해보고 나서 "게 낚시는 함께 하는 것만으로도 더 좋아진다"라는 사실을 알게 되었다.

동거인의 격려로 티아는 에어비앤비 플랫폼에서 게 낚시 체험을 제공하기 위해 에어비앤비에 지원했다. 티아는 이렇게 말한다. "모르는 사람들과 게 낚시를 하는 게 친구들과 하는 것보다 덜 좋을지도 모른다고 걱정했는데 에어비앤비 체험은 정말 놀라운 선물이었어요. 꿈을 꾸고 있는 것 같고, 깨고 싶지 않아요." 티아는 게스트들에게 책임감 있는 게 낚시를 가르치고, 가족에게 먹일 걸 잡을 수 있도록 어망 던지는 법을 보여주고, 물가에 머물며 치유의 힘을 느끼도록 도와줌으로써 게스트에게 힘을 불어넣어 주고 싶다고 말했다.

티아는 게 낚시에 대한 사랑과 지식을 전함으로써 사람들의 삶을 변화시키고 있다. 그녀는 계속 말한다. "라야라는 10살짜리 소녀가 있었는데, 환경을 사랑하는 특별한 아이였어요. 라야는 생일을 맞아 선물을 받는 대신 해변에서 쓰레기를 치우면서 하루를 보내고 싶다고 했어요. 라야가 해변을 너무 사랑하는 걸 아는 엄마는 딸이 게 낚시 체험도 좋아할 거라고 생각했죠. 그녀는 게 낚시를 즐겼을 뿐 아니라, 엄마와 함께 게 요리를 하려고 잡은 것들을 집으로 가져가고 싶어 했어요." 티아의 말에 의하면 라야가 실망한 단 한 가지는 가장 친한 친구가 함께 게 낚시를 배우지 못했다는 것 뿐이었다. 그래서 라야의 엄마는 어망을 사고 두 소녀가 다음날 게 낚시를 하러 나갈 수 있도록 예약을 했다. 티아의 이렇게 덧붙인다. "라야는 친구와 어망으로 잡은 새우를 두 가족이 며칠 동안이나 먹었다고 했어요. 저는 사람들이 체험하고 난 다음, 평생 게나 물고기를 잡으려고 어망 하나에 15달러를 투자하는 열정을 갖고 떠나는 걸 보는 낙으로 살아요."

에어비앤비 체험의 맥락에서 지식 공유는 "한 사람에게 물고기 한 마리를 주면 당신은 그를 하루 동안 먹여 살리는 것이다. 그에게 낚시하는 법을 가르치면 평생 그를 먹여 살리는 것이다"라는 중국 속담에 내포된 힘을 나타낸다.

비즈니스에 종사하는 사람들은 모두 지식을 전달할 수 있다. 그리고 그것은 고객을 위한 가치를 창조하는 것이다. 지식은 이동할 수 있으며 대면 교육이나 블로그, 팟캐스트, 기사 또는 온라인 정보 공유를 포함한 다양한 방식으로 전달될 수 있다.

정보 전달로 가치 더하기

대부분의 수업과 워크숍에서 정보는 곧 상품이다. 숙소 공유와 같은 다른 상황에서는 물리적 공간이 상품이긴 하지만, 그래도 정보는 가치를 추가할 수 있다. 숙소 호스트들은 다양한 방식으로 정보 전달의 가치를 제공하는 데 그중 가장 두드러지는 것은 자신의 공동체에 대한 지식이다. 이러한 정보는 대개 에어비앤비 앱이나 대면 상호 작용, 안내 책자를 통해 전해졌다.

우리가 만난 호스트들은 본인의 일을 안전하고 편안한 공간을 제공하는 것 이상으로 보고 있다. 그들은 자신을 여행자들의 니즈를 채워주는 현지 여행 가이드로 여긴다. 여행 작가 샘과 토카라 베스트는 자신의 블로그 '언젠가는 잊는다*Forget Someday*'에서 이렇게 말한다. "많은 여행자가 여전히 그냥 둘러보기만 하며 유명 관광지에 눈도장을 찍는 것으로 만족하지만, 신세대 여행자들은 전 세계를 돌아다니며 깊고 진정한 여행 경험을 찾고 있다. 그들은 결국 선반 위에서 먼지가 뽀얗게 쌓이는 것으로 끝날 스크랩북에 그냥 사진이나 한 장 추가하는 것보다는 평생 남는 기억이 될 경험을 추구한다." 슈퍼호스트 로렐 밀러는 이렇게 말한다. "저희는 대개 체크인할 때 게스트를 만나지 않습니다. 하지만 우

리 동네에서 특별한 장소를 찾는 걸 도와줄 수 있게 그들이 제게 연락을
해 줬으면 좋겠어요. 직접 만나 대화를 나누든 앱을 통해 제게 질문을
하든 저는 대체로 지역 주민들만 보게 되는 마을의 모습을 알려주는 게
좋아요."

　진정한 현지의 여행 경험에 대한 감사는 다음과 같은 게스트 후기에
서 흔하게 볼 수 있다.

　　　그때 그는 시간을 내서 우리에게 그 지역 인근에 대한 정보를
　　　주었어요.

　　　우리는 현지 음식점에 관해 물어봤어요(그녀가 추천해 준 곳에 갔
　　　는데 너무 멋졌어요!).

　　　[그들이] 현지에서 먹고, 하이킹하고, 돌아다니고, 드라이브하
　　　기 좋은 장소들을 추천해 주어서 도움이 많이 되었어요.

　에어비앤비 웹사이트의 호스트 섹션에서는 호스트들에게 '음식점이
나 식료품점, 공원, 관광지같이 현지 분위기를 느낄 수 있는 장소를 제
안하는' 안내 책자를 만들라고 권한다. 호스트들은 이러한 안내 책자를
자기 숙소 목록에 게시하고, 숙소에는 제본한 책자를 비치해 추가 정보
를 제공한다. 에어비앤비 호스트이자 사업가 겸 작가, '겟 페이드 포 유
어 패드Get Paid for Your Pad'의 설립자인 재스퍼 리버스는 효과적인 안내

책자 만들기 같은 주제를 다루는 블로그와 교육용 동영상을 제공한다. 그는 게스트들이 여행을 예측하고, 진행 계획을 시작할 수 있게 그들이 체크인하기 전에 안내 책자를 공유할 것을 추천했다. 또한, 그는 호스트는 안내 책자 앞부분에 게스트가 위치를 찾는 데 도움이 될 정보를 제공해야 한다고 했다. 재스퍼는 이렇게 말한다. "길 안내뿐 아니라 숙소의 앞문이나 게스트가 들어올 때 사용할 키리스 로크*Keyless Lock*(열쇠를 사용하지 않고 문을 잠그는 것)의 사진 정보까지 말하는 거예요."

공동체에 대한 정보와 더불어 재스퍼는 게스트가 숙소의 물건 사용법에 대한 안내에서도 가치를 발견한다고 말한다. "게스트는 대개 체크인하자마자 와이파이에 연결하고 싶어 해서, 저는 디지털 안내 책자와 숙소에 비치해 둔 실제 안내 책자에 그 내용을 표시해 둡니다. 그리고 입구 바로 가까이에 와이파이 비밀번호를 눈에 잘 띄게 표시해 두기도 하죠." 약 20페이지 정도 되는 그의 안내 책자에는 그가 동네에서 자주 찾는 술집이나 식당, 커피숍, 가게의 목록도 담겨 있다. 그리고 이 장소들의 주소가 사진 및 간단한 설명과 함께 제공된다. 책의 마지막 페이지에는 다른 중요한 정보(재스퍼의 연락처와 지역 응급센터 전화번호와 같은)도 나와 있다.

정보가 사려 깊게 공유되면 그 자체가 상품이나 중요한 부가 가치가 된다. 잘 배치된 정보는 고객들이 배우고 성장할 수 있게 하고 그들이 성공을 거두는 데 도움이 된다. 정보 공유가 어떻게 여러분의 사업에 가치를 창출해 주는지 잠시 알아보자.

비즈니스 기회: 궁극적인 역량 강화

많은 에어비앤비 호스트들이 호스팅 경험을 개선하는 회사를 시작해 성공을 거두었다. 예를 들어 재스퍼 리버스는 호스트로서 얻은 전문성을 활용해 다른 호스트들을 돕는 회사를 차렸다. 재스퍼는 이렇게 말한다. "2012년에 호스팅을 시작할 때, 저는 에어비앤비 호스팅 비즈니스를 여행이라는 라이프 스타일을 지원하는 데 최적화하고 싶었습니다. 저는 금융업에서 은퇴하고 인터넷을 뒤지며 호스팅에 관련된 조언과 자료를 찾고 있었죠. 그때는 정보가 많지 않아서 구할 수 있는 것만 모으고 다른 것들은 직접 경험을 하면서 배워야 했어요. 그리고 다른 사람을 돕겠다는 생각으로 배운 것을 공유하기 시작했습니다. 그러다 보니 어느새 그런 정보가 유기적으로 하나의 비즈니스로 전환됐어요."

재스퍼는 곧 팟캐스팅을 시작하고, 호스팅 관련 조언을 담은 책을 쓰고, 블로그를 개설했다. 상당한 팔로워를 갖게 된 재스퍼는 호스트를 위해 만들어진 신규 기술 솔루션을 검토하는 데 블로그를 활용했다. 그 대가로 재스퍼의 회사 '겟 페이드 포 유어 패드'는 그가 홍보하는 솔루션에 생성되는 트래픽에 대한 보상을 받는다. 또한, 재스퍼는 유료 호스팅 과정과 호스트를 위한 개별 컨설팅 서비스도 제공했다.

재스퍼는 에어비앤비가 인기를 얻게 되면서 50개의 기술 기업이 빠르게 등장했다고 추정한다. 이 회사들은 에어비앤비 호스트들에게 다음과 같은 영역에 대한 도구를 제공했다.

- 자동 가격 책정: 이 회사들은 역동적인 가격 책정 소프트웨어를 통해 호스트의 매출 극대화를 추구했다.

- 자동 메시징: 호스트는 이 솔루션들을 사용해 게스트의 요청에 즉각적으로 응대할 수 있다. 몇몇 제공업자들은 "와이파이가 얼마나 빠른가요?"와 같은 질문을 인식하는 인공 지능을 추가하고 관련된 정보가 담긴 답변을 했다.

- 시장 조사: 이 도구의 제공업자들은 호스트가 에어비앤비 비즈니스를 하기에 가장 적합한 지역과 예상 매출을 파악하는 데 도움이 되는 소프트웨어를 제공한다.

- 온라인 가이드북: 호스트는 게스트가 여행을 떠나기 전에 모바일 기기로 접속하거나 다운로드할 수 있는, 잘 디자인된 온라인 가이드북을 만들 수 있다.

- 선급금: 이 도구의 제공업체들은 에어비앤비의 예상 매출을 바탕으로 대출을 해주고 기타 현금 흐름 지원 서비스를 제공한다. 호스트는 이 자금으로 숙소를 개선하고 비즈니스를 성장시킬 수 있다.

- 기타 유용한 도구: 이 영역의 옵션에는 실내외 소음 수준을 추적하는 소프트웨어가 포함되어 있어, 멀리 있는 호스트가 알림을 받을 수 있다. (이것들이 에어비앤비의 감시 장치라는 사실을 알려야한다. 에어비앤비 정책에 따르면 호스트는 '자기 숙소에 있는 모든 감시 장치를 알려야'만 한다. 또한, 에어비앤비는 '존재 사실을 알리는 것과 관계없이 욕실이나 화장실 같은 특정한 사적인 공간에 감시 장치를 두거나 그러한 장소를 관찰하는 것'을 금지한다). 이를 적절하게 알리고 사용하면, 호스트는 소음 수준에 대한 알림에 대응할 수 있다(예를 들어 게스트에게 소음을 낮춰 달라고 하거나, 게스트를 퇴거시키는 조치를 취하는 것).

솔루션 제공업자들은 모바일 기기로 현지 안내 서비스를 제공할 수도 있다. 이 서비스는 디지털 가이드북과 일정 예약 소프트웨어를 결합해 게스트가 식당이나 관광, 교통편과 같은 것들을 예약할 수 있게 해준다. 이러한 종류의 솔루션들은 모두에게 이롭다. 게스트들은 공동체 활동 및 서비스에 대한 정보를 얻는 혜택을 본다. 공동체의 파트너들은 예약을 통해 혜택을 보고, 호스트들은 소개 인센티브를 챙길 수 있다.

새로운 기술 기업들의 등장을 자극하는 것과 더불어, 에어비앤비 호스트들은 협력사의 형태를 띤 새로운 사업 기회를 제공한다. 에어비앤비 슈퍼호스트 채리티와 메이린 쿠아히위누이는 이렇게 설명한다. "잠시 호스팅을 해보니 저희가 사는 지역을 떠나 자리를 비우면 에어비앤비를 계속 운영할 수 없다는 걸 알게 되었어요. 그때는 그런 상황에 대한 공식적인 대체 옵션이 없었기 때문에, 이러한 비즈니스 기회가 저희가 가진 여러 관련 기술들과 맞아떨어졌어요." 그리고 메이린과 채리티는 궁금해졌다. "우리가 에어비앤비 호스트의 숙소를 대신 관리하거나 운영하는 데 도움을 주는건 어떨까?"

2013년 무렵, 채리티와 메이린은 에어비앤비 소유주들의 숙소 회전에 도움을 주기 위해 인소스드Ensourced라는 회사를 설립했다. 메이린은 이렇게 말한다. "저희는 다음 게스트를 맞을 준비가 되도록 숙소를 청소하고 단장했어요. 뒤이어 저희는 다른 사람들을 대신해 호스팅도 했죠." 그녀는 이어서 말했다. "저희는 이제 게스트와 의사소통을 하고 예약을 잡고, 다음 게스트를 위해 숙소를 준비해요. 서비스 제공 용품이 비치되었는지도 확인하고, 세탁도 하고, 게스트에게 감사 인사를 전하죠. 호스트가 이 비즈니스를 처음 시작하는 경우에는 숙소와 호스팅 프로필을 준비하는 것을 도와주기도 합니다. 저희는 사진을 의뢰하고 숙소가 에어비앤비를 시작하는 첫날부터 성공을 거둘 수 있도록 준비를 해 줍니다."

채리티와 메이린은 호스트로서의 성공과 호스트 지원 비즈니스의 성공이 에어비앤비의 편안한 사용자 경험과 사회적 사명, 효과적인 마케팅 덕분이라고 믿는다. 채리티는 이렇게 말한다. "계절에 따라 7명이 넘는 사람들에게 일자리를 제공하고, 그들에게 생활 임금을 제공할 수 있다는 사실이 자랑스러워요. 호스트와 게스트에게 긍정적인 경험을 제공하면서 첫 번째 직원을 유지할 수 있는 직장 환경을 제공할 수 있어서 행복하고요. 저희는 첫 번째 호스트 고객을 계속 보유하고 있어요. 그리고 저희의 호스트들 모두가 슈퍼호스트 자격을 갖게 되었죠."

우리가 만난 호스트는 대부분 의미 있는 고용 기회를 제공하고 자신의 공동체를 지원하고 있었다. 슈퍼호스트 질은 이렇게 말한다. "저는 생활 임금 서약을 채택했어요. 제가 부재중일 때 저를 도와줄 청소부와 공동 호스트들에게 임금을 제대로 주고 싶기 때문이죠. 저희는 모두 다양한 형태로 비즈니스에 몸담고 있어요. 그러니 서로 지지하고 용기를 주고 역량을 강화해야 합니다."

슈퍼호스트 마호 리엔드로는 에어비앤비 숙소 벽에 판매하는 작품을 걸어둠으로써 그녀가 속한 공동체의 예술가들에게 경제적인 기회를 만들어 준다. 마호는 이렇게 말한다. "도시를 방문하는 관광객들에게 더 많은 것을 제공할 수 있다는 게 핵심 아이디어예요. 지역을 대표하는 공예품을 파는 상점들은 많지만, 예술 작품을 살 수 있는 장소는 별로 없다고 느꼈거든요." 마호는 아르헨티나의 살타라는 그녀의 공동체에서 미술가와 사진작가들을 불러 모아 자기 집에 작품을 전시했다. 마호의 목표는 게스트들이 현지 문화에 빠져 볼 수 있게 하고, 공동체의 재능 있는 예술가들을 소개하고, 그들의 작품을 판매하는 시장을 조성하는 것이었다.

마호처럼, 에어비앤비 호스트들은 자신들이 비즈니스를 하는 공동체에 직간접적인 수입 기회를 창출한다. 그들은 고용 기회를 창출하고 지역의 사업체 소유주들과 성공적으로 협력 관계를 맺는다. 부의 창출을 위해 이처럼 협력적으로 접근하는 것이 요즘 상거래의 새로운 현상이다. 페이팔 캐나다*PayPal Canada*의 회장 폴 파리시*Paul Parisi*는 일간지 〈글로브 앤 메일*Globe and Mail*〉의 기사에서 이에 대해 가장 잘 설명하고 있다. "요즘 비즈니스계의 현실을 보면, 재능과 전문성, 기술, 목적이 어우러지는 협력 관계가 고객들에게 더 나은 서비스를 제공하는 열쇠다. 보상도 좋지만 협력 관계가 성공으로 이어지려면 사려 깊은 배려가 필요하다."

경험 많은 비즈니스 소유자들은 '신중하게 생각'하고 도움이 되는 협력 관계를 구축한다. 예를 들어, 플로리스트는 고객을 공유할 수 있는 출장 요리업자와 협력할 수 있다. 어린이 치과 의사는 지역의 중고 아동용품 위탁판매점의 소유주와 관계를 맺어 각자의 고객들이 서로의 책자를 볼 수 있게 하거나 다른 소셜 미디어 페이지에 연계 할인 프로그램을 제공할 수 있다. 이러한 제휴의 관점에서, 여러분이 구축할 수 있는 협력 관계와 여러분의 산업에 봉사하기 위해 새로 만들 수 있는 제품에 대해 깊이 생각해 보는 시간을 가져보자.

브랜드 경험 디자인 가이드

1. 여러분의 비즈니스가 당면한 과제는 무엇인가? 구성원의 욕구를 충족시킬 뿐 아니라 그들과 같은 사람들의 비슷한 욕구를 처리할 해결책을 어떻게 만들 수 있는가?
2. 여러분은 구성원의 전문성을 비즈니스 기회나 정보 기반 제품을 개발하는 데 어떻게 활용할 수 있는가?
3. 어느 부문에서 다른 서비스 제공업자나 공동체의 기업들과 전략적 제휴를 맺어 서로에게 이익이 되는 경제적 혜택을 만들어 낼 수 있는가? 어떤 제품이나 서비스가 여러분의 제품이나 서비스를 보완하는가? 어떤 협력 관계가 여러분의 비즈니스와 의미 있는 시너지를 내는가?

역량 강화의 보답으로 얻는 혜택

직장 생활 초기에, 나는 다른 사람을 위한 가치를 창출하는 서비스 경험을 만드는 대가로 상호적인 혜택을 받는다는 내용을 담은 "봉사는 봉사로 돌아온다*Service Serves Us*"라는 문구를 만들고 상표 등록을 마쳤다. 예를 들어, 스타벅스 바리스타들은 단골손님들과 절친한 관계를 맺고 브랜드 편익을 구축한다. 메르세데스 벤츠의 콜센터 직원들은 문제 해결을 바라고 전화를 건 사람들과 개인적인 정서적 유대감을 만드는 데 서 만족감을 얻는다고 말한다.

"봉사는 봉사로 돌아온다"라는 개념은 에어비앤비 플랫폼에서도 경험할 수 있다. 에어비앤비 호스트들이 훌륭한 게스트 경험을 제공해야 게스트들이 에어비앤비 플랫폼으로 돌아와 미래에 다시 숙박을 예약할 것이다. 그리고 그것은 에어비앤비의 수익과 성장에 도움이 된다. 호스트들 또한 게스트 서비스를 통해 금전적 니즈와 사회적 니즈가 충족된다고 말한다.

페기 J. 스터디반트 같은 호스트들은 에어비앤비가 극도로 힘들었던 재정 상태로부터 자신들이 살아남는 데 도움을 주었다고 믿는다. 페기와 그녀의 삼촌은 로스앤젤레스에 집을 구매했다. 삼촌이 치매에 걸리기 전까지는 그 비용을 감당하는데 아무런 문제가 없었다. 페기는 이렇게 말한다. "재정 상태가 매우 안 좋아졌고, 저는 삼촌이 돌아가실 때까지 삼촌을 계속 돌봐 드려야 했어요. 그리고 주택 담보 대출금을 갚고 청구서들을 처리하느라 애를 썼죠. 뭘 해야 할지 모르겠더라고요. 저는 에어비앤비에 대해 들은 게 조금 있었지만, 제가 속한 아프리카계 미국인 공동체에는 에어비앤비가 잘 알려지지 않았어요." 텔레비전 프로그램을 보다가 페기는 비욘세가 인터뷰에서 에어비앤비에 묵을 거라고 말하는 걸 들었다. "저는 비욘세가 에어비앤비를 신뢰한다면 그에 대해서 더 알아봐야겠다는 생각을 하게 되었어요." 그리고 그녀는 이렇게 말했다. "에어비앤비는 우리 집을 지켜 주었어요. 그 경험은 경이로웠죠. 저는 그 이후로 에어비앤비 홍보 대사가 되었습니다."

이와 유사하게 아나 라미레즈와 그녀의 남편은 스페인 세비야의 커다란 집에서 살고 있었는데, 그 집은 남편의 할아버지로부터 물려받은 것이었다. 그녀와 남편 모두 직장을 잃고 그녀의 작은 옷 가게까지 문을 닫게 되자 두 사람은 수입이 없어졌다. 아나는 이렇게 말한다. "인생에서 벌어진 그런 예상치 못한 사건들은 가치관을 명확히 하고 자신을 다른 모습으로 재창조하는 데 도움이 됐습니다. 2012년, 에어비앤비는 우리에게 수입이 끊긴 위기에서 벗어나게 해주는 길이 되었죠."

아나는, 자신의 성공이 '새로운 일을 시도하고, 서로 믿고, 가장 가치 있는 자산을 공유하는 것'과 연결되어 있다고 말했다. "저희가 숙소 공유를 선택하지 않았다면 어떤 상황이 됐을지 생각하고 싶지도 않아요." 그 뒤에 아나와 그녀의 남편은 정규직으로 취업했고, 에어비앤비에 계속 숙소를 공유해 삶을 풍요롭게 할 만큼의 추가 수입을 올린다. "저희는 에어비앤비를 통해 운 좋게 만난 사람들과 우리 집과 시간을 나누는 게 좋아요."

시니어 슈퍼호스트 린다 리트하이저는 재정적 환경이 나쁘지는 않지만, 그녀는 에어비앤비가 부부의 생활에 많은 도움이 되었다고 기꺼이 인정한다. "저는 68살이고 남편은 71살이에요. 저희는 한 6년 전에 결혼했는데 당시에 그 지역에 각각 집을 갖고 있었어요. 저희에겐 자식이 넷, 손주가 열다섯이었기 때문에 가족들이 모일 장소가 있었으면 했어요. 저희는 별장을 갖고 싶어서 장기 임대를 하지는 않았어요."

린다는 그녀와 남편에게 갚아야 할 주택 담보 대출이 있었다고 말한다. "에어비앤비가 없었다면 남편은 제때 은퇴하지 못했을 거예요. 저희는 숙소로 공유할 집을 미국의 장애인 법에 맞춰 개조했어요. 저희가 계단을 오르는 게 더 힘들어졌을 때 도움이 되겠죠." 또한, 린다는 일부 노인들이 겪는 고립감을 없애는 데 에어비앤비가 도움이 된다고 본다.

바르셀로나의 하비에르 라순시온은 노인들이 집을 공유하면서 얻게 된 사회 참여의 혜택을 입증해 준다. "저는 올림픽 건축물 설계에 참여한 공무원이자 토목 기사였고, 바르셀로나 올림픽 박물관의 책임자였습니다. 은퇴하게 되면서 돈이 필요하지는 않았지만, 계속해서 생활에 변화를 주고 싶었어요." 하비에르는 에어비앤비 호스팅을 통해 '가치를 더하고 삶 속에서 얻은 지식을 나눌 수 있게 되었으며, 그렇게 생긴 매출로 가족 구성원의 교육에 보탬이 될 수 있었다'라고 말한다. "공유를 통해서 저는 너무 많은 걸 얻고 있어요."

하비에르의 말은 어머니께서 내게 말씀해 주신 이탈리아 속담이 생각나게 한다. "촛불은 다른 촛불을 밝힘으로써 아무것도 잃지 않는다." 비즈니스 공유라는 맥락에서 우리의 빛과 자원, 다른 사람에 대한 우리의 통찰은 더 강한 빛을 만들어 내 함께 하는 성공으로 우리를 안내한다. 어머니 타에코 칸과 함께 호스팅을 하는 에어비앤비 슈퍼호스트 유이 야마구치는 이를 이렇게 설명한다. "제 가족은 에어비앤비를 통해 필요한 돈을 많이 벌었어요. 하지만 공유는 부자가 되는 것 이상이에요. 공유는 풍부한 삶을 영위하는 것에 관한 것이죠."

다른 사람의 삶을 풍요롭게 함으로써 에어비앤비 호스트의 삶도 풍요로워진다. 마찬가지로 에어비앤비 경영진은 호스트의 역량을 강화함으로써 회사의 고속 성장에 연료를 공급한다. 역량 강화와 서비스는 여러분에게 다른 사람을 위한 가치를 창출할 것을 요구한다. 여러분이 제공한 가치는 언제나 성공의 가장 큰 결정 요인이 될 것이다. 리더십 전문가이자 작가인 존 맥스웰*John Maxwell*은 "사람들은 대부분 자신의 삶을 이끌지 않는다. 그들은 자신의 삶을 받아들인다. 목적을 갖고 자기 삶을 이끌어 나가는 사람은 다른 사람에게 가치를 더한다."라고 말했다. 다음 장에서는 '가치 추가'에 대한 우리의 논의를 더 확장해 에어비앤비 경영진이 어떻게 비즈니스를 하는 공동체에 영향을 미치고, 어려움을 겪는 호스트와 게스트들을 돕는지 살펴보자.

여러분이 구성원의 가치를 주장하고 공유할 때 생각해 볼 것

- 조시 카우프만은 비즈니스가 가치 창조, 마케팅, 판매, 가치 전달, 자금 조달을 필요로 한다고 정의했다.
- 기업가 정신은 가치 창조 능력과 그 가치를 시장에 내놓을 수 있는 용기를 요구한다.
- 설문 응답자의 3분의 1이 비행기에서 뛰어내리는 것보다 자기 사업을 시작하는 것이 더 두렵다고 대답했다.
- 큰 비즈니스 성과를 얻기 위해서 미친 척 용기를 내는 것도 필요하다.
- 동료 간 코칭은 대체로 회사의 리더들이 기반 시설(기술 커뮤니케이션 플랫폼과 관리 지원)을 마련한 다음, 참가자들이 자신의 커뮤니티를 만들어가게 하는 중요한 역량 강화 수단이다.
- 지식이 전적으로 실현되려면, 그것을 그대로 행동에 옮기거나 공유해야 한다.

- 연구에 따르면 경험은 우리에게 있어 '물질적인 상품보다 더 커다란 부분을 차지하는 것'이다.
- 비즈니스에 종사하는 사람들은 모두 지식을 전달할 수 있다. 그리고 그로 인해 고객을 위한 가치가 창출된다. 지식은 대면 교육이나 팟캐스트, 글, 온라인에 게시되는 정보 등 다양한 방식으로 이동하고 공유될 수 있다.
- 정보가 사려 깊게 공유되면, 그 자체로 상품이 되거나 상당한 가치를 더해 준다. 잘 배치된 정보는 고객들이 배우고 성장할 수 있게 한다. 그리고 그들의 성공에도 도움이 된다.
- 당신의 비즈니스를 위해 공들여 만든 솔루션을 당신이 속한 산업의 사람들에게 마케팅함으로써 새로운 비즈니스 기회가 생길 수 있다.
- 협력 관계는 고객에게 더 좋은 서비스를 제공하는 열쇠이며, 그것으로 성공하기 위해서는 사려 깊은 배려가 필요하다.
- 봉사는 봉사로 돌아온다!

CHAPTER 5
공동체

10장

이웃에게
봉사하기

빨리 가고 싶다면 혼자 가라. 멀리 가고 싶다면 함께 가라.

- 아프리카 속담

2018년, 에어비앤비의 창업자 브라이언 체스키는 "21세기 기업21st Century Company 건설을 위해 에어비앤비 커뮤니티에 보내는 공개 서한"을 작성했다. 이 서한에서 체스키는 에어비앤비가 모든 이해 관계자들에게 봉사하고, 세상을 바꾸겠다는 비전을 공유했다.

체스키는 에어비앤비가 무한한 시간의 지평을 갖고 열린 사고방식을 취할 것이라고 말했다. 그렇게 해서 에어비앤비는 더욱 대담해질 수 있고, 더 많은 사회적 책임을 질 수 있고, 사회를 개선하기 위한 지속적인 변화에 전념할 수 있을 것이다. 체스키는 에어비앤비를 '모든 도시가 하나의 마을이고, 모든 구역이 하나의 공동체이며, 모든 식탁이 하나의 대화의 장'인 세상을 만드는 것으로 보았다. 이것이 바로 에어비앤비의 마법 같은 세상이다.

에어비앤비가 갖는 미래에 대한 영향력과 관련해, 에어비앤비의 공동 창업자 조 게비아와 네이선 블레차르지크는 비슷한 견해를 표했다. 게비아는 자신의 믿음을 이렇게 표현한다. "우리가 정말로 잘하는 것 즉, 환대, 낯선 사람들 간의 신뢰 형성, 확장 가능한 소프트웨어의 구축과 같은 재능으로, 이 세상과 중추 기구들이 현시대의 가장 어려운 도전 과제들을 해결하는 것을 돕는 것이 우리의 책임입니다." 그리고 블레차르지크는 이렇게 덧붙인다. "에어비앤비는 우리에게 달리 생각하는 힘과 협력적인 생태계의 힘을 보여주고 일깨워 줍니다. 에어비앤비는 공동 창업자, 멘토, 투자자, 그 후에는 직원들로 이루어진 제대로 된 팀을 모은 결과, 별난 아이디어에서 변화의 힘을 가진 회사로 나아갔습니다. 그리고 이제 저희는 다른 사람들이 세상을 더 좋은 곳으로 만들 수 있는, 색다른 아이디어들을 추구하도록 돕고 싶습니다."

에어비앤비의 성공은 여행 경험의 향상을 이끈 색다른 아이디어의 추구와 관련이 있다. 그런데 에어비앤비 경영진은 이 성공을 사회의 개선을 위해 다른 사람들의 혁신을 돕는 데 활용할 수 있을까? 사회적 변화를 말로 하는 것은 쉬운 일이지만, 그것을 실현하는 것은 벅찬 일이다. 작가 겸 사회 행동주의자 그레이스 리 보그스*Grace Lee Boggs*는 "여러분이 사회에 책임을 지지 않고, 사회에 소속감을 느끼지 못하고, 자신이 사회의 변화에 책임이 있다고 생각하지 않으면 그 어떤 사회도 바꿀 수 없습니다."라고 말한다. 확실히 에어비앤비 경영진은 자신을 글로벌 공동체에 '속한 존재'로 여기고, 광범위한 사회적 문제를 개선하는 데 책임감을 느끼고 있다.

이 장에서는 에어비앤비 경영진이 사회를 개선하거나, 현시대의 가장 어려운 문제를 해결하거나, 더 나은 세상을 만드는 것과 같은 목적으로 어떤 일을 하고 있는지 알아볼 것이다. 특히, 우리는 그런 경영진들이 자신의 이웃(직원, 호스트, 게스트, 시민운동가 누구든)에게 어떻게 봉사하고 있는지 자세히 살펴볼 것이다. 그리고 자신들의 긍정적인 사회적 영향을 극대화할 수 있도록 호스트와 게스트, 공동체 파트너들을 어떻게 돕는지도 차례로 알아볼 것이다. 이제부터 다음과 같은 에어비앤비의 노력에 대해서 알아보자.

- 커뮤니티 강화하기
- 글로벌 자원봉사 활동 늘리기
- 지속 가능성 추구하기
- 위기에 대응하기
- 사회적 영향력 조성하기
- 접근성 갖추기

말한 내용 실천하기

2016년, 〈포브스〉지는 미국의 젊은(40세 미만) 백만장자 14명을 선정했다. 에어비앤비 창업자 3명 모두(체스키, 게비아, 블레차르지크)가 이 목록에 올랐다. 2018년의 포브스 400(Forbes 400) 목록(〈포브스〉가 '가장 부유한 미국인 최종 순위'라고 부르는)을 보면, 에어비앤비 창업자들은 각각 약 370억 달러의 자산을 보유한 것으로 추정된다.

사회에 실질적인 영향을 주고 싶다고 한 그들의 바람대로 창업자(네이선의 아내 엘리자베스 블레차르지크도 함께)들은 각각 빌과 멜린다 게이트, 워런 버핏이 시작한 기부 서약Giving Pledge을 했다. 그 서약은 세계적인 부자들과 그 가족들이 '자신들의 부의 상당 부분을 기부하겠다.'라고 약속하도록 장려하는 자선 활동에 대한 약속이다. 〈포춘〉지의 부편집장인 레이 갤러거는 기사에서 이 세 명의 리더가 시작한 기부 서약은 '처음으로 한 회사의 공동 창업자가 모두 동시에 서약한 기록'을 세웠고, '공동 창업자들이 서약에 참여하는 데 하나가 되었지만 그들의 기부는 개별적으로 이루어질 것'이라는 사실에 주목했다.

캘리포니아대학교 산타크루즈캠퍼스의 명예교수 마틴 케머스Martin Chemers는 자신의 저서 《리더십 통합 이론An Integrative Theory of Leadership》에서 리더십을 '한 개인이 집합적인 목표를 달성하기 위해, 다른 사람의 도움을 요청하고 동원하는 사회적 영향의 과정'으로 규정한다. 그러한 정의에 의하면 에어비앤비 공동 창업자들의 기부 서약은 적극적인 리더십을 반영한다. 자신이 쌓은 재산의 50퍼센트가 넘는 금액을 사회적으로 필요한 일을 해결하는 데 기부하겠다고 약속함으로써, 이 기부자들은 사회적으로 영향을 끼치고 다른 사람들에게 이와 같은 일을 요청하며 그들을 움직이고 있다.

개인적인 자선 활동과 더불어 에어비앤비 경영진은 이 회사의 호스트 커뮤니티에 에어비앤비의 지분을 제공할 방법을 찾고 있었다. 2018년 9월, 미국 증권 거래 위원회US Securities and Exchange Commission에 제출한 서한에서 에어비앤비는 위원회의 701 조항Rule 701에 대한 수정을 요구했다. 그 내용은 '현재 작성되고 일반적으로 해석되는 바와 같이, 회사가 발행인과 별도로 연계되지 않은 공유 경제 참여자들에게 지분을 양도하는 것을 허용하지 않는다'이다. 즉, 이 조항은 수익 공유를 에어비앤비의 직원과 투자자들로만 제한해서, 호스트는 에어비앤비의 지분 일부를 받을 자격이 없는 것이다. 조항을 변경하기 위해 소송을 진행하면서 에어비앤비의 경영진은 이렇게 말했다.

21세기의 회사들은 모든 이해 관계자의 이익을 동등하게 대할 때 가장 성공할 수 있습니다. 에어비앤비와 같은 공유 경제 기업의 경우, 임직원과 투자자들뿐 아니라 우리의 시장을 사용해 고유한 숙박과 체험을 호스팅하는 호스트들도 포함됩니다. 공유 경제 시장으로서 이 호스트들이 성공해야 에어비앤비도 성공할 수 있습니다. 저희는 비상장 기업들이 호스트와 다른 공유 경제 참여자들에게 회사의 지분을 수여할 수 있도록 하면, 이러한 회사와 그들의 공유 경제 참여자들 간의 인센티브를 양측의 이익에 더욱 잘 맞게 조정할 수 있을 거라고 믿습니다.

에어비앤비의 호스트 지분에 대한 진정서에는 이해 관계자들의 연대에 대한 욕구와 호스트가 창출한 부를 공유하겠다는 의지가 모두 반영되어 있다. 이렇게 부를 공유하면 호스트에게 추가적인 수입이 생기고, 호스트가 숙소의 질과 양을 업그레이드하게 될 가능성까지 생길 것이다. 에어비앤비의 조항 수정 요청과 관련해 브라이언 체스키는 디지털 뉴스 플랫폼 〈악시오스Axios〉에 보낸 서한에서 이렇게 말한다. "에어비앤비는 커뮤니티 기반 회사입니다. 그러므로 호스트가 없다면 저희는 아무것도 아닙니다. 저희의 가장 충성스러운 호스트가 주주가 되었으면 합니다. 그렇게 되려면 이러한 정책들이 수정되어야 합니다."

개인적인 기부와 에어비앤비 호스트에게 지분을 제공하려는 노력과 더불어 에어비앤비 경영진은 에어비앤비 커뮤니티에 직접 참여하는 것을 통해, 타인을 돌보는 것이 중요하다는 것을 보여준다. 2017년, 체스키는 6개 도시에서 에어비앤비 호스트들을 만나고 기념하는 2주간의 여행을 하면서 이렇게 말했다. "우리의 제품은 우리의 커뮤니티입니다. 그건 바로 여러분이죠. 사람이 항상 우리가 하는 일의 중심에 있을 것입니다." 체스키는 CEO로서의 자신의 지위는 에어비앤비의 비즈니스 측면을 담당하는 것이지만, 자신을 '커뮤니티의 리더'라고도 여긴다고 강조하며 이렇게 말했다. "여러분이라면 어떻게 에어비앤비에서 사업을 이끌면서 커뮤니티는 이끌지 않을 수 있겠습니까? 이 둘은 하나이며 같은 것이죠. 그래서 저는 제 직함을 CEO에서 CEO 및 커뮤니티 부문장으로 바꿀 겁니다. 이렇게 직함을 확장하는 것은 책임이 확장되는 것보다는 작은 일입니다. 저는 단지 비즈니스뿐 아니라 커뮤니티에 대해서도 책임을 지고 싶습니다."

동시에 체스키는 에어비앤비 경영진과 그들이 상대하는 호스트와 게스트, 지역 공무원들 간의 관계를 강화하기 위한 일련의 계획을 발표했다. 이 조치에는 호스트 자문단과 브라이언 체스키가 주관하는 정기적인 페이스북 라이브 행사, 호스트가 에어비앤비 이사회에 의견을 전달하는 공식적인 기구 창설이 있다.

나의 아버지는 한때 이런 말씀을 하셨다. "그 사람이 가치 있게 생각하는 게 무엇인지 알고 싶으면 그가 돈을 어디에 쓰는지 보고 어디에 발을 들여놓는지 지켜보거라." 에어비앤비에서 사람과 사회적 기부가 얼마나 중요한지 알아보려면, 공동 창업자들의 기부 서약과 호스트 지분의 추구, 체스키의 에어비앤비 커뮤니티에 대한 직접 참여 같은 사례를 보기만 해도 된다.

공동 창업자들의 행위를 넘어, 에어비앤비는 이 장에서 소개된 다양한 부서와 이니셔티브를 개발함으로써 전체 이해 관계자들의 커뮤니티에 대한 약속을 공식화했다.

커뮤니티 강화하기

지금까지 이 책에서 여러분은 에어비앤비 경영진이 한 많은 약속과 서약, 그들이 설정한 공적인 목표에 대해 읽었다. 이 장에서 논의한 서약들과 더불어 9장에서 우리는 에어비앤비의 포용성에 대한 목표의 진전 사례를 보았고, 8장에서는 에어비앤비의 생활 임금 서약의 확대에 대해 공유했으며, 2장에서는 에어비앤비가 백악관 임금 평등 서약과 백악관 IT 포용성 서약을 어떻게 수용하게 되었는지 언급했다.

서약이나 목표, 공개적인 약속들은 기업과 개인 간의 삶에서 중요한 부분이다. 〈가설과 이론Hypothesis and Theory〉의 "약속의 의미: 최소한의 접근The Sense of Commitment: A Minimal Approach"이라는 글에서 인지 과학 교수인 존 마이클John Michael, 나탈리 세반즈Natalie Sebanz, 귄터 노블리히Günther Knoblich는 약속의 이점에 대한 경험적 발견을 제시했다.

> 약속이라는 현상은 인간의 사회생활의 초석이다. 약속은 변화하는 개인의 욕구와 관심사에도 불구하고 그들의 행위를 예측할 수 있게 한다. 그러므로 여러 가지 동인이 연관된 복합적인 행위를 계획하고 조직하는 것이 수월해진다. 게다가 약속은, 개인들이 그들과 다른 사람들이 약속하지 않았으면 기꺼이 하려고 하지 않았을 복합적인 행동에 기꺼이 참여하게 함으로써 협력을 수월하게 만든다.

글로벌 정책 및 커뮤니케이션 담당 수석 부사장 크리스 리헤인은 인터뷰에서, 비즈니스 리더들이 자주 잊어버리는 이해 관계자 집단에 대한 에어비앤비의 약속을 소개했다.

> 저희는 커뮤니티에 책임감 있게 참여하는 데 중점을 두고 현실적인 측면에서 많은 일을 하고 있습니다. 2015년에는 저희의 참여를 전 세계적으로 이끄는 일련의 원칙을 분명히 밝힌 에어비앤비

공동체 협약*Airbnb Community Compact*을 발표했죠. 협약의 내용으로는 데이터를 공유하거나, 커뮤니티가 타당한 세금을 납부할 수 있도록 돕거나, 특정 커뮤니티의 니즈를 충족시키기 위한 해결책을 찾는 것입니다. 주거는 일반적으로 역사, 정치, 문화 그리고 경제의 파생물이기 때문에 모든 커뮤니티가 유일무이하며, 서로 다른 문제에 직면해 있다는 사실을 인식하는 것은 중요합니다.

에어비앤비 공동체 협약은 에어비앤비가 커다란 영향력을 미치고 있는 공동체의 지도자들을 상대한다. 이 협약에는 다음과 같은 에어비앤비의 약속이 반영되어 있다.

- 각 지역에 적합한 관심을 보인다.
- 호스트의 합당한 호텔 및 관광세 납부를 돕는다.
- 호스팅 활동과 관련해 투명성과 개방성을 제공한다.
- 책임감 있는 호스팅을 장려함으로써 지역 공동체를 활성화한다.

공동체 거주자들과 도시의 리더들에게 지역적으로 특화된 정보를 배포함으로써, 에어비앤비는 책임감 있는 숙소 공유를 지지하는 건전한 공공 정책에 영향을 미친다. 2018년도의 에어비앤비 보도자료는 이러한 노력의 결과를 사례를 들어 보여 주었다.

에어비앤비는 우리의 커뮤니티가 합당한 호텔 및 관광세*TOT,*

Transient occupancy tax(숙박 시설에서 숙소를 임대할 때 여행자에게 청구하는 세금)를 납부할 수 있도록 돕는 데 전념해 왔습니다. 이러한 작업을 통해, 우리는 전 세계 400개가 넘는 나라의 정부와 협력하여 세금을 징수하고 송금하고 있다는 사실에 자부심을 느낍니다. 이러한 호스트 커뮤니티에 대한 지속적인 약속 덕분에, 전 세계의 도시와 호스트 커뮤니티에 도움을 주면서 지금까지 10억 달러가 넘는 TOT를 징수해 송금했다는 사실을 발표하게 되어 기쁩니다.

여러분은 비즈니스를 하는 도시의 지도층에게 수백 가지의 경제적 영향에 대한 보고서를 만들 일을 없을 것이다. 아마 여러분의 시장에서 사업적인 거래를 하는 주체들에 세금을 징수해야 할 필요도 없을 것이다. 하지만 에어비앤비 공동체 협약은 사회와 폭넓게 관련이 있다. 특히 도시와 도시의 지도층들은 중요한 이해 관계자 집단으로 여겨질 수 있고, 그렇게 되어야 한다는 사실을 보여준다. 아울러 이 협약은 비즈니스 리더들이 공동 이익을 지키기 위한 협력과 공동 행동을 조성하기 위한 약속을 어떻게 만들 수 있는지 보여준다. 여러분은 비즈니스를 하는 마을이나 도시, 지방 자치 당국과 어떤 약속을 했거나 하고 있는가?

글로벌 자원봉사 활동 늘리기

자원봉사 활동은 인간의 문명화가 시작된 이후부터 우리 주위에 있었던 것 같다. 미국의 자원봉사 활동은 벤자민 프랭클린*Benjamin Franklin*이 첫 번째 자원 소방서를 설립했던 1736년으로 거슬러 올라간다.

기업의 자선 활동이 긴 역사를 갖는 데(산업 혁명 및 2차 세계 대전 이후에 기업의 기부 활동이 현저히 늘어나면서) 비해, 직원 자원봉사 프로그램employee volunteer programs, EVPs과 고용주 지원 자원봉사employer-supported volunteering, ESV는 펩시나 IBM, 화이자Pfizer(미국의 제약 회사) 같은 브랜드들이 국제적인 기업 자원봉사 계획을 시작했던 2000년대 초 이후에 점차적으로 널리 확산됐다.

2013년, 에어비앤비는 에어비앤비 글로벌 시티즌십 챔피언Global Citizenship Champion 프로그램을 시작하면서 늘어나고 있는 직원 자원봉사 활동을 지원하는 회사의 대열에 합류했다. 이 프로그램은 직원들이 한 달에 4시간 동안 유급으로 자신의 공동체에서 자원봉사를 할 수 있도록 한다. '에어비앤비 시티즌'의 글에서 에어비앤비는 이 개념을 프로그램 너머로까지 확장한다. "저희 호스트 커뮤니티들은 정기적으로 임직원들과 함께 하는 자원봉사에 초대됩니다. 그로 인해서 우리 사무실이 있는 도시에서 저희는 좋은 이웃이 될 수 있죠. 저희들은 임직원과 호스트들을 위한 자원봉사 활동을 조직하고, 이끌고, 대의를 위한 자선 기부금이 자신의 지역 공동체에서 중요하게 쓰이도록 하고 있습니다."

에어비앤비의 그라운드 컨트롤 팀장인 제나 쿠시너는 내게 이렇게 말했다. "에어비앤비 직원들은 호스트와 협력해 우리가 공유하는 공동체에서 좋은 일들을 합니다. 저희는 전 세계의 에어비앤비 커뮤니티 사무실에서 매우 조직적이고, 다양하며 흥미로운 방식으로 이러한 노력에 접근해요." 11장에서 여러분은 에어비앤비 글로벌 시티즌십 프로그램이 개인에게 끼친 영향에 대해 알게 될 것이다.

2018년 5월부터 에어비앤비 직원들은 호스트 파트너들과 함께 50개 도시에서 250가지의 자원봉사 활동 프로젝트에 참여했다. 봉사 시간으로 따지면 11,000시간이 넘는다. CEO 주도 협의체인 '공동 목적을 위한 최고 임원진*Chief Executives for Corporate Purpose, CECP*'은 매년 300여 개의 세계에서 가장 큰 규모의 회사들에 대한 '기빙 인 넘버스*Giving in Numbers*' 보고서를 내놓는다. 2018년도 보고서에 따르면 대규모 다국적 회사들의 65퍼센트가 에어비앤비의 글로벌 챔피언 프로그램과 유사한 유급의 '자유 시간 프로그램*release time program*'을 제공했다.

대기업들은 직원들의 자원봉사 활동을 상당히 많이 포용한 반면, 중소기업은 그들의 덩치 큰 상대의 꽁무니를 쫓고 있다. 〈아이비 비즈니스 저널*Ivey Business Journal*〉에서 켈리 킬크리스*Kelly Killcrease* 교수는 다음과 같은 글을 썼다.

많은 소기업 소유주들은 자원봉사라는 옵션을 선택하지 않는다. 비용과 관련된 요소가 소기업이 자원봉사 활동을 늘리지 못하는 주요인이다. 자원봉사에서 해결되어야 하는 세 가지 희생은 노동력의 생산성 손실, 직원 보상 그리고 자원봉사 활동의 조직이다.

수없이 많은 연구가 직원의 자원봉사 프로그램이 가진 사회적, 비즈니스적 영향력을 보여주고 있는데, 거기에는 다음과 같은 혜택이 포함되어 있다.

- 우수 인재 유인

- 직원들의 폭넓은 직업 및 리더십 기술 개발

- 직원 참여와 생산성 증대

- 팀의 기능 및 동료애 증진

- 직원 이직률 감소

여러분이 회사의 직원 자원봉사 프로그램을 신설하는 것을 고려 중이라면, 사이버그랜트*CyberGrants*(기술에 기반한 기부 문화와 자선 활동 컨설팅 기업)가 제공하는 10단계의 유효한 가이드를 airbnbway.com/book-resources에서 찾아보자.

여러분의 회사가 에어비앤비와 같은 유급 자원봉사 프로그램을 신설하든지, 직원 자원봉사 활동의 날로 매년 하루를 제공하든지, 아니면 직원의 자원봉사 활동 기회를 간헐적으로 조직하든지 간에 공동체에 필요한 일은 많다. 팀원들이 사회적 욕구를 다루도록 조직함으로써, 여러분은 그들이 자기 이웃에 봉사하고, 서로의 관계를 증진하고, 회사에 대한 연결을 강화하도록 돕는다. 지속 가능한 여행과 긴급 사태, 여행 접근성을 다루기 위해 마련된 에어비앤비 프로그램들을 살펴보기 전에 비즈니스 맥락에서 자선 활동과 약속, 자원봉사 활동에 대해 생각해보는 시간을 가져 보자.

브랜드 경험 디자인 가이드

1. 여러분과 다른 리더들은 개인적, 기업적 자선 활동에 관한 약속을 어떻게 보여주고 있는가? 여러분의 팀원들은 여러분이 '어디에 돈을 쓰고, 어디에 발을 들여놓는다'라고 말할 것 같은가?

2. 자신을 둘러싼 이해 관계자들에게 어떤 약속을 했는가? 그 약속은 관련 조치를 어떻게 계획하고 조직하게 하는가?

3. 어떤 공동체 리더들이 여러분의 비즈니스에 중요한 이해 관계자인가? 당신이 봉사하는 공동체를 강화하도록 당신은 그들을 어떻게 돕고 있는가?

4. 여러분의 회사는 어떻게 직원들이 자신의 공동체에 기여하도록 돕는가? 그 노력은 직원의 자원봉사 활동을 어떻게 효과적으로 장려하거나 지원하는가?

지속 가능성 추구하기

에어비앤비 경영진은 무한한 시간의 지평을 가지고 운영되는 21세기 회사가 되겠다고 약속했기 때문에, 회사의 장기적인 지속 가능성과 의도치 않은 환경에 대한 부정적인 영향 축소의 중요성 양쪽 모두에 초점을 맞춘다. 산업 혁명이 끝날 무렵, 비즈니스 리더들은 사업의 성공과 환경적으로 지속 가능한 기업 활동 사이에서 균형을 잡을 필요가 있다고 생각하기 시작했다(산업 혁명은 1700년대 중반 영국에서 시작돼 약 100년 동안 전 세계로 퍼져 나갔다).

일반적으로 모두가 동의하는 산업 혁명의 영향으로는, 도시화(사람들이 공장 근처의 직장 때문에 시골을 떠났기 때문에), 인구 증가(생활 수준 향상 및 의학의 발달과 함께), 여행의 용이성 및 범위의 확대, 주택 및 식량 생산 능력의 확대가 있다. 공산품 생산을 촉진하기 위해 자원에 대한 수요가 늘고, 생산 과정의 부산물과 이 행성을 공유하는 인구가 증가하면서, 산업화는 환경에 명백한 영향을 주었다.

생산과 소비의 영향이 소비자 삶의 질과 기업 운영에 필요한 자원 공급에 위협을 가하기 때문에 리더들은 점점 더 지속 가능한 소비를 추구하고 있다. 언뜻 보기만 해도, 지속 가능한 소비는 경제적 생존 능력을 유지하면서 비즈니스가 환경에 미치는 영향을 최소화한다. '건강한 여행과 건강한 목적지Healthy Travel and Healthy Destinations'라는 제목의 2018 년 에어비앤비 보고서의 서문에서 조나단 투어텔롯Jonathan Tourtellot(지속 가능한 목적지를 위한 내셔널지오그래픽 센터National Geographic Center for Sustainable Destinations의 설립자)은 다음과 같이 여행 산업의 지속 가능한 소비 사안의 틀을 설정했다.

관광업은 궁극적으로 양날의 검이다. 제대로 되면, 좋은 일을 많이 할 수 있다. 경제를 일으키고 일자리를 제공할 수 있으며 지역 주민과 방문자 모두를 교육할 수 있다. 국제적인 이해도 촉진할 수 있으며 보호와 보존에 대한 동기도 부여할 수 있다. 그리고 엄청난 즐거움을 줄 수 있다. 반대로 잘못된다면, 과도한 개발과 문화 및 환경적 퇴보, 상거래 침체, 사회적 스트레스, 그리고 사람들이 몰리는 현상을 의미하는 과잉 관광overtourism 같은 신조어가 생길 정도로 해로운 일이 많이 발생한다.

여러 해에 걸쳐 에어비앤비는 지속 가능한 여행, 또는 에어비앤비가 '건강한 관광업'이라고 부르는 것을 만들기 위해 여러 단계를 거쳐왔다. 2018년, 이 회사는 공식적으로 '전 세계의 호스트와 게스트, 도시들을 위한 지역적이고 진정성 있으며 지속 가능한 관광업'을 촉진하는 데 초점을 맞춘 에어비앤비의 건강한 관광 사무소*Office of Healthy Tourism*를 공개했다. 에어비앤비의 부서 신설과 함께, 리더들은 전 세계 관광업 전문가들로 구성된 에어비앤비 자문단을 발표했다. 업계 자문단들은 에어비앤비가 과잉 관광의 영향에 대응하는 장기적 접근법을 개발하는 것을 돕는 책임을 맡았다.

관광지에도 엘리베이터나 비행기의 안전한 적재량과 같은 수용 능력이 있다. UN 세계 관광 기구*UNWTO*는 관광 수용 능력을 '물리적, 경제적, 사회 문화적 환경을 파괴하지 않고, 방문자 만족도를 감당할 수 없는 수준으로 하락시키지 않으면서 한 관광지에 방문 가능한 최대 인원의 수'라고 정의한다. 에어비앤비의 시장은 그 본질상 사람들이 많이 찾는 관광지를 넘어선 관광 옵션을 제공한다. 2018년, 에어비앤비는 전 세계 여행지(암스테르담, 발리, 방콕, 바르셀로나, 일본, 마요르카, 퀸스타운, 베네치아)의 여행 패턴을 관찰하고 다음과 같은 사실을 발견했다.

에어비앤비 여행은 대체로 전통적인 관광지 외의 지역에서 진행된다. 여덟 군데의 지역 사례 연구마다 모든 게스트 체크인의 최소 3분의 2는 전통적인 관광지 외의 지역에서 발생했다. 여덟 군데 모두에서 호스트 추천 관광지 및 활동지의 71퍼센트에서 91퍼센트가 전통적인 관광지 외의 지역이었다. 아울러 에어비앤비 체험의 31퍼센트에서 96퍼센트는 전통적인 관광지를 제외한 곳에서 호스팅되었다.

에어비앤비 숙소에서 자연스럽게 확산되는 여행 활동과 함께, 경영진들은 유럽의 건강한 관광을 촉진하는 혁신적인 프로젝트에 보조금을 지급하는 5백만 파운드(약 6백5십만 달러)의 커뮤니티 관광 프로그램 *Community Tourism Program*과 같은 계획을 통해, 현대적 설비를 이용하지 않는 진정한 자급자족*off-the-grid* 여행을 적극적으로 장려한다. 지원자들은 아직 유명해지지 않은 목적지를 발굴해 인지도를 높이고 널리 알리거나, 기업가 활동에 불을 붙이고 지역 경제를 강화함으로써 관광업과 여행의 이미지를 쇄신한다. 또한, 지역 축제와 행사를 보존하거나 널리 알리는 동시에 이를 즐길 줄 아는 더 폭넓은 관람객들에게 소개함으로써 최고 십만 파운드(약 13만 달러)까지 지원받을 수 있다.

이 글을 쓰고 있는 현재, 지원금 수령한 곳으로는 독일 뮌헨 주변에 새로 생긴 트레일 루트인 '뮌헨의 길*Weg der Munchner*'이 있다. 이 트레일에는 뮌헨의 전통적인 관광지를 넘어 현지의 분위기를 느낄 수 있는 진정한 경험을 전달하는 10km가 넘는 녹지와 작은 가게, 이웃, 역사적 공간들이 펼쳐져 있다. 관광객을 더 많이 수용할 수 있는 지역으로의 여행을 장려하는 것과 아울러 에어비앤비는 호스트와 게스트들에게 관광이 환경에 미치는 영향을 최소화할 방법을 안내하기도 한다.

에어비엔비는 지속 가능한 호스팅과 지속 가능한 여행을 위한 동반 가이드를 만들었다. 호스트는 지속 가능한 호스팅 가이드를 활용해 생태 발자국*environmental footprint*을 줄이도록 권유받는다. 그리고 그들이 보존에 협력하는 것을 돕기 위해, 게스트들과 지속 가능한 여행 가이드를 공유하도록 권장된다. 호스트 가이드에는 에너지 효율 추구나 일회용품 사용 줄이기, 환경친화적 물질로 청소하기, 재활용하기나 퇴비 만들기 같은 주제와 관련된 실용적인 조언들이 많이 담겨 있다. 무료 게스트 가이드는 에어비앤비 숙소를 사용하는 사람들이 대중교통을 탐험하고 수건이나 그릇 같은 생활용품을 똑똑하게 재사용하고 호스트를 친환경적 관점에서 평가하도록 장려한다.

2014년, 클린 테크놀로지*clean technology* 혁신을 추구하는 사업을 하는 회사인 클린테크 그룹*Cleantech Group*이 에어비앤비를 대상으로 수행한 연구 결과, 호스트와 게스트가 환경에 긍정적인 영향을 끼치기 위해 서로 협력하고 있다는 사실은 분명했다. 클린테크의 연구에 따르면 에어비앤비 숙소는 호텔보다 게스트의 1박당 에너지 소비가 상당히 적었다 (유럽에서는 78퍼센트, 북미 지역에서는 63퍼센트를 덜 소비함). 그 후 에어비앤비는 이와 같은 정보를 업데이트했다.

클린테크 모델을 사용한 2018년도 분석에 따르면, 게스트가 에어비앤비에 머물면 에너지와 물의 소비량이 상당히 줄고, 온실가스가 덜 배출되며, 쓰레기가 감소합니다. 에어비앤비 숙소를 이용함으로써 유럽의 에어비앤비 게스트는 826,000가구가 소비하는 양의 에너지를 절감했고, 올림픽 경기장 크기의 수영장 13,000개와 맞먹는 양의 물을 절약했습니다. 북미 지역의 에어비앤비 게스트는 자동차 354,000대가 내뿜는 양의 온실가스를 덜 배출하고 쓰레기 64,000톤을 줄이는 결과를 낳았습니다.

독립 연구자들 또한 건강한 관광에 대한 에어비앤비의 영향력을 평가하기도 했다. 〈소기업 연구원 학술지*Small Business Institute Journal*〉의 "공유 경제와 지속 가능성: 에어비앤비 사례 연구*The Sharing Economy and Sustainability: A Case for Airbnb*"라는 글에서 첼시 미젯*Chelsea Midgett*과 조슈아 벤딕슨*Joshua Bendickson*, 제프리 멀둔*Jeffrey Muldoon*, 셸비 솔로몬*Shelby Solomon* 교수는 에어비앤비는 다음과 같은 장점을 제공하는 혁신적인 기업이라는 결론을 내렸다.

지속 가능성을 숙소 선택 옵션에 포함하는 동시에 여행지의 지역 주민들이 준사업가가 될 수 있게 하는 새롭고 트렌디한 방법은 고객들에게 적당한 가격의 숙소를 찾기 위한 쉽고 효율적인 자원을 제공한다. 사용자들이 사회적 연대감을 구축하는 기회 또한 제공한다. 이 사이트의 사용자들은 기억에 남는 독특한 여행 경험을 즐기고, 비용을 더 절감하고, 지역 경제와 공동체에 긍정적인 영향을 주며, 전통적인 숙박과는 반대로 환경에 대한 부정적인 영향을 크게 줄이는 기회를 얻는다.

어떤 산업에서든 여러분 비즈니스의 지속 가능성과 이 지구의 안녕, 그리고 긍정적인 고객 인식에 있어서 의식 있는 소비와 환경 친화성은 중요하다. 에어비앤비 게스트를 대상으로 한 설문 조사에 따르면 66퍼센트의 게스트가 숙소 공유의 환경적 장점이 에어비앤비 플랫폼을 통한 예약 결정에 영향을 준다고 대답했다. 환경 문제에 관심을 보이는 리더십은 더는 비즈니스에서 선택 사항이 아니다. 수익성이라는 단기적 관점은 환경적 지속 가능성이라는 장기적 문제와 반드시 균형을 이루어야 한다. 그러기 위해 리더들은 "지구는 모든 사람의 욕구를 만족시켜 줄 만큼 충분히 많은 것을 제공하지만, 모든 사람의 탐욕을 채워 주지는 않는다."라고 말한 마하트마 간디로부터 지혜를 배워야 한다.

위기에 대응하기

리더들은 장기적인 지속 가능성의 문제를 해결하기 위해 만반의 준비를 해야 할 뿐만 아니라, 갑자기 발생한 공동체 위기와 자연재해의 해결에 어떻게 도움을 줄 수 있을지 생각하고 있어야 한다. 기업 대상 컨설턴트 캐럴 콘*Carol Cone*은 웹사이트 '지속 가능한 브랜드*Sustainable Brands*'에 기업들이 '자연재해로 피해를 받은 직원과 고객, 공동체를 돕기 위해' 어떻게 진화하고 있는지에 대해 썼다. 그리고 "역사적으로, 기업들은 종종 현금 기부를 통해 음식과 물, 피난처라는 기본적인 물품을 구호 단체에 제공함으로써 재해에 대응해 왔다. 그러나 지난 몇 년간 우리는 자신의 역량이나 제품, 서비스, 인적 자원을 혁신적인 방식으로 재난 상황에 활용하는 기업들을 더 많이 보고 있다."라고 썼다.

에어비앤비 경영진도 갑작스러운 인도적 요구에 대응하는 방법을 진화시켜왔다. 2012년 초, 에어비앤비는 호스트 커뮤니티의 자연재해에 대한 대응을 공식화하며 규모를 확대했다. 허리케인 '샌디'로 거처를 잃은 사람들에게 머물 곳과 음식을 제공한 호스트의 이야기를 듣게 된 에어비앤비는 호스트가 에어비앤비 재난 대응 시스템Airbnb Disaster Response Tool을 통해 무료 예약을 받는 방법을 고안해 냈다. 이 시스템은 재난 발생 후, 직접 피해를 받은 직원과 주민들에게 숙소를 제공하기 위해 활용되었다. 에어비앤비는 미국 이민법 변경에 대응해 이 긴급 숙소 지원 프로그램을 확대했다.

2017년 1월, 도널드 트럼프 대통령은 "미국에 입국하려는 외국 테러리스트로부터 나라 보호하기Protecting the Nation from Foreign Terrorist Entry into the United States"라는 제목의 행정 명령에 서명했다. 이것으로 이란, 이라크, 리비아, 소말리아, 수단 사람들의 미국 입국이 90일 동안 일시 중지되었다. 또한, 넉 달 동안 시리아 난민과 국민의 입국이 모두 중지되었다.

에어비앤비의 '어디서나 내 집처럼 편안하게'라는 사명에 맞춰(팀 쿡이나 제프 베조스 같은 다른 기술 분야 리더들의 반응과 동일하게) 브라이언 체스키는 트럼프의 여행 금지법을 적극적으로 비난하며, 에어비앤비가 이 법으로 피해를 받은 난민들에게 머물 곳을 제공하겠다고 약속했다. 체스키는 여행 금지법이 두 번의 수정과 두 번의 법원 심사, 법원 판결을 거치는 내내 비난을 멈추지 않았다.

2017년 2월에 '우리가 받아줄게요We Accept'라는 제목의 에어비앤비

광고가 슈퍼볼 광고 시간에 텔레비전으로 방송되었다(이 광고는 *airbnbway.com/book-resources*에서 볼 수 있다). 에어비앤비 슈퍼볼 광고는 #weaccept로 끝나고, 이어서 체스키는 이렇게 트윗했다.

Brian Chesky ✔
@bchesky

에어비앤비의 목표는 앞으로 5년간 도움이 필요한 사람들 십만 명에게 단기 숙소를 제공하는 것입니다. #weaccept

5:03 PM - 5 Feb 2017

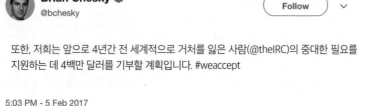

Brian Chesky ✔
@bchesky

또한, 저희는 앞으로 4년간 전 세계적으로 거처를 잃은 사람(@theIRC)의 중대한 필요를 지원하는 데 4백만 달러를 기부할 계획입니다. #weaccept

5:03 PM - 5 Feb 2017

2017년 6월, 에어비앤비 공동 창업자 조 게비아는 재난 구호 도구 *Disaster Relief Tool*에서 진화한 오픈 홈스*Open Homes*라는 프로그램을 발표했다. 게비아는 오픈 홈스를 설명하며 에어비앤비가 다음과 같이 위기에 대응하고 있음을 밝혔다.

에어비앤비는 사후 대응 체계를 선제 대응 체계로 바꿈으로써 완전히 다른 수준으로 위기에 대응하고 있습니다. 위기가 닥칠 때까지 기다리지 않고 당연히 지녀야 할 관용으로 위기를 예측할 것입니다. 오늘날 우리에게 닥친 인도주의적 위기는 2차 세계 대전 이후 가장 많은 인류가 경험하는 것으로, 6천5백만 명의 사람들이 자기 집 또는 모국을 강제로 떠나야 했습니다. 올해를 맞기 전, 저희는 앞으로 5년간, 호스트들이 십만 명의 집 잃은 사람들에게 자기 집을 제공하도록 지원하는 목표를 세웠습니다. 저희가 여행자들에게 제공하는 것과 같은 솔루션을 집을 잃은 사람들에게 제공하는 건 어떨까요?

이 발표문에서 게비아는 구조 단체가 오픈 홈스를 통해, 자원한 후 대기하고 있는 호스트들과 난민을 직접 연결할 수 있다고 설명했다.

여러 해가 지나면서 오픈 홈스 프로그램은 간병 여행에 대한 수요로까지 확장되었다. 오픈 홈스의 치료 목적 숙소는 간병인과 함께 치료를 받아야 하거나, 요양이 필요한 개인들에게 제공된다. 오픈 홈스 프로그램을 만들면서 에어비앤비 경영진은 자신의 목표가 '다른 사람들이 더 나은 세상을 만드는 방법을 찾도록 도와주는 것'이라는 사실을 깨달아 가고 있다. 그들은 도움이 필요한 이들에게 자기 집을 제공하는 데 필요한 수단을 호스트들에게 제공하고 있다. 11장에서 우리는 뜻밖의 위기나 장기적인 위기 상황에서 에어비앤비를 통해 머물 곳을 제공받거나 제공한 사람들의 이야기를 들어볼 것이다.

리더십 전문가 겸 작가인 브라이언 트레이시*Brian Tracy*는 "리더십의 진정한 시험은 위기 상황에 얼마나 잘 대처하느냐이다."라고 한다. 비전 있는 비즈니스 리더들은 위기에 잘 대응할뿐더러 보이지 않는 위기도 예상해 대책을 세운다. 또한, 이러한 리더들은 자기 회사만의 고유한 역량과 자원을 축적하고, 이를 위기 상황에서 자기 팀원과 공동체를 돌보는 데 효율적으로 사용한다. 여러분의 인도주의적 위기 대처 계획과 비즈니스에 있어 지속 가능한 소비의 문제에 대해 잠시 생각해보자.

브랜드 경험 디자인 가이드

1. 비즈니스의 수명에 영향을 줄 수 있는 지속 가능한 소비의 문제에 여러분은 어떻게 접근하고 있는가?
2. 팀원과 제공업자, 고객들에게 여러분의 지속 가능한 소비의 노력을 지원하기 위해 어떤 도구를 제공했는가?
3. 여러분은 비즈니스를 위해 어떤 재난 대응 도구를 개발했는가?
4. 재해나 인도주의적 위기 상황에서 팀원과 공동체에 봉사하는 데 회사의 역량과 자원을 사용하기 위해 어떤 준비를 했는가?

사회적 영향력 조성하기

이 장에서 나는 이제까지 주로 에어비앤비가 숙소 호스트 커뮤니티와 협력해 어떻게 환경 문제와 긴급 거처를 해결했는지 논의했다. 이제 이 부분에서는 에어비앤비 체험 호스트가 어떻게 '이웃에 봉사'하기 위해 자신의 역할을 다하고, 에어비앤비 사회 공헌 체험*Airbnb's Social Impact*

*Experiences*을 통해 기부 활동을 하고 있는지 훑어보겠다.

1장에서, 2016년 11월, 브라이언 체스키는 에어비앤비가 숙소 호스팅만 하던 회사에서 여행의 모든 것을 제공하는 회사로 확장될 것이라고 발표했다. 이 발표 내용의 일부로 체스키는 에어비앤비 체험을 선보였다. 그것은 사회적 영향을 미칠 기회 또한 만들어 냈다.

사회 공헌 체험은 비영리 단체들이 자금을 모으고 인지도를 높이는 데 도움을 준다. 장래의 고객들은 에어비앤비 체험을 검색할 때, 검색 페이지 맨 위에서 사회 공헌 체험이라고 표시된 탭을 클릭할 수 있다. 이때 장래의 체험 게스트는 지역 주민이나 여행자 모두가 관심을 둔 문제를 찾거나, 그냥 비영리 단체를 지원하는 활동에 참여하는 방법을 찾아볼 수 있다. 이러한 기회는 수익금이 열대 우림을 보호하는 데 쓰이는 코스타리카의 야생 동물 보호 구역 방문이나, 시골 지역의 여성 또는 청년의 발전을 돕는 기관을 지원하는 아프리카 시골 트랙터 관광과 같은 활동을 포함한다.

에어비앤비는 모든 사회 공헌 거래에 대해서는 서비스 수수료를 받지 않으며, 일부 비영리 단체들은 이러한 예약을 통해 연간 5만 달러가 넘는 수입을 얻고 있다. 또한, 비영리 단체는 체험 시간 동안 게스트들과 정서적으로 연결되는 혜택을 보기도 한다. 이러한 경험을 통해 게스트들은 미래에 자원봉사 활동에 참여하거나, 기부하거나, 단체를 후원하고 싶은 마음이 생긴다. 11장에서는 한 사회 공헌 호스트의 이야기를 하나 살펴볼 것이다. 하지만 지금은 여러 면에서 환경에 도움이 되는 사회 공헌 체험 사례를 알아보자.

여러분이 암스테르담을 여행하면서 현지의 에어비앤비 사회 공헌 체험을 찾고 있다고 상상해 보라. 여러분은 '플라스틱 낚시'를 하러 가는 옵션을 클릭한다. 그리고 30달러에 비영리 단체 '플라스틱 웨일*Plastic Whale*'을 후원하는 2시간짜리 활동에 참여하기로 한다. 이 활동은 '세계에서 가장 전문적인 플라스틱 낚시'이다. 활동지에 도착한 후, 여러분은 암스테르담 운하에서 건져낸 플라스틱으로 제작한 '플라스틱 웨일'의 배 열 척 중 한 척에 올라탄다. 체험하는 동안 여러분은 고무장갑을 끼고 어망을 던져 운하에 버려진 플라스틱의 수거를 돕는다. 체험에는 직접 청소를 하는 것과 함께 '플라스틱 웨일' 가이드와 선장이 전하는 암스테르담의 역사적 중심지에 대한 현지의 견해가 포함된다. 예약 수수료에서 나오는 수익금은 추가로 '플라스틱 폐기물로부터 가치를 창조함으로써 플라스틱 없는 물 만들기'라는 '플라스틱 웨일'의 사명을 후원하는 데 사용된다.

'플라스틱 웨일'은 에어비앤비의 이 프로그램이 '가능한 많은 사람을 참여를 유도하는 데' 도움을 주기 때문에 사회 공헌 체험들이 단체의 사명에 완벽하게 들어맞는다고 여기며 이렇게 말한다. "사람들이 많이 참여할수록 우리가 함께 만드는 영향력이 더 커집니다. '폐업'이 저희의 목표예요. 저희의 경우에는 과잉 낚시가 긍정적인 현상이죠."

암스테르담의 '플라스틱 낚시' 체험은 에어비앤비 같은 회사가 비영리 단체의 참여와 봉사가 가능하도록 자신의 핵심 역량(온라인 시장)을 제공할 때 무엇이 가능한지를 보여주는 사례다. '플라스틱 웨일'은 참가자들의 직접적인 수고를 얻는 것과 더불어 단체의 뜻에 대한 인식을 제

고시켰고, 사명 수행을 위해 필요한 자금을 얻게 됐다. 암스테르담은 도시 수로의 플라스틱이 제거되는 혜택을 본다. 에어비앤비의 공공 정책 부사장 크리스 리헤인은 요하네스버그의 만델라 대통령 박물관을 방문하고 난 후 '여행자들은 무언가를 가져가려 하는 동시에 무언가를 남겨 두려고 해야 한다'는 것을 배웠다. 에어비앤비의 사회 공헌 체험의 경우 게스트와 호스트는 긍정적인 기여를 남겨 두고 체험 기억을 가져간다. 여러분은 공동체를 더 나은 곳으로 만들기 위해 여러분의 비즈니스와 고객 간의 파트너십을 어떻게 조장할 수 있는가?

접근성 갖추기

전 영부인 엘리너 루스벨트*Eleanor Roosevelt*는 "인생의 목적은, 목적대로 살고, 최대한 경험을 음미하고, 두려움 없이 더 새롭고 풍부한 경험을 해 보는 것이다."라고 했다. 삶을 완전하게 살려면 삶이 제공하는 것들에 접근할 수 있어야 한다.

스린 마디팔리는 휠체어를 타고 세계를 여행하면서 접근성의 문제를 절실히 깨닫게 되었다. 마디팔리는 옥스퍼드에서 MBA 과정을 마쳤으며, 변호사이자 유전학자이며, 독학으로 웹 개발자가 된 사람이다. 2015년, 마디팔리와 그의 어릴 적 친구 마틴 시블리는 장애인들이 전 세계에서 여행 숙소를 찾고 예약하는 데 도움을 주고자 어코머블 *Accomable*(장애인을 위한 숙박업체를 소개하는 플랫폼)이라는 여행 스타트업을 설립했다(마디팔리와 시블리는 모두 척수성 근위축증을 앓고 있다). 어코머블이 인기를 얻는 것과 동시에 장애가 있는 에어비앤비 고객들은 에어비앤비 웹사이트에서 자신들에게 맞는 숙소를 찾기 어렵다며 불평을 하기 시작했다.

2017년, 에어비앤비는 어코머블을 인수해 마디팔리를 에어비앤비의 접근성 및 제품 관리자로 영입했다. 2018년까지 에어비앤비는 웹사이트에 27가지의 새로운 접근성 도구를 발표했다. 스린 마디팔리에 따르면, 이러한 자원은 게스트들이 계단을 오르지 않고 들어갈 수 있는 방, 휠체어가 드나들 만큼 넓은 입구, 벽에 붙은 가로대, 휠체어 지원 샤워 시설 등을 포함한 특수 기능을 갖춘 숙소를 찾을 수 있게 해 준다. 이러한 새로운 도구가 제공되기 전에 게스트들은 '휠체어 이용 가능' 숙소만을 검색 할 수 있었다. 에어비앤비는 핸디캡 인터내셔널*Handicap International*(난민을 위한 국제 비정부 조직)과 에이블 스라이브 USA*AbleThrive USA*와 같은 여러 단체로부터 폭넓은 지지를 받으며, 접근성 필터를 만들기 위해 캘리포니아 맹인 협회*California Council of the Blind*와 전국 자립 생활 협의회*National Council on Independent Living*와 협업했다.

스린은 다음과 같이 말한다. "에어비앤비의 새로운 접근성 기능과 필터들은 에어비앤비의 접근성을 개선하기 위한 여정의 시작일 뿐입니다. 저희는 전 세계적으로 누구나 진정으로 어디서나 내 집처럼 편안하게 지낼 수 있도록, 개조된 숙소를 더 쉽게 공유할 수 있게 만들고 있습니다." 스린은 자신의 미래에 대한 비전도 공유했다. "저희에게는 신체적 장애와 휠체어 접근성을 넘어서는 미래의 기회들이 있습니다. 저희는 호스트 커뮤니티에 장애인 여행자 경험, 사진을 통해 숙소의 접근성을 보여주는 것의 중요성, 플랫폼에서 늘어나고 있는 접근성 기회에 대해 교육하기 위해 열심히 일하고 있습니다." 스린의 말은 누구나 자신의 비즈니스의 상품이나 서비스에 접근할 수 있게 하려고 노력하는 경영진의 중요성을 강조한다.

소설가 겸 수필가 찰스 드 린트*Charles de Lint*는 이런 글을 썼다. "나는 우리가 서로 보살피지 않는 그런 세계에서 살고 싶지 않다. 단지 우리와 가까이 있는 사람들뿐 아니라 도움의 손길이 필요한 모든 사람을 말이다. 나는 다른 사람들의 사고방식을 바꾸거나 그들이 선택한 일을 못하게 할 수는 없지만, 일부는 바꿀 수 있다." 리더로서 당신은 여러분의 고객을 위해 '조금' 이상으로 더 많은 것을 할 수 있는 힘을 가지고 있다. 여러분은 팀원과 고객들이 가까운 사람뿐 아니라 전 세계의 이웃과 지구를 위해서도 봉사할 수 있도록 지원함으로써 자신의 노력을 증폭시킬 수 있다. 이 장의 제목이 암시하듯, 리더십은 우리에게 이웃에 봉사할 것을 요구한다.

여러분이 이웃에 봉사할 때 생각해 볼 것

- 21세기의 기업은 무한한 시간의 지평을 지닌다. 그래서 사회의 발전을 지속하기 위해 더욱 대담해질 수 있고, 더 큰 사회적 책임을 떠맡을 수 있다.
- 사람들이 소중하게 여기는 것이 무엇인지 알고 싶으면, 그들이 어디에 돈을 쓰고 어디에 발을 들여놓는지 보라.
- 리더십은 한 개인이 다른 사람들에게 도움을 요청해 공동 목표 달성에 동원하는 사회적 영향력의 과정이다.

- 공개적인 약속은 개인이 관련 행위에 기꺼이 협력하게 함으로써 협력을 수월하게 했다.
- 공동체 지도자와 정부 관료들은 이해 관계자들이다. 그들과 관계를 구축하고 도움이 되도록 하라.
- 리더들은 자신의 비즈니스를 지속 가능한 소비의 방향으로 설정해야 한다. 지속 가능한 소비는 대체로 경제적 생존 능력을 유지하면서, 비즈니스가 환경에 미치는 영향을 최소화한다.
- 인지도를 높이고 환경친화적 행위를 증대하기 위한 고객과의 협력을 고려하라.
- 비즈니스 리더들은 점점 회사의 주요 역량과 인력, 제품이나 서비스를 통해 재난 상황에 혁신적으로 대처하도록 자신들의 회사를 동원하고 있다.
- 고객과의 파트너십을 형성해 그들과 함께 여러분의 공동체를 더 나은 곳으로 만드는 것을 고려하라.
- 리더들은 자기 회사 및 공동체를 넘어서 훨씬 더 멀리 영향을 줄 수 있다. 그 영향은 종종 국경과 대륙을 초월할 수도 있다. 리더십 행위는 분기 실적보다 더 많은 것에 영향을 미치며, 비즈니스와 이 지구의 전반적인 지속 가능성에 기여될 수도 있다.

11장

선량함 지니기

선량함은 절대로 파산하지 않는 유일한 투자다.

- 헨리 데이비드 소로*Henry David Thoreau*

10장에서 우리는 공동체 리더와 관계를 맺고, 건강한 여행을 촉진하고, 인도주의적 재난 구호를 지원하고, 사회적 영향력을 추구하고, 접근성을 조성하기 위해 개발된 에어비앤비 프로그램을 살펴보았다. 이러한 에어비앤비 프로그램은 하나하나 훌륭하게 디자인되었지만, 호스트 커뮤니티의 적극적인 지지가 없었다면 모두 실패했을 것이다.

'선량함 지니기'라는 제목의 이 장에서는 자신의 공동체에 봉사하기 위해 행동을 보여준 호스트의 사례와 그들의 통찰을 제공한다. 작가 겸 토크쇼 진행자 데니스 프레거*Dennis Prager*는 "선량함은 성격에 관한 것입니다. 진실성, 성실성, 친절함, 관대함, 도덕적 용기 그런 것들이죠. 그리고 그 무엇보다도 이것은 사람을 어떻게 대하느냐에 관한 것입니다." 라고 말했다.

앞으로 여러분은 에어비앤비 호스트들이 다음과 같은 일을 실천하면서 보여준 진실성과 도덕적 용기, 관대함, 친절을 마주할 것이다.

- 공동체 리더와 관계 맺기
- 사회적 프로젝트에 투자하기
- 지속 가능성과 접근성 창출하기
- 피난처 제공하기
- 공동체를 위한 일에 후원하기

호스트가 어떻게 공적 담론에 참여하고, 숙소 공유와 관련된 지역 정부의 활동에 참여하는지 알아보는 것으로 시작해 보자.

사회적 책임을 다하며
여러분의 목소리에 귀 기울이게 하라

우리가 만난 에어비앤비 호스트 중 많은 이들은 에어비앤비에 참여하게 되기 전까지는 지역 정책 토론에 적극적이지 않았다. 로스앤젤레스의 슈퍼호스트 페기 J. 스터디반트는 이렇게 말한다. "처음 호스팅을 시작했을 때 저는 거의 제 공동체를 게스트와 이웃으로만 한정했어요.

그리고 그들이 서로 잘 지내기를 바랐지요. 하지만 에어비앤비 호스트 클럽에 더 많이 참여하면서, 선출된 공무원들로부터 숙소를 공유하는 저희의 권리를 보호받으면서, 적절한 법규가 제정되도록 하려면 지역 정부와 관계를 맺어야 한다는 걸 깨달았죠. 그리고 주변 사람들에 대한 책임을 다하면서 지역 공무원을 찾아갔을 때 제 의견이 더 잘 먹혔어요. 사실 제 이웃 중 일곱 분이 제가 의견을 나누러 의회를 찾았을 때, 에어비앤비를 지지하는 서한을 써 주셨거든요. 그 모든 게 제법 좋은 결과를 만들어 냈어요."

진실성이라는 단어는 '하나의 정수와 같이 온전하거나 일치하는'이라는 의미인 라틴어 interger에서 나온 말이다. 페기의 경우, 그녀의 진실성은 호스트로서 공동체를 위해 책임 있게 행동하면서, 의원들로부터 책임감 있는 호스팅에 대한 지지를 얻어내려는 조화로운 욕구에서 드러난다. 존 D. 록펠러 주니어*John D. Rockefeller, Jr.*는 이렇게 말했다. "나는 모든 권리에는 책임이, 모든 기회에는 의무가, 모든 소유에는 세금이 따른다고 믿는다." 리더십은 개인과 기업이 누리는 권리에 대한 책임을 지는 것이다.

슈퍼호스트 브라이언과 샬롯 채니는 자신의 공동체에 호스팅 사업을 자리 잡게 하는 의무를 앞장서서 실천한, 경험 많은 비즈니스 소유자들이다. 브라이언은 이렇게 말했다.

저희는 약 25명에서 30명 정도의 단기 임대 숙소 소유자로 구성된 모임을 꾸렸습니다. 그리고 매달 함께 모여 모범 사례를 공유하고 좋은 이웃이 되겠다는 최우선 과제에 초점을 맞췄지요. 저희에게 있어 그것은 저희 자신과 같은 업계 사람들이 고품질 숙박 상품을 제공하는지 감시하는 것입니다. 저희는 이웃을 찾아가 자기소개를 하고 작은 문제나 걱정이 생겼을 때 저희에게 연락할 방법을 알리려고 해요. 그리고 내야 할 세금도 모두 냅니다. 저희가 이러는 이유는 그것이 마땅히 해야 할 옳은 일이기 때문일 뿐 아니라, 지역 공무원들이 숙소 공유 감독 대신 공공 안전이나 마약 문제 같은 심각한 사회 문제를 해결하는 데 시간을 사용하길 바라기 때문이에요.

샤논 힐러-웹같은 슈퍼호스트들은 자신의 행동이 전 세계적으로 숙소 공유의 틀을 어떻게 만들어 놓을지 알지도 못한 채 공적 논의에 적극적으로 임하게 되었다. 그녀는 이렇게 설명한다. "저는 오리건주 포틀랜드에 살아요. 그곳은 인당 사업가 수가 다른 도시들보다 더 많은 '스스로 하는do-it-yourself 도시'에요. 숙소 공유가 저희 감성에 잘 맞았죠. 포틀랜드 숙소 공유법 제정에 참여한 것은 할머니들처럼 자기 집을 지키기 위해 수입이 필요한 사람들을 도와야겠다는 마음 깊은 곳의 열정에서 비롯되었어요. 저는 그분들을 위해 싸우며 이것을 인도적인 문제로 만들었어요."

메리디스는 점점 자기 나라의 숙소 공유의 법규에 대해 의견을 내야 한다는 인식을 지니게 되었다. "어느 날 제가 정치인들과 정부 부처, 신문에 편지를 쓰고 있더군요. 그 모든 것은 타스마니아 주지사가 공정한 숙소 공유 법규의 세부 내용을 발표하는 기자 회견에서 제가 뜻하지 않게 발언을 하는 것으로 끝을 맺었지요. 편지를 쓸 때는 제가 주지사 옆에 서게 될 거라고 상상조차 하지 못했습니다."

커뮤니티 참여의 여정은 많은 호스트가 상상한 곳보다 더 멀리 그들을 데려다줬다. 로마의 호스트 에마누엘라 마리노는 숙소 공유의 법규에 중요하고 도움이 되는 의견을 나누는 것으로 잘 자리 잡은 경우다. 41개국을 다녀온 호스트 겸 글로벌 여행자이자 공무원이었던 그녀는 법학 전공 지식과 그동안의 경험을 활용해 숙소 공유에 영향을 주는 세금 정책을 이해하기 쉽게 만드는 데 도움을 주었다. 그녀는 이렇게 말한다. "이 일은 복잡한 법률을 여러 방면에서 살펴보고, 어떻게 그것을 이해하기 쉽게 제대로 만들 수 있는지에 대해 정치인들과 이야기를 나누는 것에서 시작되었어요. 그때는 제가 주의회 의원 사무실을 운영하면서 숙소 공유 정책을 중점 캠페인으로 다루게 될 것이라고는 생각지도 못했어요."

연설가인 팁 오닐Tip O'Neill은 "모든 정치는 지역에 달려있다All politics is local"라는 말을 자주 사용했다. 지역 정치에 참여하는 것이 중요한데도 불구하고 소수의 시민과 비즈니스 리더들만 청문회에 적극적으로 참여했다. 박스캐스트BoxCast의 다이렉트 마케팅 전문가 알렉스 힐러리는 공청회에 대해 이렇게 말한다. "낮은 참석률은 전국 자치 도시의 일반적인 문제예요. 업무 중 저는 여러 도시의 시의회 회의에 참석해서 그러한 문제를 직접 목격했습니다. 심지어 제가 유일한 정부 직원이 아닌 참석자라는 걸 알게 된 적도 있어요. 하지만 저와 이야기를 나눈 주민들은 몇 번이고 공동체에서 무슨 일이 일어나고 있는지 관심이 있다고 분명히 말했어요. 단지 주의회 회의에만 참석하지 않은 거죠."

정치 관료들과 교류하는 데 있어 에어비앤비 호스트들이 주는 교훈은 명확하다. 잠재적인 법규로부터 여러분이 받을 영향에 대해 의견을 낼 때 공동체에서 책임 있게 행동하라. 도덕적 용기를 보여주고 공적 영역에 참여하는 것은 미래의 리더십 기회를 만들 수 있다는 사실을 깨달아야 한다. 참석하고 발언하고 참여하라!

공동체 프로젝트에 투자하기

정치 토론 참여로 사회의 변화에 기여를 할 수도 있지만, 공동체에 대한 봉사라는 직접적인 행동은 확실히 긍정적인 사회적 성과를 낳는다. 에어비앤비 직원들과 파트너십을 맺고(에어비앤비 글로벌 시티즌십 프로그램의 일환으로) 에어비앤비 호스트 클럽이 마련한 활동을 통해 독립적으로 활동하는 호스트들은 적극적으로 공동체 구축 노력을 지원한다.

슈퍼호스트 하비에르 라순시온은 이렇게 말한다. "저희 호스트 클럽은 공동체 기부에 매우 관심이 많아요. 그리고 자신의 재능을 활용해 에어비앤비의 '어디서나 내 집처럼 편안하게'라는 사명을 열심히 실천합니다. 제 인생 경험과 언어 능력을 활용해 바르셀로나 라발*Raval* 구역의 중동 이민자들을 돕고 있어요. 그들에게 스페인어와 스페인에서 의미 있고 보람 있게 사는 기회를 만드는 법을 알려 준답니다."

메리디스 칼레가리는 이렇게 덧붙인다. "저희 호스트 클럽은 공동체 도서관을 만듭니다. 저희가 캐비닛을 만들고 지역 학생들이 색칠해요. 그리고 중고 책을 기부하고 다른 사람의 기부를 받아 캐비닛을 채워요. 캐비닛은 공원 같은 공공장소의 기둥 옆에 있는데 사람들이 책을 가져가서 읽기도 하고, 가지고 있다가 반납하기도 하고, 바꿔 가기도 한답니다." 메리디스는 이러한 독서 후원으로 더 많은 사람이 '새로운 사람들과 아이디어를 더 열린 마음으로 생각하고 수용'할 수 있게 되길 바란다. 넬슨 만델라는 이렇게 말한다. "독서를 하면 우리는 많은 곳으로 여행을 하고, 많은 사람을 만나고, 세상을 이해할 수 있게 된다."

에어비앤비 호스트가 참여하는 공동체 활동의 종류는 다양하다. 다음은 에어비앤비 글로벌 시티즌십 프로그램의 일환으로, 전 세계적으로 에어비앤비 직원들과 호스트들이 파트너십을 맺은 사례들이다.

- 상파울루 파벨라Favela(브라질 도시의 빈민 지역)의 커뮤니다드 빌라 모라에스Comunidade Vila Moraes에서 현지 호스트들과 브라질 에어비앤비 팀은 비영리 단체인 '리터 오브 라이트Liter of Light'와 함께 지속 가능한 태양광 가로등을 세우는 작업을 했다.

- 에어비앤비 지역팀은 파리에서 '주 망가주Je M'engage'와 파트너십을 맺고, 호스트들과 함께 긴급 피난처를 개선하기 위한 작업을 했다.

- 서울의 에어비앤비 호스트들과 직원들은 '톡투미 스터프드 토이스

TalktoMe Stuffed Toys'와 함께 봉제 인형을 만들어 한국의 이민자들에게 기부했다.

- 에어비앤비의 고향 샌프란시스코에서는 호스트들과 에어비앤비 직원들이 수없이 많은 공동체 프로젝트를 수행했다. 2016년 단 하루 오후, '위크 포 굿*Week for Good*'으로 불리는 글로벌 행사에서 수백 명의 호스트와 에어비앤비 직원들이 총 2,000시간 동안 베이 에어리어*Bay Area*에서 27가지 봉사활동을 펼쳤다. 그날 자원봉사자들은 곳곳에서 페인트를 칠하고, 잡초를 뽑고, 퇴비를 주고, 추수했다. 그들 중 일부는 미션 베이의 패밀리 하우스*Family House*에서 식사를 준비하기도 했는데, 이곳은 집을 떠나 병원 치료를 받는 아이들과 부모들을 돌보는 곳이다.

에어비앤비 커뮤니티의 자원봉사 활동의 혜택을 받은 사람들은 봉사자들에게 직접 감사를 표하고 소셜 미디어에서 감사의 마음을 자주 공유한다. 다음은 몇 개의 트윗 예시이다.

Education Outside 🎓 🌱
@EduOutside

Follow ⌄

저희는 지난 1주 동안 수트로*Sutro* 초등학교 야외 교실에서 에어비앤비(@Airbnb)와 환상적인 시간을 보냈어요. 자원봉사자 18명이 화단과 교단을 제작하고, 농작물 표지판도 하나하나 만들고 대나무 트렐리스*trellis*(덩굴나무가 타고 올라가도록 만든 격자 구조물)도 디자인했어요. 여기에 초등학생 260명이 참여했죠! #weekforgood

에어비앤비 호스트들은 공동체에 봉사하는 데서 커다란 보상을 받는다. 또한, 함께 하는 에어비앤비 직원들과도 유대감을 갖게 된다.

에어비앤비 호스트 커뮤니티는, 비즈니스를 한다는 것은 하나의 특권이며, 기업의 노력을 지지하는 공동체에 투자로 답해야 한다는 것을 알려 준다. 또 이들은 선을 행하면서도 서로 유대감을 구축하기 위해 다른 집단(에어비앤비의 경우, 호스트와 에어비앤비 직원, 공동체 조직)과 파트너십을 맺고, 자원봉사 활동의 힘을 보여주기도 한다. 에어비앤비 호스트들이 어떻게 지속 가능성과 접근성을 창출하고, 피난처를 제공하며, 사회적 대의를 지원하는지 알아보기 전에, 여러분은 지역 정부와 공동체 자원봉사 활동에 어떻게 참여하고 있는지 생각해 보자.

브랜드 경험 디자인 가이드

1. 여러분은 자신의 지역 정책 형성에 대한 참여도를 어떻게 평가하고 설명하겠는가?
2. 여러분이나 여러분의 팀원은 언제 지역 공무원들에게 서한을 보내거나 연락을 취했는가? 또한, 언제 비즈니스에 영향을 미치는 문제에 관한 공청회에 참석했는가?

3. 존 D. 록펠러 주니어의 "모든 권리에는 책임이, 모든 기회에는 의무
   가, 모든 소유에는 세금이 따른다"라는 말에 동의하는가? 그렇다면
   여러분은 기업의 리더로서 시민의 참여와 행동에 있어 어떤 책임을
   갖는가?
4. 사람들은 여러분 회사의 기부 활동에 대해 어떻게 말하고 있는가?
   여러분은 팀원들이 선행을 하면서 공동체 전체를 잇는 가교를 만드
   는 데 어떤 도움을 주고 있는가?

지속 가능성과 접근성 창출하기

에어비앤비 호스트는 그들이 환경적으로 책임 있게 비즈니스를 경
영하는 방법에 대해 다양한 종류의 아이디어를 공유한다. 다음은 그중
몇 가지다.

- 게스트들의 재활용이나 재사용을 장려하는 표시를 숙소 곳곳에 배
  치하기
- 게스트가 떠나면 원격으로 조절되는 온도 조절 장치와 같은 에너지
  효율을 제고하는 기술 사용하기
- 일회용품 없애기
- 환경친화적 제품으로 청소하기
- 환경친화적 여행 실천에 대해 게스트 교육하기

캐시 피터맨은 에어비앤비의 건강한 여행 개념에 부합하는 세계관을 가진 모범적인 에어비앤비 슈퍼호스트다. 그녀는 이렇게 말한다. "호스팅을 시작한 이후 저는 재활용의 장인이 되었고 항상 환경을 생각하며 지내요. 저는 호텔보다 자원을 훨씬 덜 사용합니다." 캐시는 해마다 설정하는 쓰레기 절감 목표를 다음과 같이 설명한다. "이건 제 개인적인 일이지만 저는 제 목표와 그것을 이루기 위한 과정을 게스트들과 공유해요. 게스트들은 휴가를 보내는 중이기 때문에 전적으로 동참할 거라 기대할 수는 없지만, 저는 쓰레기를 줄이기 위한 몇 가지 행동을 강조해요. 예를 들어, 제가 제공한 용기에 퇴비로 쓸 수 있는 것은 모두 넣어 달라고 부탁합니다. 놀랍게도 게스트들이 1년 내내 배출한 쓰레기는 190L밖에 되지 않았어요. 그리고 제가 배출한 양은 겨우 7L였어요(쓰레기 절감에 대한 캐시의 조언에 대해 더 알고 싶다면 *airbnbway.com/book-resources*를 방문하자)."

에어비앤비 슈퍼호스트 브라이언과 샬롯 채니는 친환경적 실천을 하며 비즈니스를 운영하는 것과 더불어 역사적 건물을 단장하고 재사용해 에어비앤비 숙소로 만들었다. 모스 아키텍처*Moss Architecture*라는 블로그를 운영하는 건축가 에밀리 토렘*Emily Torem*은 지속 가능성이라는 맥락에서 개조와 재사용을 설명한다. "재생 건축*adaptive reuse*이란 여러분이 휴가를 위해 멋진 에어비앤비를 찾았는데, 그것이 운송 컨테이너 내부인 경우라고 할 수 있습니다. 재생 건축은 여러분이 기존 건물이나 집, 특정 목적의 공간에 새로운 목적을 부여하는 것입니다. 아니면 목적은 바꾸지 않고 건물의 일부 또는 전부를 보전하거나, 다시 짓거나, 개선하거나, 유지하는 것입니다." 토렘은 건물의 건축과 철거로 매년 1억 6천만 톤의 폐기물이 발생한다고 한다. 그것은 미국에서 발생하는 일반 폐기물의 약 26퍼센트에 달하는 양이다. 그녀는 "한 빌딩 구조물의 모든 요소를 재사용하면 1억6천만 톤의 폐기물을 줄일 수 있습니다. 빌딩을 완전히 철거하는 것을 멈추는 것도 도움이 됩니다."라고 말했다.

예를 들어, 브라이언과 샬롯 채니의 숙소 중 하나는 바바라 프리치 하우스를 개조해 재사용한 것이다. 메릴랜드주 프레드릭에 있는 이 건물은 미국 남북 전쟁 기간 중 한 민간인 여인이 살던 집이었다. 또한, 그 집은 1927년 미국 국기 제정 기념일Flag Day에 개방되었을 때, 프레드릭 최초의 역사적인 문화재 보존 가옥이 될 가능성이 큰 집이기도 했다. 브라이언과 샬롯은 2018년에 이 집을 사들인 후, 단기 숙소로 바꾸기 위해 대대적으로 집을 개조했다. 침실을 넓히고 부엌을 현대화하고, 최신 전기 시설과 구역 제어 냉난방 시스템을 설치했다. 또, 역사적인 느낌을 불어넣어 주는 가구와 인테리어, 골동품, 가보도 들였다.

브라이언은 바바라 프리티치 하우스를 선택해 재사용하게 된 배경을 '이 집의 역사적 중요성'으로 설명한다. "이 집을 완전히 사용할 수 있게 되돌려 놓기 위해 사려 깊게 주의를 기울여야 했던 것은 건물이었어요. 저희는 공동체의 중요한 재산을 보존하고 그 작업을 친환경적인 방식으로 수행하는 데 전념했습니다. 그리고 이 집과 또 다른 갱생 프로젝트가 건물 이상의 것을 재생해 주기를 바랐어요. 프레드릭 마약 중독 치료 기관의 이사회 구성원으로서 저는 저희 숙소 운영을 도와줄 인력으로 갱생 치료 중인 사람을 고용했어요. 그리고 우리 지역의 청각 장애인

한 사람과 협력을 맺었습니다. 그녀는 청소부 겸 공동 호스트로서 창업했죠." 브라이언은 덧붙여 말한다. "모든 인적, 물적 자원을 돌보는 책임을 지는 관리자가 된다는 것은 환경과 우리의 공동체를 위해 좋은 일이에요." 브라이언과 샬롯은 점점 확대되고 있는 에어비앤비의 접근성을 증대시킨 경향을 보여주는 사례다. 많은 호스트는 물리적으로 접근 가능한 여행을 증대하는 데 특히 집중하고 있다.

자신을 작가 겸 '휠체어를 타는 방랑자'라 선언한 에밀리 예이츠*Emily Yates*는 런던의 신문 〈텔레그래프*Telegraph*〉의 "장애인 여행자들이 마침내 무시당하지 않게 된 방법 - 당신이 예상하지 않았던 회사 덕분이다"라는 기사에서 호스트가 접근 가능한 숙소를 공유할 때 생기는 긍정적인 영향을 설명했다. 예이츠는 런던 여행을 하면서, 10장에서 자세히 설명한 에어비앤비의 개선된 접근성 검색 기능을 사용해 자신에게 부합하는 숙소를 찾았다. 에밀리는 '계단은 없고, 넓은 문과 휠체어 지원 샤워실에 벽에 붙은 손잡이까지 갖춰진 접근성 좋은 욕실, 심지어 장애인용 주차 시설과 승강기도 있어야 한다는 요구 사항'을 제출했다고 말한다. "아파트는 본래 호텔과 달라요. 아파트는 그냥 잠만 자는 게 아니라 생활하는 공간이죠. 익숙하지 않은 주방에서 안전하게 식사 준비를 하고, 휴가지에서 새로 만난 친구들과 즐길 수 있는 접근 가능한 휴게 공간을 선택할 수 있는 옵션이 있다는 걸 알게 되면 제 여행 방식은 바뀔 거에요." 에밀리는 기사에서 휠체어 테니스 체험을 비롯해 게스트들이 참여할 수 있는 몇 가지 에어비앤비 체험도 알려주었다.

에밀리가 언급한 런던의 체험은 에어비앤비 직원 수전 에드워즈가 이끌고 있다. 수전은 약 7년 전에 모로코에서 척수 손상을 당한 후 휠체어 테니스를 시작했다. 그녀는 영국 챔피언이며 그녀의 에어비앤비 체험 목록은 "당신의 나이나 능력, 장애와 상관없이 테니스 휠체어(제공된)에 앉아 경험 많은 휠체어 테니스 선수와 공을 쳐보는 것은 멋진 기회입니다."라고 조언한다. 수전은 목록에 주차나 건물 진입, 화장실, 도우미, 장비와 같은 접근성 문제와 관련된 유용한 정보를 제공한다.

호주 시드니의 에어비앤비 호스트 필 다이는 그가 '여러분의 머릿속 여행'이라고 부르는 경험으로 모든 사람이 어떻게 신경 과학을 경험하게 되는지 알려준다. "저는 사람들을 가르치고 돕는 걸 좋아합니다. 저는 운 좋게도 사지가 마비된 게스트나 다발성 경화증이나 파킨슨병 같은 병을 앓는 사람들을 포함해 다양한 유형의 게스트들과 육체적인 도전을 함께 하고 있습니다. 호주는 탐험하기 너무 좋은 곳이에요. 하지만 모든 사람이 스노클링이나 부시워킹Bushwalking(관목, 잡목림, 가시덤불 등이 있는 지역의 산길을 걷는 행위)을 할 수 있는 건 아니죠."

훌륭한 비즈니스 리더들은 접근성을 더 좋게 하고, 더 많은 사람이 회사가 제공해야 하는 것을 완전히 즐기게 할 가능성에 몰두한다. 또한, 자원을 다시 사용하고, 쓰레기를 줄이고, 서비스를 받는 사람들의 삶을 개선하는 방법에 대해서도 고민한다. 에어비앤비 호스트들이 다른 사람에게 봉사한다는 정신으로 도움이 필요한 사람들에게 인도주의적 서비스를 어떻게 제공하고 있는지 잠시 살펴보자.

피난처 제공하기

배우이자 작가, 프로듀서인 데니스 리어리Denis Leary는 "위기는 성격을 만드는 게 아니라 그것을 드러낸다."라고 주장한다. 난민이나 재난 피해자, 재해 복구 노동자, 보건상의 이유로 숙소가 필요한 사람들에게 '무료 숙소 제공'이나 도움, 다른 형태의 위로를 주고자 나선 에어비앤비 호스트들은, 위기를 예상하고 대응하는 데서 자신들의 성격을 드러낸다. 2018년, 플로리다 팬핸들에 허리케인 '마이클'이 접근하자 에어비앤비 호스트들은 대피처를 제공할 준비를 했다. 자원한 호스트는 총 1,000명이 넘었다. 이 글을 쓰는 현재, 전 세계에서 11,000명이 넘는 사람들이 이전 장에서 논의했던 에어비앤비 오픈 홈스 프로그램을 통해 숙소를 제공했다.

아드리엔 페니가 내게 말하길, 몇 년 동안 에어비앤비 게스트를 호스팅 하면서 공동체에 기여할 방법을 찾고 있을 때, 마침 친구가 "정신적으로나 신체적으로 병을 앓는 사람들을 장기간 돌보는 간병인들에게 휴식을 취할 공간을 제공하는 게 어때?"라는 제안을 했다고 한다. 아드리엔은 이렇게 말했다. "저는 지역 간병인 단체인 케어러스 퀸즐랜드 Carers Queensland에 연락해 봤어요. 안타깝게도 간병인들은 계획적인 일시의 교대 휴식을 취할 옵션이 많지 않았어요. 제 제안은 절실히 필요한 것이었기 때문에 쉽게 수용되었죠. 실제로 짧은 기간 동안 14명의 간병인에게 무료 숙박을 제공했어요." 내가 아드리엔에게 간병인 게스트의 추천으로 지역의 인도주의적 기업으로 수상한 사실에 대해 묻자, 그녀는 겸손하게 대답했다. "전 상을 받으려고 숙소를 제공한 게 아니에요. 어머니께서 우리는 서로를 돌보기 위해 여기에 있는 거라고 가르치셨기 때문에 그렇게 한 거죠. 저는 간병인을 돌보고 있는 거예요. 어머니의 유산을 간병인 게스트들에게 전하게 된 거죠." 아드리엔은 덧붙였다. "사실대로 말하자면, 저는 오히려 휴식처를 호스팅하면서 게스트가 받는 것보다 더 많은 것을 얻고 있어요."

선샤인 코스트 케어러스 퀸즐랜드*Sunshine Coast Carers Queensland*의 팀장 캐스린 켈리는 아드리엔의 균형 잡힌 평가에 동의하지 않는다. "자기 집 공간을 제공함으로써 생기는 매출을 포기한 아드리엔의 경우처럼 그녀와 같은 소규모 비즈니스 소유자가 본인이 가진 자원을 모두 제공할 때 그것은 삶을 변화시키는 것이 될 수 있어요. 아드리엔의 집에 머문 게스트들은 그녀의 친절이 그들에게 어떤 의미인지에 대해 놀라운 말을 해요. 그녀의 이야기는 다른 호스트들이 유사한 서비스를 제공하는 단체들에 연락하도록 자극하기도 하죠." 아드리엔의 관대한 행위는 자신의 비즈니스에 나쁜 영향을 주지 않으면서 공동체에는 상당히 좋은 일을 한다(예를 들어, 그녀는 비즈니스의 비수기에 간병인에게 무료로 숙소를 제공한다). 아울러 그녀의 행동은 같은 뜻을 가진 다른 리더들이 같은 행동을 하게 하는 기폭제의 역할을 한다.

에어비앤비 슈퍼호스트 레베카 리밍턴은 이와 비슷하게 영감을 주는 열정적인 호스트로 인정받고 있다. 2016년, 레베카는 로스앤젤레스의 에어비앤비 오픈에서 칩 콘리로부터 우수 에어비앤비상을 수상했다. 레베카의 수상은 추수감사절에 단독 차고에서 화재가 발생하자 자신의 집에 머물던 게스트의 안전을 확보하기 위해 그녀가 행한 영웅적 행동 때문이었다. 하지만 그녀의 인정 어린 배려심은 그런 특별한 사건을 넘어 훨씬 멀리 확장되어 있다. 예를 들어 레베카는 이렇게 말한다. "저는 남편이 말기 암에 걸린 부부를 기꺼이 호스팅했어요. 전 남편의 죽음이 가까이 다가온 그 부부와 함께 지내며 안전한 안식처를 제공하고, 그냥 이야기를 듣는 작은 일을 할 수 있는 축복을 받았죠. 아무도 그의 병이 진행되는 걸 막을 수는 없었지만 제가 다가가면 무엇이라도 도움이 될 거라고 믿었어요. 안타깝게도 사람들은 대부분 자기 집과 마음을 다른 사람에게 열었을 때 얼마나 많은 것을 얻을 수 있는지 모르는 것 같아요." 레베카의 생각을 알게 되면 그녀가 에어비앤비의 벨로 러브 상*Bélo Love Award*을 탔던 것은 놀랄 일도 아니다.

평론가 H.L 멩켄*H. L. Mencken*은 이런 글을 썼다. "집은 단지 잠시 머무는 곳이 아니다. 집의 본질은 그 안에 사는 사람들의 성품에 있다." 멩켄의 말은 기업은 단지 제품과 건물의 집합체가 아니라는 점을 시사하는 것으로 생각될 수 있다. 기업의 본질은 리더와 일선에서 근무하는 직원들이 서비스를 받는 사람들에게 마음을 열고자 하는 의지에 놓여있다. 여러분 비즈니스의 접근성과 환경에 대한 책임, 마음을 여는 정도에 대해 잠시 생각해보자.

브랜드 경험 디자인 가이드

1. 여러분은 자신의 비즈니스가 배출하는 폐기물을 줄이기 위해 어떤 노력을 하고 있는가? 팀과 고객들에게 폐기물 절감에 대한 인식을 어떻게 끌어내고 있는가?

2. 목적을 재설정하거나 개조하여 재사용하고 있는 것은 무엇인가? 어느 부분에서 철거나 대체를 하지 않고 더 많이 재활용할 수 있는 선택을 할 수 있는가?
3. 공동체에서 도움이 필요한 사람들에게 어떻게 "비즈니스의 마음을 열고 있는가?" 누가 자비로운 행동으로 여러분에게 영감을 주었는가? 여러분은 어떤 사람들에게 영감을 주고 있는가?

사회적 영향력 발휘하기

9장에서 나는 역량 강화의 경험에 대해 논의하면서, 텐신 이토가 어떻게 45년간 서예가로서 쌓은 지식을 2시간 반짜리 예술 강좌에 쏟아부어 학생들을 예술적 분위기에 빠져들게 하고, 예술 창작에 대한 열정을 키웠는지 말했다. 경험에 대해 공유한 후기에서 한 학생은 모든 수익금이 텐신의 비영리 단체로 간다는 사실을 알게 되며, 그 경험에 대해 더욱더 호감을 지녔다고 했다. 텐신과 그의 비영리 단체에 대해 알아보고, 그에게서 무엇을 배울 수 있을지 잠시 살펴보자.

70세의 텐신 이토는 서예 교실에 서서 화상 회의를 나를 통해 만났다. 인사를 나누자 그는 자신의 서예 체험의 첫 부분을 들어보겠냐고 물었다. 나는 기꺼이 승낙했고 그는 일본 문화와 예절에 대한 통찰을 이야기하기 시작했다. 그런 다음 그는 내게 일본어 학습 체험을 하는 플래시카드 형태의 연습에 참여시켰다. 이 과정을 통해 나는 그의 에너지와 열정, 배움을 나누고 촉진하려는 열의를 느낄 수 있었다. 나는 그와 그의 비영리 단체에 대해 알아보고자 그를 만났지만, 전에는 관심을 둔 적이 없었던 무수히 많은 주제에 빠져들게 되었다.

우리가 텐신의 에어비앤비 참여 이야기로 주제를 옮기자, 그는 일본 체험 호스팅에 대한 지역 뉴스 프로그램의 인터뷰에서 에어비앤비 조게비아를 본 적이 있다고 말했다. 텐신은 이렇게 덧붙였다. "저는 10년 전부터 베트남에서 발생하는 경제 문제에 대해 알고 있었어요. 그 후로 저는 그곳의 아이들과 가족들에게 봉사하는 비영리 단체를 만들어 후원해 왔습니다. 사람들이 어디서나 내 집처럼 편안하게 지낼 수 있게 돕는다는 에어비앤비의 철학과 에어비앤비의 사회 공헌 체험 프로그램을 보고, 에어비앤비가 제 비영리단체를 위한 모금에 도움을 줄 수 있는 완벽한 존재라고 생각했습니다."

이후 20분 동안 이야기를 나누면서 텐신은 자신이 베트남에서 진행 중인 작업과 관련된 포스터와 목록, 지도들을 보여 주었다. 활기 넘치는 수업 스타일을 능가하는 열정을 보이며, 그는 자신의 비영리단체가 처음 생겼을 때 어떻게 베트남으로 건너가 에이즈 양성으로 태어난 아이들의 치료를 후원했는지 이야기했다. 에이즈에 걸린 영아들에 대한 의학적 접근 및 치료가 개선되면서, 텐신의 초점은 일부 베트남 시골 산악 지역에 거주하는 53개 소수민족의 빈곤을 줄이는 쪽으로 옮겨갔다. 텐신은 매년 약 7,000달러를 모금해 베트남으로 전달하려 한다. 텐신에 따르면 베트남 경제에서 그 액수는 약 10배의 지출력(약 7만 달러가량의 영향력)을 갖는다.

텐신은 베트남에 설립된 구호 단체를 통해 모금액을 기부한다. 그는 이렇게 말했다. "에어비앤비가 그렇게 많은 게스트를 맞을 수 있게 해주기 전에는 그런 큰돈을 모으는 게 불가능했어요. 저는 은퇴 자금을 축내지 않고도 올해 예산보다 더 많은 돈을 모을 수 있게 돼서 아주 기쁩니다. 그리고 제 철학에 따라 살 수 있게 해준 에어비앤비와 게스트들에게 감사드려요. 제 철학은 우리가 똑같이 주고받겠다고 따지며 살러 세상에 온 게 아니라는 거예요. 저는 제 사명을 '당신을 위해'라고 불러요. 그것이 바로 제가 어떻게 사는지 말해 줍니다."

텐신의 '당신을 위해'라는 정신은 사회 공헌 체험을 통해 비영리 단체의 활동을 후원하는 에어비앤비 호스트와 뜻을 같이 한다. 하지만 그것은 에어비앤비 숙소 호스트 커뮤니티 깊숙이 배어 있는 정신이기도 하다. '다른 이들에게 초점 맞추기' 정신의 완벽한 사례는 로스앤젤레스의 슈퍼호스트인 80살 제임스 예이츠와 79살 인자 예이츠라고 할 수 있다. 제임스와 인자는 '소울 투 서울Soul 2 Seoul'이라는 비영리 단체를 후원하는데 7만 달러가 넘는 돈을 모금했다. 이 단체는 인종 집단 간의 연결다리를 놓는 데 헌신한 다민족 학생들에게 대학 장학금을 제공하기 위해 설립됐다. 나는 그들의 58번째 결혼기념일이 며칠 지난 후 제임스를 만났다. 제임스는 이렇게 말했다. "저희 장학금의 씨앗은 아마 저희가 결혼했을 때 뿌려졌던 것 같아요. 혼혈 부부로서(저는 아프리카계 미국인이고 인자는 한국인이죠) 저희는 한국에서 결혼하고 미국으로 돌아온 후 1년 내내 힘든 일을 겪어야 했어요. 저희의 인종과 혼혈 부부라는 사실 때문에 엄청난 편견을 겪었죠. 저희 아이도 비슷한 문제를 겪었어요. 그래서 저희는 다른 사람들은 그러한 문제를 덜 겪기 위해 저희가 할 수 있는 일을 하고 싶었습니다."

제임스는 코닥과 할리우드의 대형 현상소에서 은퇴한 후 로스앤젤레스에서 교사가 되었다. 학교에 재직하는 동안 그와 인자는 자기 집의 공간을 숙소로 올려 장학기금을 보충하기로 했다. 제임스는 이렇게 설명한다. "전 에어비앤비 비즈니스가 너무 힘들고 아내가 할 일이 너무 많아서 아내를 도우려고 작년에 은퇴했어요. 저희는 시세보다 좀 더 싼 가격에 숙소를 올리고 제 아내는 매일 거한 아침 식사를 제공합니다. 저희는 생활비가 따로 필요하진 않아요. 대신 이 일을 하지 않았다면 함께 시간을 보내지 못했을 사람들로 집이 북적거리는 걸 좋아합니다. 이 모든 게 다른 사람에게 교육의 기회를 제공하는 데 도움을 주잖아요."

인자의 아침 식사가 아주 유명하고 그녀가 게스트의 인종에 맞춰 식사를 준비한다는 것을 읽었기에, 나는 인자가 우리가 인터뷰했던 날의 아침 식사는 무엇이었는지 물어보았다. 제임스는 이렇게 대답했다. "오늘 게스트는 미국에서 온 사람이어서 꿀 바른 햄과 스크램블드에그를 준비했어요. 그리고 음식이 많이 남아서 인자가 볶음밥을 만들어서 임시 텐트에 사는 노숙자들에게 가져다주었지요." 인자가 왜 음식을 많이 만드는지와 왜 노숙자들에게 음식을 가져다주는지 묻자 제임스는 이렇게 대답했다.

그것이 우리 자신이고 우리 바하이*Bahá'í*교가 가르치는 바입니다. 저희는 아주 많은 중요한 원칙을 지키며 살아요. 특히 그것은 우리 집이 친구와 낯선 사람들에게 안식처가 되도록 하는 거죠. 이

지구는 전부 하나의 국가입니다. 인류는 그곳의 시민이죠. 사람들은 모두 나날이 발전하는 문명을 더욱더 발전시키기 위해 창조된 겁니다.

저희는 바라건대, 문명의 진보 가운데, 우리 집에서 이 지구의 시민들에게 봉사하는 작은 역할을 하게 된 점에 감사드려요.

(이들의 동영상은 *airbnbway.com/book-resources*에서 볼 수 있다)

이 책을 위해 인터뷰를 하는 동안 우리 팀과 나는 몇 년 전 많은 사람이 조회한 칩 콘리의 프레젠테이션에서 그가 말한 도전 과제로부터 영감을 받았다고 말하는 호스트를 몇 명 만났다. 프레젠테이션에서 칩은 이렇게 말했다. "언젠가는 에어비앤비가 성공을 거두었다는 것을 알게 될 겁니다. 그것은 성장이나 기업 가치 같은 지표에 의해서는 아닐 거예요. 노벨 평화상을 받으면, 그때 저희가 성공했다는 걸 알게 될 겁니다."

나는 칩에게 그가 하는 말의 의미가 무엇이며 왜 그 말이 호스트 커뮤니티에서 계속 울림을 준다고 생각하는지 물었다. 그는 이렇게 설명했다. "에어비앤비 호스트는 세상에 도움이 되는 선한 일과 우리 각자가 자기 비즈니스를 통해 성취할 수 있는 것을 구체화했습니다. 호스트 커뮤니티 전체가 누구나 어디서나 내 집처럼 편안하게 느끼고, 우리 모두 너그러운 마음으로 기부하는 그런 국경 없는 세상을 만드는 데 한마음이 된다면, 노벨 평화상이 에어비앤비가 그러한 사명을 성취했다고 인정해줄 겁니다. 저는 제 메시지가 호스트 커뮤니티와 연결되어 있다고 생각합니다. 그리고 그것이 계속 가치 있는 염원이 되고 있다는 말을 들으니 기쁘네요."

자신의 비즈니스에 대해 생각할 때 여러분은 어떻게 회사를 친구나 낯선 사람 모두에게 안식처가 되게 하고 있는가? 어떻게 국경을 초월해 모든 사람을 지구의 시민으로 여기고 있는가? 날로 발전하는 문명을 어떤 방식으로 진보시키고 있는가? 여러분의 비즈니스가 경제적인 자기 이익을 넘어선 사명을 이루고 있다는 것을 어떤 인도주의적 상을 통해 알 수 있겠는가? 마지막으로 어떻게 선의를 실천하고 있는가? 그리고 어떻게 실천할 것인가?

마지막 장에서 나는 에어비앤비의 미래를 만들어 나갈 가능성이 큰 요소들을 간단히 언급할 것이다. 또 우리의 5가지 주제를 모두 구현한 호스팅 사례들을 살펴보고, 그러한 주제가 여러분의 성공에 최적화될 수 있도록 할 것이다. 댄빌 저 너머로 향해 보자.

여러분의 선의를 실천할 때 생각해 볼 것

- 데니스 프레거에 따르면 "선의는 성격에 관한 것이다. 그것은 진실성, 성실성, 친절, 관대함, 도덕적 용기 같은 것들이다. 그리고 무엇보다도 우리가 사람들을 대하는 방식에 관한 것이다."
- 존 D. 록펠러 주니어는 이렇게 말했다. "나는 모든 권리에는 책임이, 모든 기회에는 의무가, 모든 소유에는 세금이 따른다고 믿는다."
- 리더십은 개인과 기업들이 누리는 권리에 대한 책임을 받아들이는 것이다.
- 여러분에게 영향을 줄 잠재적인 법규와 관련된 의견을 내며 공동체에서 책임 있게 행동하라.

- 도덕적 용기를 보여주고 공적 영역에 참여함으로써 미래의 리더십 기회가 생길 수도 있다는 사실을 인지하라.
- 재활용과 재사용을 통한 폐기물 절감을 고려하라.
- 레베카 토렘은 말했다. "개조를 통한 재사용은 여러분이 기존 건물이나 집, 특수 공간에 새로운 목적을 부여할 때마다 가능하다. 아니면 목적은 바꾸지 않더라도 건물의 일부 또는 모든 요소를 보존하거나, 재건축하거나, 개선하거나, 유지하면 된다."
- 배우이자 작가, 프로듀서인 데니스 리어리는 이렇게 말했다. "위기는 성격을 만드는 게 아니라 그것을 드러낸다." 여러분은 어떻게 위기를 예측하고 대응하는지 생각해보라.
- 리더들과 일선에서 일하는 직원들은 자기 서비스를 받는 사람들에게 마음을 열면 얼마나 많은 것을 줄 수 있는지를 종종 과소평가한다.
- 평론가 H. L. 멩켄은 "집은 단지 잠시 머무는 곳이 아니다. 집의 본질은 그 안에 사는 사람들의 성품에 있다."라고 말했다.
- 멩켄의 말을 비즈니스에 적용하면 이렇게 말할 수 있다. "회사는 단지 제품과 건물의 집합체가 아니다. 회사의 본질은 리더와 일선에서 일하는 노동자들이 서비스를 받는 사람들에게 기꺼이 마음을 여는 데 있다."
- 여러분의 집을 친구와 낯선 사람 모두에게 안식처가 되게 하라. 여러분의 비즈니스에서도 그렇게 하라.
- 온 지구를 하나의 국가로 생각하고 인간을 그 시민으로 생각하라.
- 모든 사람은 끊임없이 발전하고 있는 문명을 진보시키기 위해서 창조되었다.

12장

댄빌 저 너머로

픽사*Pixar*의 영화 토이스토리*Toy Story*에서 우주의 액션 영웅 버즈 라이트이어*Buzz Lightyear*는 '무한한 공간 저 너머로*To infinity and beyond*'라는 구호를 자주 외친다. 이 캐릭터의 구호(모든 한계를 넘어선다는)는 에어비앤비가 겨우 10여 년 동안 성취할 수 있었던 것을 가리키는 적절한 비유인 듯하다. 또한, 이것은 에어비앤비의 경영진이 앞으로 한 해 동안 성취할 것에 대한 논의를 규정하기도 한다. 그리고 이 책에서 제시된 주제들을 적용함으로써 여러분과 여러분의 비즈니스가 에어비앤비의 눈부신 성공과 영향력과 같은 것을 누리기를 바라는 내 희망 사항을 담고 있기도 하다.

버즈 라이트이어의 문구를 본떠서 나는 이 장의 제목을 '댄빌*Danville* 저 너머로'로 정했다. 여러분도 보게 되겠지만 댄빌은 특별나고 엉뚱하지만, 우리가 앞선 장에서 탐구했던 주제와 원칙을 잘 보여주는 매우 실제적인 사례다. 또한, 여러분이 이 책을 덮은 뒤에 바로 적용할 수 있는 교훈들을 학습하는 공간의 역할을 한다.

댄빌이 여러분의 비즈니스에 어떻게 적용될지 알아보기 전에 나는 잠시 더 높은 곳을 바라보고, 에어비앤비의 향후 도전 과제와 기회를 몇 가지 예측해 보겠다.

초대형 캠페인을 진행 중인 에어비앤비

비즈니스 관점에서 보면, 어떤 사람들은 에어비앤비가 빛의 속도로 움직이고 있다고 말할 수도 있다. 비유적으로 옳긴 하지만 실제로 사람들이나 비즈니스가 빛의 속도로 움직일 수 있다면 단 1초에 약 7번 반 지구를 돌 수 있다.

에어비앤비는 진공 상태에서 성공을 이룬 게 아니라서, 이 브랜드가 더 높이 올라가 사세를 확장하면 비즈니스의 상승세만큼 빠른 속도로 중력이 힘껏 끌어당길 것이다. 내 의견으로는 에어비앤비의 빠른 성장은 이 책에 제시된 원칙과 주제로 항로를 맞추고 있다. 그리고 이 회사의 미래는 자신의 가치를 변함없이 계속 견지하느냐 못 하느냐에 따라 달라질 것이다.

에어비앤비 경영진의 핵심 원칙에 대한 헌신에도 불구하고 그들의 앞에는 미묘하고 다루기 힘든 길이 놓여있다. 그들에게 닥친 도전 과제 중 어떤 것은 규모가 커지고, 성장하고, 성숙해지는 데 따르는 고통이 반영된 것이다. 이제까지 이 회사는 특이한 아이디어, 사랑받는 스타트업, 예상치 못했던 업계의 훼방꾼, 현지에서 살아보게 하는 여행 브랜드, 그리고 하나의 운동이 되는 단계들을 통과해 왔다. 에어비앤비는 등 뒤에 목표를 정확히 붙이고 앞으로 나아가는 여행 산업이라는 경주의 선두 주자가 될 것이다.

앞으로 에어비앤비는 소속감과 신뢰, 환대, 역량 강화, 공동체를 만드는 데 전념하는 사람들을 끌어들이고, 발전시키고, 유지해야 할 것이다. 그러한 '인적' 구성 요소에는 직원 및 에어비앤비 호스트의 모집이 포함된다. 이 책은 최고의 에어비앤비 호스트들이 주는 몇 가지 교훈을 알려 주었다. 하지만 나의 팀과 나는 그다지 뛰어나지 않은 호스팅 경험도 있다는 걸 알고 있다(누군가 그런 호스트들에게 이 책을 한 권 주면 좋겠다). 에어비앤비가 품질을 유지하면서 규모를 키우려면 성과가 낮은 호스트들에게 더 많은 자원을 제공해야 할 것이다.

앞을 내다보면 숙소 공유와 다른 공유 경제 비즈니스들과 관련된 법률적 다툼이 계속될 것으로 예상된다. 우리는 에어비앤비 경영진과 호스트 커뮤니티가 여러 도시와 숙소 소유주 협회, 다른 커뮤니티 그룹과의 유대를 강화할 수 있는 더 다양한 방법을 찾아야 한다고 생각한다. 그래야 에어비앤비가 동네를 돌아다니며 소란을 피우는 낯선 사람들이 끊임없이 들락거리는 집과 동의어가 되지 않을 것이다. 이와 마찬가지로 에어비앤비는 게스트들도 자신이 머무는 숙소와 공동체를 존중하도록 계속 가르쳐야 할 것이다.

정책 차원에서 에어비앤비는 규칙을 지키지 못하는 사람들을 감시하고, 숙소 공유에 대한 새로운 법규를 놓고 지역 정부와 계속 협력해야 한다. 또한, 에어비앤비 숙소 임대가 그들이 비즈니스 운영을 하는 공동체에서 계속 성장할 수 있도록 해야 한다. 에어비앤비는 장기 자금원 예측도 해야 할 것이다. 이 글을 쓰고 있는 현재, 에어비앤비는 2014년에 주식 공모를 한다는 소문이 있었지만, 기업 공개 여부나 시기에 대해 발표를 하지 않고 있다.

우리는 에어비앤비가 계속 자기 혁신을 해야 할 것이라고 생각한다. 스타트업에서 업계의 거대 기업으로 변모하는 모든 이들이 차별화를 더욱 어렵게 만들면서 성공 가도에 있는 에어비앤비를 '바짝 뒤쫓을' 것이다. 에어비앤비는 훼방꾼처럼 행동하기 위해 계속 자원을 투자해야 할 것이다(이 회사의 사마라*Samara*라고 불리는 혁신 부서에 투자할 가능성이 크다.). 그리고 2018년 11월에 발표한 '백야드*Backyard*'로 일컬어진 것과 같은 개념을 일상적으로 테스트하고 학습해야 할 것이다. 이 회사가 보도 자료에서 설명한 것처럼 백야드는 '숙소가 디자인되고, 건설되고, 공유되는 새로운 방식의 원형을 만드는 이니셔티브'이다. 백야드는 인도주의적이고 미래지향적이며 폐기물을 의식한 디자인을 위한 열정을 나타낸다. 이는 복잡한 건축 기술과 스마트 홈 기술, 시간이 지나면서 바뀌는 소유주나 거주자의 니즈에 사려 깊게 대응하는 에어비앤비 커뮤니티의 광범위한 통찰을 건물에서 어떻게 활용할 수 있을지 연구한다. 백야드 팀은 테스트를 통해 원형을 찾고 있다. 또한, 그들은 숙소와 체험, 여행 산업과 인접한 비즈니스 카테고리를 넘나드는 최첨단 기회를 탐구하고 있을 가능성이 크다.

에어비앤비 홈스의 전 사장 그렉 그릴리는 앞으로 에어비앤비의 5년에서 10년을 어떻게 보느냐는 질문에 이렇게 대답했다.

관광 산업에는 전반적으로 지속적인 혁신이 필요한 일부 평탄치 않은 프로세스가 있습니다. 규모가 점점 커지는 과정에서 에어비앤비는 더 친근하고 현지화된 여행 경험을 만들기 위해 애쓸 겁니다. 기술 덕분에 예약과 체크인 과정이 훨씬 더 쉬워질 겁니다. 호스트와 게스트가 원하는 것과 필요로 하는 것을 주시하고 그것을 채워줄 수 있는 더 좋은 방법을 찾을 겁니다. 그리고 그들 모두의 시간 관리를 도와줄 시스템을 제공하기 위해서도 노력할 것입니다. 저희는 현지에서 살아 보는 마법 같은 여행에 생기를 불어넣고 그것이 더 쉽게 이루어질 수 있도록 할 겁니다. 어떤 영역에서는 더 많은 혁신이 이루어질 테고, 어떤 영역에서는 목표를 크게 잡고 최선을 다할 거예요. 에어비앤비 DNA에는 혁신이라는 차별화 요소가 존재합니다. 그리고 저희는 공동체에 봉사하며, 모든 사람이 어디서나 소속감을 느낄 수 있게 한다는 사명을 실천하는 데 전념하고 있습니다.

2019년, 에어비앤비는 '현지에서 살아 보는 여행' 경험에 초점을 맞추고 있다는 사실을 보여주면서 프레드 레이드*Fred Reid*를 회사의 교통 부문 글로벌 총괄 대표로 선임했다. 레이드는 버진 아메리카*Virgin America*의 창업주이자 CEO였고, 델타 항공*Delta Airlines*의 회장을 역임했다. 또한, 그는 루프트한자 독일 항공*Lufthansa German Airlines*의 회장 겸 최고 운영 책임자*COO*, 플렉스젯*Flexjet*의 사장, 코라 항공기 프로그램*Cora Aircraft Program*의 사장을 지내기도 했다.

새로운 자리에 선임된 레이드는 이렇게 에어비앤비의 미래를 암시했다. "여행을 더 편하고 재미있게 만드는 다른 회사들과 함께 상품을 만들고 파트너십을 구축할 기회가 어디에나 엄청나게 많습니다. 그러한 기회를 실현하는 데는 수년이 걸리고 끊임없는 실험이 필요합니다. 그리고 저는 이 팀과 함께 그런 대담한 도전의 기회를 얻어 정말로 영광스럽습니다."

모든 비즈니스의 미래는 불확실하다! 다행스럽게도 에어비앤비는 이 책에서 간략히 설명한 핵심 원칙의 실천과 회사 창업주들의 안정적인 리더십을 통해 위치선정을 잘해 두었다. 에어비앤비 앞에 놓인 미래 과제는 확실히 벅차다. 하지만 창업자들 가까이에 재능 있는 경영진 팀과 높은 평가를 받는 이사회가 포진해 있다. 또 그들은 에어비앤비라는 거대한 배의 키 앞에서 십 년간 많은 경험을 했고 신뢰할 수 있는 동료와 직원, 컨설턴트로 구성된 강력한 네트워크를 갖게 되었다.

에어비앤비의 잠재적인 거대한 도전에 대한 조사 대신 규모를 줄여 더 작은 비즈니스 환경 내에서 그리고 댄빌이라는 '마을'을 통해 드러난 진실에 다가가 보자(Airbnb:https://www.airbnb.com/rooms/2713449).

마을이 아닌 마을

플로리다주 댄빌은 엄밀히 말해 도시가 아니지만, 댄과 데보라 쇼에게는 그렇게 말하지 말자. 댄은 자칭 댄빌의 시장이며 그의 아내 데보라는 보안관이다. 정확히 말해 댄빌은 플로리다주 제네바라는 도시 안에 있는 마을(2010년 인구조사에 따르면 인구는 겨우 3,000명 미만이었다)로 올란도주 북동부에서 약 45킬로미터 떨어진 곳에 위치한다.

댄빌은 댄과 데보라의 소유지로 면적은 30,500평이다. 이 부부는 이곳에 거주하며 비행기도 소유하고 있다. 프록터 호수 자연보호구역*Lake Proctor Wilderness Area*과 하니 호수, 세인트존스 강에 인접한 이 땅은 댄과 그의 동료이자 제네바 주민인 조니 수더랜드가 1988년에 건설한 사설 활주로와 연결되어 있다.

악어와 알파카, 닭, 염소, 고양이, 마칼리스터*MacAlister*라 불리는 그레이트데인 같은 야생 동물의 고향인 댄빌은 댄빌 인*Danville Inn*, 맨 케이브*ManCave*(남성이 혼자서 공구를 사용하고 작업을 할 수 있는 주택의 지하 공간), 트리 하우스, 유르트를 비롯한 여러 에어비앤비 숙소의 고장이기도 하다. 다음은 댄과 데보라의 숙소 몇몇 사진과 함께 발췌한 내용이다.

HGTV의 밀리언 달러 룸스*Million Dollar Rooms*(세계에서 가장 호화로운 집을 소개하는 리얼리티 쇼)에 나온 집의 마스터 스위트룸에 머물러 보세요! 마스터 스위트룸은 블루투스 샤워헤드가 준비된 워크스루*Walk through* 샤워 시설을 자랑합니다. 넓은 침대와 플랫 TV가 비치된 휴게 공간도 마련되어 있죠. 여러분은 응접실과 부엌을 포함해 숙소 전체를 단독으로 사용하게 될 거예요. 편히 쉬면서 정원과 파티오*patio*(위쪽이 트인 건물 내의 뜰)를 즐겨보세요. 극장에서 영화를 봐도 됩니다. 머무는 동안 모든 게 여러분의 것입니다.

댄빌 시내에 있는 오쇼스 펍에서 여러분의 호스트 댄과 데보라 쇼를 만나 간단하게 술을 마실 수도 있습니다.

트리 하우스

저는 이 트리 하우스를 미국에서 가장 독특한 집 중 하나로 만들고 싶었습니다. 이 하우스는 오크나무와 목련나무로 둘러싸인 6평짜리 대지 위에 있습니다. 높이는 4.5미터에 아주 커다란 오크나무 두 그루 사이에 자리 잡고 있지요. 여러분이 나무 사이에 있는 유르트로 올라갈 때 사용할 수 있는 거주자용 엘리베이터가 설치되어 있는데, 마치 나무 몸통처럼 보인답니다. 5.5미터짜리 유르트는 레이니어 유르트*Rainier Yurts*의 상품이에요. 층고는 4미터나 되고 파노라마 창문에 1.5미터 높이의 천장 창문도 나 있어요. 비데를 비롯해 모든 설비를 갖춘 욕실도 있고, 전자레인지와 미니 냉장고, 싱크대도 사용할 수 있답니다. 여기 오시면 낮에는 커다란 거실이, 밤에는 멋진 침대가 되어주는 퀸사이즈의 접이식 침대에서 잠들게 될 거에요.

엘리베이터를 따라서 지역 화재 감시탑에서 가져온 약 1926년

경의 고전적인 계단이 있습니다(일반 계단보다 약간 가팔라요). 중간
층에는 더운물과 찬물이 나오는 2인용 야외 샤워 시설과 비행기
DC-10 제트 엔진의 덮개로 만든 멋진 온수 욕조가 있어요. 드물게
비가 오는 날이면 중간층에 앉아 비 내리는 오후를 즐길 수도 있지
요. 지상층에는 오두막과 아주 멋진 나무 둥치 의자가 몇 개 놓인
야외 장작 화덕이 있답니다. 댄빌에서 트리 하우스로 가는 길에 골
프 카트를 이용할 수 있어요. 머무는 동안 이 골프 카트를 타고 다
니면 된답니다.

유르트

이곳은 직경 6.4미터짜리 유르트입니다. 숙소 전체에 에어컨이
갖춰져 있고, 4미터 높이의 아치형 천장에는 1.5미터 높이의 창문
이 나 있습니다. 유르트에는 모든 시설을 갖춘 욕실과 작은 부엌,
킹사이즈 침대가 마련되어 있습니다. 화덕이 있는 넓은 베란다와
바비큐 그릴, 그리고 특이한 그네도 있어요. 댄빌 유르트는 댄빌의
독특한 공간 중 하나예요. 여러분은 아이리시 펍이나 61만 평이 넘
는 시골길 등 복합 공간 어디나 탐험해 볼 수 있답니다. 이웃 중 한
명과 비행하는 기회가 있을지도 모르겠어요. 게스트들은 그것을
'가장 로맨틱한 경험'이라고 한답니다. 목제 테라스로 와인 한 병을
들고 가, 불을 쬐면서 유르트 돔에 난 천장 창문으로 별과 유성우
의 빛을 감상해 보세요. 옆집에 사는 알파카 이웃 바보랑 RJ와 함
께 시간을 보낼 수도 있어요.

맨 케이브

맨 케이브는 지금도 사용 중인 비행기 격납고의 일부입니다. 격납고를 둘러싼 공간은 사용 중인 창고이자 유지 시설입니다.

댄은 앞으로도 다른 많은 창의적인 환경을 만들 계획이다.

우리는 댄빌의 물리적인 공간들을 미리 보았다. 이제 댄과 데보라가 어떻게 그런 공간들을 소속감과 신뢰, 환대, 역량 강화, 공동체로 바꿔 놓았는지 제대로 살펴보자. 그 길에서 댄빌을 넘어 여러분의 비즈니스에서 가능성을 만들어 보자!

댄빌에게: 소속감을 위한 엽서

1898년, 미국 우체국이 1센트로 엽서를 보낼 수 있는 상품을 내놓자 이를 이용하는 사람들이 아주 많았다. 그리고 '멋진 시간을 보내며*Having a great time*'라는 문구 뒤로 '당신이 여기에 있었다면 좋겠네요*Wish you were here*'라가 종종 뒤따랐다. 아내 패티와 내가 댄빌에서 여러분에게 엽서를 보냈다면, 댄과 데보라와 보내는 우리의 '멋진 시간'을 함께 하면 좋았을 것이라고 썼을 것이다. 하지만 그럴 수 없었으므로, 이 책의 주제와 원칙이 어떻게 전달되었는지 강조하기 위해 우리의 경험을 여러분에게 안내할 수 있도록 최선을 다하겠다.

소속감과 체크인

에어비앤비 유튜브 페이지에 게시된 댄과 데보라에 대한 1분짜리 동영상을 보고, 나는 댄빌에 푹 빠졌다(*airbnbway.com/book-resources*에서 이 동영상을 확인할 수 있다). 모든 숙소가 흥미로웠고 그중에서도 나는 댄빌 인에 관심이 가장 많이 갔기 때문에 에어비앤비에서 댄빌 인을 재빨리 검색했다.

댄과 데보라는 즉시 예약을 사용하고 있어서, 나는 여행 날짜를 선택하고 숙소 규칙을 읽고 바로 예약을 했다. 예약하면서 나는 댄과 데보라에게 나와 함께 갈 사람과 우리가 댄빌을 중심으로 어느 쪽에 사는지 알려주고, 이 책을 위해 몇 분간 인터뷰할 수 있는지 묻는 메시지를 보냈다. 댄은 우리를 환영한다며 즉시 응답을 해 왔다. 데보라는 이후 바로 연락을 해오며 몇 년 전 자기들이 우리 부부가 사는 동네와 가까운 곳에

산 적이 있다며 친근감을 표시했다.

우리가 도착하기 전날, 댄은 우리가 묵기로 한 첫날에 예정되어 있던 고트 해피 아워*Goat Happy Hour*(자세한 건 나중에 얘기하겠다)에 우리를 초대했다. 그리고 도착하는 날에는 이런 메시지를 보내왔다.

여러분을 빨리 만나고 싶군요. 몇 시에 도착하는지 알려줄 수 있나요? 도착하기 30분 전에 알려 주면 감사하겠습니다. 숙소가 3만 평이나 되는데, 여러분을 숙소 앞에서 맞이하고 싶거든요.

댄

우리는 도착 예정 시간을 알려주고 댄빌 근처에서 댄에게 연락을 했다. 그는 차에서 내리는 우리를 맞아 주었다. 댄은 따뜻하고 품위 있게 자기를 소개하고 우리를 이름으로 불러주었다. 그리고 커다란 집처럼 보이는 입구로 자기를 따라오라고 했다. 그런 다음 광활한 풍경을 볼 수 있는 자리로 우리를 데려갔다. 그가 버튼을 누르자 건물의 정문이 들리면서 개조된 비행기 격납고 안의 작은 도시가 모습을 드러냈다.

패티와 나는 후기를 읽어서 격납고 안에 도시가 있다는 걸 알고 있었는데도 댄은 우리에게 극적이고 기억에 남는 마법 같은 체크인 추억을 만들어주었다. 마치 처음으로 댄빌을 공개하는 것처럼 말이다. 그는 "댄빌에 오실 것을 환영합니다, 여러분은 멋진 선택을 하신 겁니다."라고 말했다.

댄빌의 시장 댄은 우리에게 그 도시의 열쇠를 건네주었다! 그런 다음

꼼꼼하게 댄빌 인의 투어를 시켜주었다. 우리는 아이리시 펍에도 들렀다. 그곳에서 그는, 마을 사람들이 그들 부부와 함께하곤 하는데, 나중에 저녁쯤 우리 부부도 함께했으면 한다고 말했다. 댄은 스위트룸의 극장에서 기계를 사용하는 방법을 포함해 우리 숙소 이곳저곳의 특징을 보여주었다.

우리가 지낼 공간을 둘러보자마자 댄은 우리에게 어떤 지형에서도 사용할 수 있는 이동수단을 타고 숙소 주변을 보여 주겠다고 했다. 자세한 얘기는 남겨두고, 우리는 댄과 데보라의 숙소를 둘러보고, 세그웨이 *Segway*(판 위에 서서 타는 2륜 동력 장치)를 타고, 악어에게 먹이를 주고, 알파카와 조금 놀고, 댄의 열의와 창의성(그는 자동 종이 타월 디스펜서를 비롯해 특허를 23개나 갖고 있다), 그리고 호스팅에 대한 열정에 매료된 채 다음 1시간 반을 보냈다.

여러분에게 댄과 데보라가 신뢰를 구축하는 방식의 일부를 보여주기 전에, 몇 가지 조언을 통해 여러분의 고객 체크인 경험에 그들의 지혜와 따뜻한 마음을 적용해 보는 시간을 갖자.

댄빌 저 너머로: 소속감에 관한 조언

- 첫 번째 접촉부터 사람들이 계속해서 니즈를 쉽게 충족할 수 있게 하라(예를 들면 즉시 예약).
- 신속하고 도움이 되는 응대를 하라.
- 개인화된 정서적 연결을 조성하라.
- 정기적으로 도움이 되는 의사소통을 지속하기. 항상 고객이 궁금해

하거나 의심하기 전에 응답하라.

- 첫인상과 대면 접촉이 가진 중요성을 과소평가하지 말아라.
- 열정적으로 고객을 맞이하고, 친절하게 그들의 이름(아는 경우)으로 고객을 불러라.
- 여러분을 선택한 고객의 지혜를 입증하라.
- 고객에게 제품과 서비스를 소개하는 시간을 갖고, 여러분이 제공하는 가치를 알게 하라.
- 고객의 니즈를 충족시키고, 기대를 넘어서고, 그 과정에 '기쁨'의 순간을 뿌려라.
- 진정성을 보여주고 배려하며 연민을 갖기. 자신이 환대받고 있다는 것을 고객이 알게 하고 소속감을 느끼게 하라.

신뢰를 얻으려면, 신뢰하라.

신뢰를 보여주는 댄빌 스토리는 여러 단계에서 생겨난다. 즉시 예약을 사용함으로써 댄과 데보라는 에어비앤비 플랫폼에서 상호 작용을 통해 나와 내 아내에 대해 알아볼 기회도 갖지 않은 채 예약을 수락했다. 댄에게 왜 게스트를 사전 검열하지 않는지 묻자 그는 이렇게 대답했다. "저는 71년 동안 사람들을 믿으면서 살았어요. 그게 항상 좋지만은 않았지만, 그것 때문에 마음이나 집의 문을 닫았더라면 경험하지 못했을 사람들을 만날 수 있었지요." 댄과 데보라는 사람을 믿는 성품으로 인해 정말로 흥미로운 사람들을 만날 수 있었다. 실제로 에어비앤비가 이 부부에게 샌프란시스코로 가는 비행편을 제공해서 에어비앤비의 공동 창업자 브라이언 체스키는 그들을 만날 수 있었다.

댄은 안전이라는 맥락에서 신뢰를 이렇게 설명한다. "사람을 믿는 것이 여러분의 판단을 무시하라는 뜻은 아니에요. 저는 합리적인 주의를 연습하고 게스트와 다른 게스트, 그리고 제 가족의 안전에 대해 생각합니다. 전 공인된 사격 교습 강사예요. 학생이 부주의한 경우를 대비해, 다른 사람들을 보호할 수 있는 위치가 되도록 다른 사람에게 총을 건네는 법도 배웠죠."

고트 해피 아워가 진행되는 동안, 우리는 댄과 데보라의 이웃들로부터 신뢰에 대한 많은 이야기를 들었다. 염소들이 요가 참가자들과 뒤섞이는 여느 인기 있는 염소 요가와 다르지 않게, 댄빌의 고트 해피 아워도 동네 사람들이 아이리시 펍에 모여 새끼 염소 몇 마리와 함께 시간을 보내는 것이다.

우리가 참석한 날 저녁에 댄과 데보라는 맥주와 피자를 대접했고, 이웃 주민 5명도 각자 먹을 것을 가지고 왔다. 자유롭게 대화가 이어지는 동안 댄의 이웃인 조 피레스는 이렇게 말했다. "댄과 데보라는 동네 사람들에게 도움이 필요할 때 언제나 그곳에 있어요. 당신이 어떤 장비가 필요하면 댄이 바로 가져다줄 거예요. 아무것도 물어보지 않고. 저는 사람들이 그런 관대함을 이용한다고 여러 번 의심했지만, 댄과 데보라는 넘치는 사람들이지 모자라는 사람들이 아니에요. 그들은 사람들의 선량함과 가능성을 보고 그들이 그에 따라 살도록 도와주죠. 댄과 데보라는 여러분이 믿을 수 있는 좋은 사람들이고, 다른 사람들이 믿을만한 사람이 되도록 응원합니다."

나는 댄에게 사람을 잘못 믿어서 낭패를 본 적이 있었는지 물었고 그는 이렇게 말했다. "그런 일이 때때로 일어납니다. 그런 일이 갑자기 발생하면 제가 그 상황을 책임져요. 하지만 그런 걸 마음에 두면 안 돼요. 그러면 좋은 사람들도 모두 예외인 것처럼 대하게 될 거예요."

댄은 우리 부부에게 세그웨이 타는 법과 안전 기어에 대해 충분히 가르쳐준 후 우리를 믿고 세그웨이에 태웠다. 그는 우리가 마음껏 달리게 했고, 전기 자전거나 골프 카트를 탈 수 있게 해주었으며, 값나가는 개인 재산도 보여주고 동물들이나 동네 사람들과 어울리게 해주었다.

댄은 신뢰를 그의 이웃 조에게로까지 넓혀, 게스트들이 관심을 보이면 조의 자이로플레인*gyroplane*(회전익 항공기)을 탈 수 있게 해주었다. 가장 중요한 것은, 결혼한 지 51년이 된 댄과 데보라가 서로를 깊이 신뢰하고 있다는 것이다. 댄빌이 어떻게 생겨난건지 물어보자 데보라는 이렇게 대답했다. "댄은 이상이 큰 사람이고, 저보다 훨씬 더 크게 생각하는 사람이에요. 그에게 아이디어가 생기면 전 처음에 그게 뭔지 잘 몰라도 그를 격려해 줘요. 남편이 우리랑 다른 사람들에게 멋지고 마법 같은 여행을 만들어 줄 것을 아니까요." 역으로 댄은 이렇게 말했다. "데보라가 제 뒤에서 끊임없이 열정을 쫓으라고 격려해 준다는 걸 알고 있기에 다른 사람을 쉽게 신뢰할 수 있어요."

다음 장에서 우리는 댄과 데보라가 어떻게 환대를 하는지 알아볼 것이다. 그전에 다음 내용을 되새겨 보자.

댄빌 저 너머로: 신뢰에 관한 조언

- 새로운 기회를 만들고 새로운 사람을 만나고 싶다면 열린 사고방식을 갖고 신뢰의 범위를 넓혀라.
- 신뢰할 때, 모두를 위한 안전 및 보안과 관련된 타당한 판단력을 유지하라.
- 야박하지 않고 넉넉하게 기업을 운영하면 어떻게 여러분의 인식된 신뢰성이 높아질지, 어떻게 다른 사람들이 서로 신뢰감을 주도록 행동하게 장려할 수 있을지 생각해 보라.
- 고객들은 선하다고 가정하기. 그리고 흔치 않은 예외들을 잘 관리하라.
- 언제든 가능할 때, 여러분을 격려해 주고, 믿어 주고, 지지해 주는 파트너를 선택함으로써 비즈니스를 구축하기. 그리고 똑같이 그런 파트너가 되어라.
- 고객들이 신뢰를 경험할 수 있도록 기업 내에서 신뢰를 형성하는 일에 힘써라.

환대하기: 마음을 다한 서비스

댄빌 인의 물리적 환경은 에어비앤비 목록에 글과 사진으로 설명된 그대로다. 숙소는 초고속 인터넷, 고급 매트리스, 영사실, 팝콘 제조기, 커피 메이커 같은 편의 시설이 풍부하게 갖춰져 있다. 건물은 깨끗했고 유형적인 서비스 경험은 모두 우리의 기대를 충족하거나 넘어섰다. 패티와 나는 그곳에서의 숙박이 매우 가성비가 뛰어나다고 생각했다. 기본적으로 댄과 데보라는 서비스의 기본을 잘 수행했다. 하지만 댄과 데보라가 서비스의 기본만 제공했다면 나는 그들을 통해 이 책의 원칙을 소개하지 않았을 것이다.

댄의 체크인 투어와 고트 해피 아워(실제로 2시간 반이 걸린)는 댄과 데보라가 바라는 최적의 고객 경험을 완벽하게 전달했다. 댄은 말한다. "저희는 모든 방문자가 동행자들과 유대감을 느끼고 이곳을 즐겼으면 좋겠어요. 물론 저희나 저희 이웃들과도 그랬으면 좋겠고요." 댄과 데보라는 유대감과 재미를 전달했을 뿐 아니라 그 과정에서 에어비앤비의 기억에 남는 마법 같은 숙박을 제공했다.

내가 이웃인 팸 샌더스에게 고트 해피 아워가 흔한 것인지 혹은 우리가 특별 대접을 받는 건 아닌지 묻자 그녀는 대답했다. "고트 해피 아워는 일주일에 몇 번씩 하는 행사예요. 댄과 데보라는 게스트들과 어울리자고 저희를 자주 초대해요. 그들은 모든 게스트가 머무는 동안 적어도 한 번은 이 동네와 유대감을 가질 기회를 만드는 걸 좋아하는 것 같아요. 모든 게스트가 참여하는 것도 아니고, 시간이 되는 이웃이 아무나 들르지만 이게 댄빌의 환대랍니다."

이웃인 조 피레스는 이런 말을 했다. "그들의 게스트 중 두 명이 댄빌과 우리 동네 제네바를 너무 편하게 느낀 나머지, 이 공공 설비도 없는 곳에 땅을 샀다니까요. 그 두 사람은 카리브해에 살고 있었는데 지금은 우리 이웃이 되었답니다."

댄빌에 끌리는 그 마음이 이해가 간다. 패티와 나는 제네바에 머물고 난 후, 이곳 사람들의 삶을 잠깐 경험해 본 것이 얼마나 특별한 일이었는지에 대해 오랫동안 이야기를 나누었다. 심지어 댄과 데보라와 가까이 살면 어떨지 상상도 해 보았다. 이제 우리는 댄과 데보라가 그들이 역량을 강화한 팀원들과 가족 같은 유대감을 어떻게 형성했는지 탐구해 볼 것이다. 하지만 먼저 여러분의 비즈니스 맥락에서 환대에 대해 생각해 보자.

댄빌 저 너머로: 환대에 관한 조언

- 여러분의 제품과 서비스를 글과 사진으로 정확하게 설명하라.
- 서비스 제공의 유형성에 주의를 기울여라(예를 들어, 제품의 품질, 청결도, 편의 시설).
- 서비스의 기본을 완벽하게 수행하는 것과 아울러 정서적 연결을 통해 자신을 차별화하라.
- 최적의 정서적 경험을 정의하라. 모든 고객이 여러분과 상호 작용하면서 어떤 느낌을 받길 바라는가?
- 최적의 정서적 경험을 모든 고객에게, 매번 전달하라.
- 고객이 여러분의 경험에 완전히 몰입하도록 만들어라. 하지만 그들이 다른 선택을 하더라도 존중하라.
- 사람들이 여러분과 연결되어 있거나 여러분과 자주 교류하고 싶어하는 경험을 만들어라.

역량 강화에 연료 들이붓기

댄과 데보라가 손주들의 사업 활동을 장려하는 방법, 게스트들에게 지역 사업체를 소개하는 방법을 포함해 댄빌에서 일어나고 있는 역량 강화의 사례는 많다. 다음은 이를 뒷받침하는 에어비앤비 숙소 목록의 예시다.

화덕이 있는 분들에게 제 손자가 나무를 잘라 무인 판매대에서 5달러에 10조각씩 판매합니다(10살 난 손자에게 사업가가 되는 걸 가르치고 있거든요).

46번 신호등 근처에 아주 훌륭한 동네 음식점이 있습니다(제네바 제너럴 스토어). 그곳에서 멋진 아침 식사도 먹을 수 있습니다.

댄과 데보라가 제공한 게스트 북은 다양한 음식점을 소개하고 지역의 다른 사업체와 활동을 이용하는 걸 장려한다.

댄과 데보라가 경제적 역량 증진에 어떻게 힘을 쏟는지 일일이 열거하기보다, 미스티 크로스를 후원해 그녀의 삶을 변화시킨 것으로 경제적 역량 강화라는 개념의 전형적이지만 놀라운 사례를 전하겠다.

미스티는 댄과 데보라의 직원이지만 그녀는 그들이 자신을 가족처럼 대한다고 생각한다.

미스티는 댄을 2008년에 만났다. 당시 미스티의 남자친구는 댄의 댄빌 인을 건설하는 것을 돕고 있었다. 가벼운 알코올 중독자*functional alcoholic*였던 남자친구는 음주 운전으로 기소돼 운전면허를 취소당했다. 그는 낮에는 일하고 밤에는 술을 마셨다.

미스티는 남자친구를 태워 댄의 현장과 같은 일터로 데려다주고, 다시 그를 집에 데려다주기 위해 트럭에서 몇 시간을 기다리곤 했다. 그녀의 재정 상태는 남자친구의 직장과 집을 하루에 두 번씩 오고 갈 수 있을 만큼 좋지 않았기에 미스티는 트럭에 앉아 남자친구를 기다릴 수밖에 없었다. 미스트는 말했다. "다른 현장에서는 몇 달 동안이나 트럭에 앉아 있었어요. 그런데 남자친구가 댄빌 인의 일을 하기 시작한 지 얼마 안 됐을 때, 댄이 저를 걱정하면서 제게 직장을 원하는지 물어봤어요. 저는 그렇다고 했죠. 그래서 댄빌 인에서 페인트칠을 하고, 벽의 틈을 메우고, 사포질을 하게 됐어요. 그 후로는 댄빌 인의 청소를 시작했죠. 그런 다음 댄과 데보라가 사는 집까지 청소하게 되었어요. 순식간에 저는 정규 직원으로 채용돼서 댄빌 에어비앤비의 일을 돕고 청소를 하게 되었어요."

댄과 데보라와 함께 일하게 되면서 그녀의 삶의 질이 어떻게 변했는지 묻자 미스티는 이렇게 대답했다. "제 인생은 1000퍼센트 좋아졌어요. 남자친구와 헤어지고 전 아이 셋을 키우는 싱글 맘이 되었어요. 주거는 불안정했고 월세와 교통비를 해결하느라 고군분투했죠. 댄과 데보라는 급여를 제대로 줬을 뿐 아니라 집도 한 채 샀어요. 제가 그들한테서 그 집을 살 수 있었죠. 그들은 제가 살 집을 현금으로 산 다음에 저에게 다시 판 거예요. 덕분에 저는 계약금을 구하느라 힘들이지 않아도 됐지요. 그들이 없었다면 월 1,100달러로도 이런 집을 빌리지 못했을 거예요. 저는 월 400달러에 이 집에 살고 있어요." 미스티는 덧붙였다. "이렇게까지 하지 않아도 되는데, 정말 죽을 때까지 못 잊을 거예요. 그들은 25살짜리 제 딸한테도 비슷한 일을 해 주었어요."

미스티는 이어서 말했다. "그들은 바다같이 넓은 마음을 가졌고, 사람들을 정말 많이 도와줘요. 제 차가 망가졌을 때 다시 차를 가질 수 있게 도와줬고, 힘든 시기엔 가족에게 음식도 나눠주었어요. 정말 그들은 제게 가족과 같은 사람들이에요. 거의 부모님이죠. 저는 그들에게 최선을 다하고 있어요. 댄과 데보라가 살아있는 동안 필요한 모든 걸 해줄 거예요. 분명히 그렇게 말했고 전 약속을 지킬 거예요." 댄과 데보라가 미스티에게 한 투자는 그녀에게도 도움이 되었고 댄빌에도 도움이 되었다. 미스티는 댄과 데보라 가족의 비즈니스를 위한 역량 있고, 충성심 있으며, 열심히 일하는 구성원이 되었다. 역량 강화에 대한 이러한 형태의 조언에서 얻을 수 있는 교훈을 모아 보자.

댄빌 저 너머로: 역량 강화에 관한 조언

- 다른 사람의 사업가적 정신을 북돋을 기회를 찾아라.
- 지역 사업체와 추천 파트너십을 개발하라.
- 주변 사람들이 충분히 활용하지 않는 재능을 찾아라. 그리고 그러한 재능을 활성화할 기회를 만들어라.
- 다른 사람의 직장에서의 욕구뿐 아니라 전반적인 삶의 행복에도 관심을 보여라.
- 사람들이 생존에 대해 걱정하지 않고 하는 일에 초점을 맞출 수 있도록, 생활이 가능한 임금을 지불하라.
- 직원에게 참여 의식과 생산성, 충성심이 생길 수 있도록 투자하라.

공동체에 참여하기: 좋을 때나 나쁠 때나

좋을 때나 나쁠 때나 댄과 데보라는 이웃에게 봉사한다. 미스티는 다시 이야기한다. "허리케인 '어마'가 센트럴 플로리다를 강타했을 때, 제네바 근처에서 홍수가 났어요. 댄과 데보라의 건물은 더 높은 지대에 있었기 때문에, 그들은 이웃에게 그곳에 차를 세워두라고 했어요. 태풍이 몰려왔을 때뿐 아니라 지나간 후에도 그들은 제 가족과 다른 동네 사람들을 댄빌에 머물게 해줬어요. 그리고 허리케인 '마이클'이 상륙했을 때, 플로리다의 팬핸들 사람들에게도 무료로 숙소를 제공했죠."

이웃인 조 피레스도 비슷한 말을 한다. "2008년에 열대 폭풍 '페이' 때문에 약간 큰 홍수가 났는데, 댄이 홍수 지역에 중장비를 동원해서 사람들을 구조했어요. 안타깝게도 그러면서 장비가 많이 손상됐지만, 댄이나 데보라가 불평하는 소리는 들어보지 못했습니다. 그들은 우리 동네에서 도움이 필요한 사람들에게 음식도 많이 나눠줬어요. 댄은 제 비행기 격납고 집을 짓는 걸 돕느라 엄청나게 많은 시간을 쓰기도 했죠. 그 집은 댄과 데보라의 댄빌 인과 비슷한 건물이에요. 건물을 건축할 때 공구함도 없었는데, 댄이 자기 걸 빌려주고 저를 믿고 곁에서 같이 일하면서 우리 집이 실현될 수 있게 해 줬어요."

덜 힘든 시기에 대해서 팸 샌더스는 이렇게 말한다. "댄빌은 우리 마을의 허브예요. 그곳에서 사람들은 모임을 하고, 슈퍼볼 파티를 하고, 그냥 웃으며 시간을 함께 보내요. 댄과 데보라는 이웃을 존중하는 비즈니스를 하기 위해 노력하고 있어요. 한마디로 댄빌은 마을을 위한 공간이에요. 저희는 댄과 데보라를 이웃이라 부를 수 있을 뿐 아니라 친구로도 부를 수 있다는 게 행운이라고 느껴요. 친구라는 단어가 갖는 가장 고상한 의미에서 말이죠."

댄과 데보라는 이야기를 나누는 동안 지속 가능한 환경에 대한 책임에 대해서도 말했다. 댄은 이렇게 말한다. "저는 수탉을 알람시계로 쓰고 있고 많은 동물을 돌보며 즐거워합니다. 여기 자연에 살며 동물들과 교감하는 것이 게스트와 저희에게 큰 기쁨을 주죠. 그리고 저희는 우리의 자원을 잘 돌보는 사람이 되려고 노력합니다. 예를 들자면, 저는 다른 사람들이 버린 물건을 다시 사용할 수 있는 방법을 찾는 걸 좋아해요. 플로리다 히드로의 비싼 저택에 사는 사람들이 길가에 너무 좋은 커튼을 버렸더군요. 저희는 그것들을 주워다 유르트에 달았어요. 이전 소유자들은 커튼이 더는 사용할 가치가 없다고 여겨서 버렸겠지만 커튼의 수명은 아직 많이 남아 있었고 우리 집에 걸어 놓으니 완벽했어요. 여러분이 댄빌에서 보는 모든 것이 용도를 고쳐 쓴 거예요."

이 책을 덮기 전에 공동체의 일부가 되는 비즈니스에 대한 다음과 같은 조언에 대해 생각해 보자.

댄빌 저 너머로: 공동체에 관한 조언

- 요청이 없어도 여러분의 시간과 자원을 기꺼이 공동체에 제공하라.
- 여러분의 역량으로 도움을 줄 수 있는 사람과 단체를 찾아라.
- 공동체 참여를 하나의 투자로 보라.
- 공동체의 자원이 되어라.
- 지속 가능한 소비를 약속하라.
- 줄여 쓰고, 다시 쓰고, 재활용하고. 다른 용도로 사용하라.

다음에 이어질 여러분의 에어비앤비 여행

소속감과 신뢰, 환대, 역량 강화, 공동체에서 힘을 얻는 특이하고 쾌활한 에어비앤비 숙소를 모아놓은 곳이 바로 댄빌이다. 또한, 그곳은 리더와 팀원, 개인들이 중요한 상호 간의 신뢰에 주의를 기울이면 무엇이 가능해지는지를 상징하기도 한다.

이 책은 에어비앤비의 급성장을 이끈 본질적인 요소를 담아내고, 그 요소들이 에어비앤비 호스트 커뮤니티의 활동을 통해 매일 어떻게 살아 움직이는지 보여주기 위해 쓰였다. 그리고 댄과 데보라 같은 호스트들과 이 책이 현실이 될 수 있도록 허심탄회한 이야기를 해 준 모든 사람이 남긴 교훈을 여러분에게 전하기 위해 만들어졌다.

앞으로 자신의 여정을 바라보면서 이 책으로부터 배운 주제와 원칙, 아이디어를 채택해 여러분의 비즈니스와 고객에 맞춰 수정하길 바란다. 나는 여러분이 큰 꿈을 가지고 자신감 있게 나아갈 것이라 믿는다. 헨리 데이비드 소로의 말처럼 그렇게 하다 보면, 여러분은 자신의 개인적, 직업적 목표를 반드시 달성하게 될 것이다.

자신의 꿈을 향해 확신을 지니고 나아가며, 상상하던 삶을 살기 위해 노력한다면 뜻하지 않게 성공이 찾아올 것이다.

'뜻하지 않은 성공'으로 가는 길이 여기, 이 책에 있다!

앤드류 카네기는 이런 말을 쓴 적이 있다. "팀워크는 공통된 비전을 향해 함께 일할 수 있는 능력이자 조직의 목적을 향해 개인의 성취 방향을 정할 수 있는 능력이다. 팀워크는 사람들이 특별한 결과를 낼 수 있도록 해주는 연료다."

책을 내는 것은 한 팀이 하는 일이다. 나는 아주 특별한 팀이 힘을 불어 넣어주고 있는 평범한 사람이다!

이 책의 표지에는 내 이름이 표시되지만 이름 없는 영웅들을 5가지 그룹으로 나눠 볼 수 있다. 바로 이러한 분들이다.

1. 이 책을 읽고 배우고 성장하는 데 시간을 투자하신 분
2. 에어비앤비를 통해 이 프로젝트를 돌봐 주신 분
3. 이 책의 판권과 편집 과정을 통해 이 책을 더 풍부하게 해주신 분
4. 매일매일 저와 밀접하게 작업하신 분

독자 여러분께

독서를 연구하는 학자들에 따르면, 머리를 박고 책을 읽는 시간을 갖는 사람들이 점점 줄어들고 있다고 합니다(야외 활동에 적극적으로 참여하거나, 직접 만나서 교류하거나, 젊은이들이 해야 하는 다른 중요한 활동을 하는 데도 시간을 덜 보냅니다). 그런 학자들의 말이 맞는 만큼 여러분이 평생 배움에 전념하는 것은 누가 봐도 시대를 거스르는 것입니다. 여러분의 행동은 여러분의 특별함을 드러냅니다. 개인적으로 저는 그런 독서 전문가들이 여러 이야기를 내놓기 훨씬 전에 "독자들이 리더들이다."라는 사실을 알았습니다.

책을 읽어주셔서 감사합니다. 여러분처럼 읽고 성장할 준비가 되어 있는 분들이 있어서 저는 책을 씁니다.

에어비앤비

이 책이 존재하게 된 것은 에어비앤비 홍보부서의 찰리 어반칙*Charlie Urbancic* 덕분이다. 찰리는 에어비앤비의 핵심 가치인 '좋은 호스트 되는 법'을 그가 하는 모든 일에서 구현한다. 에어비앤비 이용에 도움을 주기 위해 소속감을 만들고, 에어비앤비 경영진과 직원, 호스트 커뮤니티 간에 신뢰를 조성하고, 그들의 역량을 강화하고, 그들과 협력했다.

제품 고문인 메리엄 클라인*Mariam Cline*은 집필 과정의 중요한 전환 시기마다 일이 계속 진척될 수 있도록 핵심적인 역할을 해주었다. 그녀는 언제나 곁에서 힘든 일에도 굴하지 않는 건설적이고 열렬한 지지를 보내 주었다.

이 프로젝트를 허락한 브라이언 체스키*Brian Chesky*와 내 경력을 지지해 주고 매우 친절하게 서문을 써 준 그렉 그릴리에게도 깊은 감사의 마음을 전한다.

출판 결정과 편집의 과정

맥그로힐*McGraw-Hill*의 편집장 도냐 디커슨*Donya Dickerson*은 내가 이 지구에서 가장 좋아하는 사람 중 한 명이다. 내 작가로서의 경력은 모두 그녀 덕분이다. 우리의 이전 모든 프로젝트와 마찬가지로 도냐는 선견지명이 있는 도전적 목표를 세우고, 장애물을 처리하고, 장점을 부각하고, 격려하고, 자신의 지성과 기술, 연민을 모두 쏟아부었다. 도냐는 하나의 영감이자 신뢰하는 조언자, 재능 있는 편집자, 그리고 변화를 이끄는 힘이다.

스테파니 스토트*Stephanie Stott*, 우리의 인턴이 되어 줘서 고마워요. 조사와 검토 과정에서 당신이 가진 것 이상을 해주었어요. 당신의 집필 경력에 큰 변화가 있기를 바랍니다.

하이디 뉴먼*Heidi Newman*, 당신은 전문적 안목과 교열 능력으로 원고에 에너지를 불어넣어 주었어요. 당신의 특별한 노력과 빠른 일솜씨에 감사드려요.

로이드 리치*Lloyd Rich*, 당신은 바위와 같은 사람이에요. 계약 과정을 이끄는 전문성을 가진 당신에게 감사를 전합니다. 저는 경력을 쌓는 동안 당신의 현명하고 효과적인 조언을 받은 축복받은 사람이에요.

나, 미첼리의 경험

제시카*Jessica*, 당신은 기쁨이고 에너지이자 균형이에요. 당신은 요구되는 모든 것을 감당하고 다른 사람들에게는 종종 보이지 않는 격차를 메우려고 그 이상을 하기까지 했습니다. 당신은 우리 팀과 내 인생의 축복입니다.

켈리*Kelly*, 당신은 대단히 신속하게 응답하고, 명석하고, 분석적이며 차분해요. 당신의 통찰과 본능, 사회적 의식, 친화력은 우리 팀과 나에게 영감을 주고 있어요. 이 책을 이끌어 줘서 고마워요.

영감, 통찰, 지지, 그리고 사랑

패티*Patti*, 당신은 하나의 범주에 속하지 않아요. 당신은 우리 집을 빛과 사랑과 친절, 지지로 채우면서 이 비즈니스를 이어나가게 하고 있어요. 당신은 똑똑하고 온화하죠. 당신은 '그야말로 지지*Gigi*'예요. 나를 슬픔에서 건져서 상상할 수도 없던 곳에 올려놓아 주어서 고마워요. 그 마음은 백 마디 말로도 표현 못 할 거예요!

내 인생은 나에게 영감을 주고 나를 지지해 준 데 대해 한 명 한 명 개인적으로 감사해야 할 친구들로 가득 차 있다. 하지만 내 순수한 기쁨의 원천인 내 아이들과 손주들에게 고맙단 말을 하지 않고는 이 장을 끝낼 수 없다. 너희들은 자신이 얼마나 깊은 사랑을 받고 있는지 모르겠지만 적어도 나는 여기서 너희들에게 감사를 표한다. 피오나, 네이븐, 앤드루, 레아, 페넬로페, 제시카, 패트, 다니엘, 엠마, 마이클, 매트, 메건, 브링엄, 그레이시, 로버트 모두 고맙다.

말레이시아 속담에 이런 말이 있다. "금으로 빌린 빚은 갚을 수 있지만, 친절의 빚은 영원히 갚지 못하고 죽는다." 나는 앞서 말한 모든 이들… 그리고 더 많은 사람에게 영원히 빚을 지고 있을 것이다!

에어비앤비, 브랜드 경험을 디자인하다

살아보는 여행의 시작

초판발행 2020년 12월 18일
발행처 유엑스리뷰 | **발행인** 현호영 | **지은이** 조셉 미첼리 | **옮긴이** 김영정
편집 이해미 | **마케팅** 권도연 | **디자인** 김민정, 임지선
주소 부산시 해운대구 센텀동로 25, 104동 804호 | **팩스** 070.8224.4322
등록번호 제333-2015-000017호 | **이메일** uxreviewkorea@gmail.com

ISBN 979-11-88314-66-9